高等职业教育"十三五"规划教材

大学生心理健康

项新新　叶昇尧　主　编

朱乐微　陈林春　陈敏青　副主编

科学出版社

北　京

内 容 简 介

本书本着实用性与趣味性相结合的宗旨,设计了"课堂自测""心理训练""美文阅读""心理案例""知识链接"等板块,能够帮助学生拓展知识面,更好地了解心理学,并将相关知识运用到实践中。

本书内容丰富、实用性强,可以用作高等职业院校大学生心理健康教育教材,也可以用作大学生掌握心理健康知识与心理调适技巧的读物,还可为从事学生管理工作的辅导员等教育工作者提供诊断和训练方法,以及一些有用的素材和资讯。

图书在版编目(CIP)数据

大学生心理健康/项新新,叶昇尧主编.—北京:科学出版社,2017
(高等职业教育"十三五"规划教材)
ISBN 978-7-03-054302-8

Ⅰ.①大⋯ Ⅱ.①项⋯ ②叶⋯ Ⅲ.①大学生—心理健康—健康教育—高等职业教育—教材 Ⅳ.①G444

中国版本图书馆 CIP 数据核字(2017)第 209527 号

责任编辑:吕燕新 李 海 刘 杨 / 责任校对:张 曼
责任印制:吕春珉 / 封面设计:东方人华平面设计部

科 学 出 版 社 出版
北京东黄城根北街 16 号
邮政编码:100717
http://www.sciencep.com
新科印刷有限公司 印刷
科学出版社发行 各地新华书店经销

*

2017 年 9 月第 一 版 开本:787×1092 1/16
2019 年 8 月第三次印刷 印张:15 3/4
字数:354 000

定价:40.00 元
(如有印装质量问题,我社负责调换〈新科〉)
销售部电话 010-62136230 编辑部电话 010-62135763-2050

《大学生心理健康》编委会

前 言

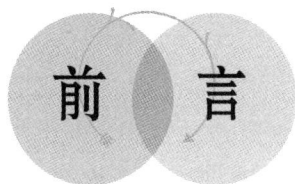

现代社会，科学技术飞速发展，人们的生活节奏不断加快，人才竞争日益激烈，社会心理问题日趋严重。"发展"是人们渴望的，但"加快"却让人们的心理处于紧张状态；"竞争激烈"能够优化人才结构，但由此引发的心理问题又令人担忧。

2002年，教育部颁布了《普通高等学校大学生心理健康教育工作实施纲要（试行）》；2005年1月，教育部、卫生部、共青团中央联合下发《关于进一步加强和改进大学生心理健康教育的意见》，心理健康教育在高等教育中得到了迅速的发展。为了进一步普及心理健康知识，切实加强大学生心理健康教育的课程建设和教材建设，及时帮助大学生缓解和消除成长过程中所遇到的各种心理困扰和烦恼，编者在认真总结大学生心理健康教育工作尤其是课堂教学经验的基础上，组织编写了本书。

实践表明，大学生的许多心理健康问题是在成长中遇到的，完全可以通过学习心理学的相关知识、掌握心理调节的方法和技巧进行自我调适，从而适应未来社会的激烈竞争。本书旨在提高大学生的心理自控能力和适应新环境的能力，使大学生拥有良好的心态，从而健康快乐地成长。

本书注重理论与实际相结合，每章都有相应的案例，并插入一些心理测试，每章末增设了"课堂自测"和"心理训练"两个板块，帮助学生理解并运用相关心理知识。另外，为了让学生拓展知识面，还设置了"美文阅读""心理案例""知识链接"等模块，介绍心理学的相关知识和具体的运用方法。

本书由温州科技职业学院长期从事心理健康教育课程教学工作的教师负责编写，项新新、叶昇尧担任主编，朱乐微、陈林春、陈敏青担任副主编，李款、叶剑强、蔡萍萍、林凌、陈君、郑超、廖淑聪、王娟也参加了本书的编写，他们都有着丰富的心理健康教育理论和实践经验。

编者在编写本书的过程中引用了众多专家和学者的研究成果，恕不一一列举，在此一并表示谢忱。

由于编者水平有限，加之时间仓促，书中不足之处在所难免，衷心期待广大读者批评指正。

编　者
2017年7月

目　录

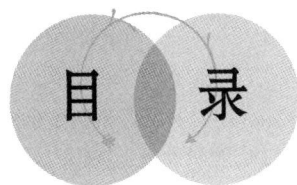

绪论　幸福人生从健"心"开始

　　课间，小许正和一帮同学在教室里有说有笑，一脸阳光。上课铃响了，同学们都迅速归位，小许也认真听讲起来。经过一年的治疗并在父母、老师和同学们的帮助下，患有抑郁症的小许正逐渐走出阴霾，融入快乐的大学生活。

　　一年多以前的小许可不是这样的。那段时间里他觉得人生挺没意思，似乎自己做什么都做不好，人瘦了5公斤。他曾经想参加歌唱比赛，但一想到会失败就放弃了。以前他特别喜欢看足球比赛，可渐渐地每逢意甲直播的时候，他也不再去关注了。他经常旷课在寝室睡觉，因为只有这样，才能让他内心不愉快的情绪暂时得以驱散。他也想努力地改善自己糟糕的情绪，却总感觉力不从心。他不敢也不愿意告诉别人他的心事，因为他觉得这样他会被看成是一个异类，会被人瞧不起；他也觉得没有必要告诉别人，因为别人帮助不了他。小许对这个世界的看法很悲观，家里的情况并不好，妈妈身体不好，爸爸赚的钱也不多。小许说每次一想到爸爸为了他的学费而发愁的样子，他就很难过，认为都是自己不好，要不是因为他，爸爸也不会这样整天愁眉苦脸。后来因为挂科门数太多，需要留级，小许就接受不了自己，离开学校，四处流浪。

　　老师和同学们经过多方寻找，终于找到了小许并为他联系了心理医生。医生诊断他患了抑郁症。小许积极配合医生，其间也了解了抑郁症的相关知识。经过规范的药物治疗和心理咨询，小许重新回到了校园。老师和同学们并没有疏远他，而是设身处地为他着想，鼓励他接受规范的治疗和不定期的心理咨询，承担力所能及的责任，为小许尽快恢复正常的学习生活起到了积极的帮助作用。

第一节　心理健康知识概述

一、健康和心理健康的含义

　　1. 健康的含义

　　健康是指一个人在身体、精神和社会等方面都处于良好的状态。传统的健康观是"无病即健康"，现代人的健康观是整体健康。根据世界卫生组织（World Health Organization，WHO）给出的解释，健康不仅指一个人身体有没有出现疾病或虚弱现象，还指一个人生理上、心理上和社会上的完好状态，心理上的健康与生理上的健康一样重要，这就是现代关于健康的较为完整的科学概念。

现代人的健康内容包括躯体健康、心理健康、心灵健康、社会健康、智力健康、道德健康、环境健康等。健康是人的基本权利，是人生的第一财富。

2. 心理健康的含义

心理健康的英文为 mental health 或 psychological well-being，意为心理健康或良好。

从广义上讲，心理健康是指一种高效而满意的、持续的心理状态；从狭义上讲，心理健康是指人的基本心理活动的过程内容完整、协调一致，即认识、情感、意志、行为、人格完整和协调，能适应社会，与社会保持同步。

1946 年，第三届国际心理卫生大会指出："心理健康是指在身体、智能以及情感上与他人的心理健康不相矛盾的范围内，并将个人心境发展为最佳的状态。具体表现为：身体、智力、情绪十分协调；适应环境，人际关系中彼此能谦让；有幸福感；在工作和职业中，能充分发挥自己的能力，过有效率的生活。"

心理健康者具有较好的自控能力，且能保持心理上的平衡，能自尊、自爱、自信而且有自知之明。心理健康并非是超人的非凡状态，一个人的心理健康也不一定在每一个方面都有表现，只要在生活实践中能够正确认识自我，自觉控制自己，正确对待外界，使心理保持平衡协调，就已具备了心理健康的基本特征。

心理健康水平可以分为 4 个等级：一是健康心理；二是亚健康心理，即身体指标无异常，但心理并不健康，注意力分散、学习工作效率低，但没有心理疾病；三是轻度心理失调，通过主动调适或请专业人员帮助可恢复；四是严重病态心理，不能进行正常的生活、工作，需要接受专业的治疗。

心理健康和生理健康是互相联系、互相作用的，心理健康每时每刻都在影响人的生理健康。如果一个人性格孤僻，心理长期处于抑郁状态，就会影响内分泌，使人的抵抗力降低，疾病就会趁虚而入。一个原本身体健康的人，如果老是怀疑自己得了什么疾病，就会整天郁郁寡欢，最后可能会一病不起。

当然，心理健康不是一种固定不变的状态。例如，心理疾病患者，病好了叫作恢复健康；没有心理疾病的人，经过努力自我修养和磨炼可以更加健康；而所谓的心理健康者也不是就不会生病，更不是一点心理问题都没有。心理健康与不健康不是泾渭分明的对立面。人类基本心理状态是从最健康、健康、较健康到心理缺陷、较轻的心理疾病、严重的心理疾病这样一种连续谱的分布。心理缺陷者是向两极发展的、不稳定的、特殊的心理不健康的人群，其发展和变化取决于个人的心理防卫功能、接受心理健康教育程度和自我心理保健水平。

心理健康的兴起与一位大学生的贡献分不开。

20 世纪初，来自美国康涅狄格州、就读于耶鲁大学商学院的克利福德·比尔斯与他的哥哥住在一起。他的哥哥患有癫痫（我国俗称"羊角风"），发作时四肢抽搐，口吐白沫，声似羊鸣，痛苦万分。比尔斯听说此病有遗传性，总担心自己会像哥哥一样发病，终日生活在恐惧之中。终于，1900 年，比尔斯因心理失常被送进了精神病院。住院期间，比尔斯目睹了精神病人所受到的种种粗暴、残酷的待遇和非人的生活，不胜悲愤。病愈出院后，有感于社会对心理异常者的歧视、偏见和冷漠，比尔斯根据自己三年的亲身经历和体会，用生动的文笔写了《一颗自我发现的心》（*A Mind That Found Itself*）。1908年 3 月该书出版，哈佛大学心理学教授威廉·詹姆斯给予了高度评价，并为此书作序。康奈尔大学校长列文斯通·法兰被此书感动，积极支持比尔斯。于是，1908 年 5 月，世界上第一个心理卫生组织——康涅狄格州心理卫生协会诞生了。1909 年 2 月，在比尔斯等人的积极努力下，美国全国心理卫生委员会在纽约成立。此后，心理卫生运动不仅在美国发展迅速，而且扩展到世界各国。1930 年，第一届国际心理卫生大会在华盛顿召开，到会 3042 人，代表 53 个国家和地区。会上成立了一个正式的组织——心理卫生委员会，它的宗旨是"完全从事慈善的、科学的、文化的、教育的活动。尤其关注世界各国人民的心理健康的保持和增进，心理疾病、心理缺陷等的研究、治疗与预防，以及全体人类幸福的增进"。

二、大学生心理健康的标准

大学生的普遍年龄一般为 18～25 岁，从心理学的角度来看，正处于青年中期。大学生的心理具有青年中期的许多特点，但作为一个特殊群体，大学生又不能完全等同于社会青年。心理健康标准随着时代变迁、文化背景变化而变化。根据我国大学生的实际情况，评判大学生的心理健康水平应从以下几个标准给予着重考虑。

1. 智力正常

智力是人的观察力、注意力、记忆力、想象力、思维力、创造力及实践活动能力等的综合，包括在经验中学习或理解的能力、获得和保持知识的能力、迅速而成功地对新情境作出反应的能力、运用推理有效地解决问题的能力等。这是大学生学习、生活与工作的基本心理条件，是适应周围环境变化所必需的心理保证。因此，衡量大学生的智力是否正常，关键在于其是否能正常、充分地发挥自我效能，即是否有强烈的求知欲，是否乐于学习，能否积极参与学习活动。

2. 情绪健康

情绪健康的标志是情绪稳定和心情愉快，包括：①愉快情绪多于负性情绪，乐观开朗，富有朝气，对生活充满希望；②情绪较稳定，善于控制与调节自己的情绪，既能克制又能合理宣泄自己的情绪，情绪的表达既符合社会的要求又符合自身的需要，在不同的时间和场合有恰如其分的情绪表达；③情绪反应与环境相适应，反应的强度与引起这种情绪的情境相符合。

3. 意志健全

意志是人在完成一种有目的的活动时进行的选择、决定与执行的心理过程。意志健全者在行动的自觉性、果断性、顽强性和自制力等方面都表现出较高的水平。意志健全的大学生在各种活动中都有自觉的目的性，能适时地作出决定并运用切实有准备的方式解决所遇到的问题，在困难和挫折面前，能采取合理的反应方式，能在行动中控制情绪和言而有信，而不是行动盲目、畏惧困难、顽固偏执。

4. 人格完整

人格是个体比较稳定的心理特征的总和。人格完善就是指有健全统一的人格，个人的所想、所说、所做都是协调一致的。人格完善包括人格结构的各要素完整统一；具有正确的自我意识，不产生自我同一性混乱，以积极进取的人生观作为人格的核心，并以此为中心把自己的需要、目标和行动统一起来。

5. 自我评价正确

正确的自我评价是大学生心理健康的重要条件，大学生在进行自我观察、自我认定、自我判断和自我评价时，能做到自知，恰如其分地认识自己，摆正自己的位置，既不以自己在某些方面高于别人而自傲，也不以某些方面低于别人而自卑；面对挫折与困境，能够自我悦纳，喜欢自己，接受自己，自尊、自强、自制、自爱适度，正视现实，积极进取。

6. 人际关系和谐

良好而深厚的人际关系，是事业成功与生活幸福的前提。其表现为：乐于与人交往，既有广泛而深厚的人际关系，又有知心朋友；在交往中保持独立而完整的人格，有自知之明，不卑不亢；能客观评价别人和自己，善取人之长补己之短；宽以待人、乐于助人；积极的交往态度多于消极态度，交往动机端正。

7. 社会适应正常

个体应与客观现实环境保持良好秩序，既要进行客观观察以取得正确认识，以有效的办法应付环境中的各种困难，不退缩，又要根据环境的特点和自我意识的情况努力进行协调，或改变环境适应个体需要，改造自我适应环境。

某校学生小刘由于对大学生活不适应，第一学期的学习成绩并不理想，此时的他不是积极地想办法让自己尽快适应大学生活，而是迷上了网络游戏，每天花大量的时间玩网络游戏，甚至逃课、通宵上网。他觉得自己的聪明才智能够在网络游戏中得到发挥，其结果是学业荒废。在大学生中，有少数与小刘类似的学生，他们在现实的学习和生活中找不到自信，于是采取逃避现实的态度，沉迷网络，用虚拟的世界取代现实生活，而不是积极想办法去改变自己。这都是社会适应不正常的表现。

8. 心理行为符合大学生的年龄特征

大学生是处于特定年龄阶段的特殊群体，应具有与年龄、角色相适应的心理行为特征。正确理解大学生心理健康的标准应重视以下几个方面。

（1）标准的相对性。事实上，大学生心理健康与不健康并无明显界限，而是一个连续化的过程，如将正常比作白色，将不正常比作黑色，那么在白色与黑色之间存在着一个巨大的缓冲区域——灰色区，世间大多数人都散落在这一区域内。这说明，对多数大学生而言，在人生的发展过程中面临心理问题是正常的，不必大惊小怪，应积极加以矫正。与此同时，个体灰色区域也是存在的，大学生应提高自我保健意识，及时进行自我调整。人的健康状态是发展的，当一个人产生了某种心理障碍并不意味着其将永远保持这种故障或行将加重。在心理上形成心理冲突是非常正常的，而且是可以自行解决的。

（2）整体协调性。把握心理健康的标准，应以心理活动为本，考察其内外关系的整体协调性。从心理过程看，健康的人的心理活动是一个完整统一的协调体，这种整体协调保证了个体在反映客观世界的过程中的高度准确性和有效性。事实表明，认识是健康心理结构的起点，意志行为是人格面貌的归宿，情感是认识与意志之间的中介因素。从心理结构的几个方面来看，一旦它们不能符合规律地进行协调运作时，就可能产生一系列的心理困扰或问题。从个性角度看，每个人都有自己长期形成的稳定的个性心理，一个人的个性在没有明显的剧烈的外部因素影响下是不会轻易发生变化的。从个体与群体的关系看，人们在其现实性上可划分成不同的群体，不同群体间的心理健康标准是有差异的。

（3）发展性。事实上，不健康的心理可能是人的心理发展过程中不可避免的发展性问题，随着个体的心理成长逐渐调整而趋于健康。心理健康的标准是一种理想尺度，它一方面为人们提供了衡量心理是否健康的标准，另一方面也为人们指出了提高心理健康水平的努力方向。如果大学生能够在自己现有基础上做不同程度的努力，就可追求自身心理发展的更高层次，从而不断发挥自身的潜能。大学生达到心理健康基本标准，就能够进行有效的学习和生活。如果大学生的心理健康水平连正常的学习和生活都难以维持，就应该及时予以调整。

三、大学生心理健康常见的问题

1. 环境适应不良

环境适应不良主要是指大学生对新的校园环境从心理上不能很好地适应。这类问题多发生在新生身上。一方面，绝大多数新生是第一次远离家门，离开自己的父母、亲朋和早已熟悉习惯的环境，来到一个陌生的校园，面对一个生疏但又关系密切的群体。生活中的方方面面都需要自己去面对，自己动手去处理，人地生疏，他们心理上会出现一定的不适。另一方面，高校学习内容、特点和方法与中学有较大差别，有不少学生因跟不上这种变化，仍习惯于中学时的做法，结果成绩不理想。他们无所适从、被动应付、苦恼、怀疑、否定自我，产生很大的学习压力和心理问题。新环境里，大家来自于不同地区，家庭经济条件不同，地域文化及形成的生活习惯不同，也会给一些学生带来心理压力。

2. 与学习有关的心理问题

这类问题主要表现在一些大学生对所学专业不满意，感觉课程负担重，学习压力大，对各种考试感到恐惧和焦虑，缺乏学习动力、兴趣等。有些大学生总认为自己所学专业不理想，前途渺茫，因而缺乏对学习的信心和兴趣，并总在为自己当初不当的选择而懊悔和苦恼不已；有的大学生感到学习竞争压力大，出现心理紧张、焦虑、注意力不集中、记忆下降、学习效率低等情况；有的大学生成绩不佳，因害怕自己不能顺利毕业而整日忧心忡忡；有的大学生对学习勤奋努力，但就是不能取得理想的成绩，因而苦恼不已。这些与学习有关的心理问题，始终干扰着他们。

3. 人际交往问题

良好的人际交往关系是个体适应社会、实现自我身心和谐发展的重要条件之一。大学阶段，大学生独立地进入准社会群体的交际圈，他们尝试人际交往关系的建立并不是一件简单的事情。由于人们之间的个性、兴趣、需要、动机、态度、价值观、经验及行为方式等不完全相同，所以双方只有相互悦纳，讲究交往的技能技巧，才能有好的人际关系。那些性格内向、孤僻，有自卑、自闭心理，或个性、语言、行为怪异，且有过交往失败经历的大学生，常常会出现沟通不良、人际冲突等交往障碍，从而影响他们的正常学习和生活。

4. 恋爱与性有关的心理问题

大学生处于青春期，一方面生理发育成熟，另一方面没有了中学时升学的压力，开始关注两性问题。伴随着他们性心理发展成熟的过程，也引发出不少方面的心理问题。例如，有的女生刚入学就受到高年级男生或同班同学的约会邀请，因不知如何应付而陷入苦恼；有的大学生为了填补单调的学习和生活上的空虚而通过与异性交往寻求精神慰藉；有的大学生深陷恋爱不能自拔，迷失方向；有的大学生因失恋而沮丧，萎靡不振；有的大学生陷入单相思或多角恋爱不能自制等。除此之外，部分大学生还由于各种原因而导致性心理问题，如因手淫背上沉重的精神负担、沉溺于性幻想、出现个别性变态行为等。与恋爱和性有关的心理问题，是大学生心理健康问题中一个重要的方面。

5. 职业规划与择业心理

我国实行高校毕业生分配制度改革，实现了由原来计划经济体制下的统包统分向市场经济体制下自主择业、双向选择的转变。不少大学生的就业观念一时难以跟上这种形势的发展，思想上出现种种困惑和苦恼，与此有关的心理问题也日益突出。特别是高校扩招之后，大学生就业压力大，竞争激烈，甚至出现一定困难。例如，很多大学生希望找到理想的工作单位和岗位，但是实际情况并不是人人如愿，有的学生明显缺乏勇气和自信，不敢、不会主动地向用人单位进行自我推荐；有的学生因对择业中消极社会现象产生激愤情绪而有意逃避现实，丧失理性择业的时机；有的学生面对五花八门的人才招聘，因不知自己今后的人生之路如何选择而无所适从。学生与择业有关的心理问题普遍存在，并且在毕业生中更为突出。

6. 自我发展与人格发展有关的心理问题

大学生思想接近成熟，已明确意识到"自我"的存在及价值，充实自我、发展自我的要求很强烈。他们对未来充满美好的想象和期望，努力认识和寻求自己的人生目标和价值，高度关注人格发展，努力形成自己的完美人格，这是促进他们自我发展和走向心理成熟的内在动力。不过，受各种因素影响，个别学生会出现顾此失彼或放大"自我"的劣势，在理想、人生、价值目标的追求中与现实发生冲突；在人格塑造中，过分追求完美、期望值太高、非理性认识、自我评价能力不高、各种人格缺陷等问题。这些自我和人格发展中的问题若得不到有效解决，势必会引起一系列心理冲突和问题。

7. 消极价值观导致的认知上的偏执

大学生一向被认为是人群中心理最为健康的一部分群体，他们关心政治、思维敏锐、乐于进取。由于新形势下社会价值观多元化的影响，一部分大学生缺乏对人生态度和人生意义的正确理解。在当前市场经济条件下，他们在价值取向上或过分强调自我价值的实现，过分夸大自我作用；或自我否定，自我拒绝。他们在处理个体与集体、个人与社会的关系上常常采取消极评价，并存在过激的心理状态。

四、影响大学生心理健康的因素分析

大学生作为一个特殊的群体，他们的心理素质和所处的外部环境都有着明显的特异性。大学生的心理健康是生理、心理、社会诸因素的共同作用。影响大学生心理健康的因素多种多样，主要概括为客观因素和主观因素两大类。

（一）客观因素

有心理卫生专家认为，许多心理变态是由于对环境的不良适应引起的。改革开放以来，我国社会发生了巨大变化，建立了社会主义市场经济体制，引入了市场竞争机制，人们的生活方式、价值观念有了重大变化，心理活动也日趋复杂、活跃，这些大量的新的社会刺激给人们的心理健康带来的威胁越来越大。这些因素主要有以下 7 点。

1. 社会文化因素

当代大学生处在东西方文化交叉、多种价值观冲突的时代。随着改革开放的逐步推进，西方文化大量涌入，东西方文化发生着从未有过的碰撞与冲突。面对不同于以往的文化背景和多种价值选择，大学生常感到矛盾、紧张、彷徨、空虚、疑虑、无所适从和压抑。这种长时间的心理失调，必然给其心理素质发展带来不良影响。

2. 大众传媒因素

科学技术的发展，使得大众传媒手段日益先进和多样，广播、电视、报纸、杂志、网络等广泛存在，信息容量和传播速度急速提高，大众传播媒介对人们心理的影响越来越大，其中很多不良因素会给大学生的思想和行为带来消极影响。例如，学生迷恋网络不能自拔。

3. 市场经济因素

市场经济引入竞争机制，它一方面为人们充分发挥聪明才智、进行平等竞争提供了可能和契机，另一方面又给人们的现实生活带来巨大的压力。随着改革的深化发展，这种竞争还会变得更加激烈。严峻的现实冲击着大学生平静的心理，他们或舍弃自身价值和理想去单纯追求经济目标，或缺乏自信，意志薄弱，不敢面对现实，因此产生各种错误或消极心理。例如，追求"时髦"，名牌效应。有的人虽然家里很穷，却"打肿脸充胖子"高消费，摆阔。

4. 教育思想因素

在很长一段时期内，有相当多的人片面地理解健康的含义，没有认识到心理健康的地位及其重要性。学校教育受此影响也过分强调政治素质、思想素质、道德素质而忽视心理素质，重视生理平衡而忽略心理稳定和社会成熟。这种思想认识上的偏差，导致了对大学生心理素质教育的淡化。思想政治教育的放松和形式化，教育内容的空洞和方法上的不当，也给大学生的心理素质的养成带来不良后果。

5. 教育环节因素

在我国教育实践中，尤其是在中学阶段，学校没有注意优化学生主体心理过程要素，缺乏完善的学生健康人格形成和发展的机制，没有使学生形成良好的自我组织调控机制。学生因为得不到有益的指导、培养、训练及环境塑造，优良人格素质的形成和发展受到影响。

6. 家庭环境因素

家庭环境包括家庭人际关系、父母教育方式、父母人格特征等。家庭环境对人的一生会产生重要影响，特别是早年形成的人格结构会在以后的心理发展中打下深深的烙印。大学生步入社会前，很大程度上受家庭环境、父母言谈举止及其社会行为方式的影响。不同家庭教育和环境影响产生的结果不同。家庭教育方法上的不当和环境影响上的不良，极易养成子女不良的性格、心理及行为。

7. 校园影响因素

大学生进入大学之后，环境、角色有了很大变化。以往什么事都由父母包办，现在生活上需要自己独立，过去的依赖性与现实独立性之间出现反差和矛盾，心理上会产生强烈的不适。大学里繁杂的教学内容和多变的教学方式与中学有较大不同，他们因不能尽快熟悉和适应这种新的学习生活，会备感紧张和焦虑。他们第一次远离家门，没有了父母的呵护，爱的缺失、情感的失落会使他们产生持久强烈的思家心理。教育过程过分突出智育，往往会淡化学生适应集体生活、主动参与各种有益活动的积极性，影响学生正常的社会化发展。校园内种类多样的认证考试，用人单位越来越看重就业者的文凭和资格证书，给大学生带来极大的精神压力。大学生人际交往关系极大地影响着他们的心理及行为方式。不健康的校园文化，会使大学生精神颓废，变得毫无朝气。

（二）主观因素

影响大学生心理健康的个体因素主要有以下 6 个方面。

1. 心理冲突强烈

大学生在现实生活中往往会面临彼此不相容、相互不可兼得的选择，这时就容易出现心理冲突。心理冲突往往会给人以挫折感，强烈的心理冲突不仅会导致大学生内心世界各种价值观念之间发生冲突，而且会使他们陷入无尽的困惑和苦闷之中，极大地消耗心理能量，他们会因心理功能得不到发挥而影响心理健康。

2. 自我评价片面

大学生随年龄增长，自我意识、自我控制能力、自我评价能力发生飞跃，但客观上他们的心理并未发展成熟。思维中的形象成分仍在起作用，思维过程中容易表面化和片面化。自我认识不全面，自控能力还比较弱，自我评价易受情感波动。特别是自我评价消极混乱时，既不利于提高心理素质，又影响自己融入群体和与他人交往。

3. 心理承受力低

现在的大学生是青年一代中的佼佼者，他们有的在中学时成绩名列前茅，学校和老师都予以他们特别的关心和爱护；有的在家里是父母的掌上明珠，占有特殊地位。因此，许多学生感情比较脆弱，娇气十足，爱虚荣，喜赞扬，缺乏在困难和逆境中的锻炼，经不起挫折。遇到考试失败、矛盾困难、犯错误受批评、同学关系紧张等，心理上往往难以承受，随之而来的可能是灰心丧气，悲观失望，自暴自弃，甚至走上绝路。心理素质差，心理承受能力低，是当代大学生普遍存在的心理问题。

4. 自控能力薄弱

某些大学生缺乏必要的自我约束力和调控能力，当其心理受到刺激或情感受到激发时，往往不会冷静和及时地用理智正确调节自己。相反，受情绪的影响，还会随意放任感情，行为冲动，常常因此导致一些意想不到的悲剧，如打架、行凶、自残、自杀。

5. 性成熟欠理性

大学生性生理基本成熟，性心理也有很大变化。他们渴望接近异性，但由于经验不足，理智性差，增加了对性爱意识、欲望表露的盲目性和欠严肃性，容易进入低级情感宣泄的误区无法自拔，导致情绪不稳、心理冲突甚至行为异常。热恋双方情感一时难以自控时，会发生冲动和越轨行为，但事后又出现悔恨、焦虑、恐怖性心理情感。当爱情与毕业分配形成两难选择时，男女双方会出现强烈的心理失调，严重时会因失恋出现极度情绪低落。

6. 收费择业焦虑

高校实行收费制度，对于经济不宽裕的大学生来说，确实增加了家庭的经济负担。大学生已经具有较强的成人感和责任感，内心很希望自己生活独立、经济独立，以减轻家庭和父母的负担，但眼下不仅不能为家庭、父母做些什么，还要为交纳高额的学杂费及其他开支向父母伸手，内心负疚很重。大学生自主择业，那些自感实力不是很强、自信心不是很足又没有重要社会关系及门路的学生，更感前途渺茫、忧心忡忡。

五、有效应对造成心理疾患因素的困扰

大学生无论在生活上还是心理上都处在一个迅速变化的进程中，处于从不成熟到逐渐成熟的过渡时期，由于他们阅历浅，社会经验不足，独立生活能力不强，对自己缺乏正确而全面的认识，而且又受到社会上各种各样思潮的冲击，因此很容易产生各种各样的心理矛盾和冲突，引发心理问题，影响他们的心理健康。而大学生的心理健康问题又将关系到他们个人的生活、学习、工作和身心的健康成长，因此如何形成积极健康的心理、培养完善的人格已成为当代大学生迫在眉睫的问题。

（一）增强心理健康意识

1. 形成良好的校园气氛

大学校园是大学生生活、学习的最主要的场所，校园文化、校园气氛对大学生心理健康有着重要影响。学校师生应共同努力，创造一个良好、宽松的心理氛围。优美的校园环境、合理的作息安排、丰富的业余文化生活、和谐的人际关系，这一切都为大学生的生活增添了许多情趣和色彩，有益于大学生的身心健康。相反，单调、呆板的生活节奏，沉闷、压抑的校园气氛，则不利于大学生健康心理的培养。

2. 掌握心理健康知识

大学生应当积极参加学校开设的有关心理健康知识的课程与专题讲座，阅读有关书籍与杂志，上网查询心理网站，收听与收看有关广播和影视节目等。通过这些方式，可以使大学生尽快了解和掌握与自身心理健康有关的问题与知识。

3. 寻求心理咨询帮助

大部分大学生在产生心理问题后往往习惯于自我调节。自我调节这种方式对于解决症状较轻的心理问题比较适用，但当心理压力很大、内心冲突激烈时，自我调节往往难以奏效，这时应主动、及时地寻求心理咨询帮助。

有很多人对心理咨询存在片面甚至错误的认识，不愿或不敢去心理咨询室，怕背上"心理有病"之名，被人议论，致使心理问题越来越严重，延误了救治时机。其实大可不必。心理咨询是受过专门训练的咨询人员提供的运用心理学的理论与技术，通过与来询者的交流、探询、解释、协商，对来询者施加心理影响，改变其认识、情感、态度、行为，维护和增加来询者心理健康，促进其人格发展和潜能发挥的一种服务，对于改善心理状态是很有帮助的。

首先，心理咨询可以使人们从不同角度看待自己和社会，用新的方式去体验和表达自己的思想情感，并产生新的思维方式，实现心理放松。虽然自我调节也可以减轻心理压力，但需要的时间较长，患者需忍受的痛苦也较大。其次，心理咨询可以深化来访者对自身的认识，引导来访者发现真实的自我，解决心理冲突，恢复心理平衡。心理咨询的最终目的是助人自助，即帮助来访者自己解决问题，自己释放自己，避免来访者产生依赖心理。最后，心理咨询的基本要求是为来访者保守秘密。因为在心理咨询过程中，不可避免地要涉及来访者的个人隐私问题，保密不仅能获得来访者的信任，也是咨询人员职业道德的基本要求，同时还是咨询过程顺利进行的必要保证。不少想去咨询的学生因为怕自己的隐私被传扬出去而心存疑虑，其实是完全没有必要的。

（二）心理健康的自我调适

1. 养成健康的生活方式

生活方式对心理健康的影响已经被越来越多的人所关注，生活没有规律、随心所欲、懒散、放荡与过度学习等都是不健康的生活方式。为完成繁重的学习任务、提高身体素质，大学生一定要养成健康的生活方式，使自己身体强健、精力充沛、朝气蓬勃。大学生应学会注意以下几个方面。

1）生活规律，合理安排时间

人们的日常生活、学习和工作都是通过一定的安排而有秩序地进行的。大学生应学做生活的主人，安排好自己的生活与学习。首先要合理安排时间，既不能荒废时间，也不能为了学习给自己施加不必要的压力，在学习上搞疲劳战术，应学会科学用脑。

2）培养兴趣，丰富生活

大学校园的生活应是丰富多彩的，大学生在校学习期间应积极培养自己的兴趣爱好，参加各种社团活动，增加生活情趣，调剂单调的学习生活。这样，不仅能拓展自己的知识与能力，还能广交朋友，满足社交要求。此外，大学生还要注意在学习之余多参加娱乐休闲活动。这样不仅可以消除疲劳，还能松弛紧张情绪，增加生活乐趣，使自己的生活有节奏感，劳逸结合，提高学习效率。

3）合理饮食，禁忌烟酒

饮食习惯也是生活方式的重要组成部分。合理的饮食包括三餐定时定量，不暴饮暴食或偏食，注意营养均衡。不少大学生忽视早餐甚至不吃早餐，这是一种不良习惯。对于大学生来讲，早餐是非常重要的，因为上午的学习负担繁重，身体最需要营养。有些大学生还养成了吸烟酗酒的不良习惯，这是有害身体健康的。医学证明，烟草中含有大量尼古丁，对人体尤其是对呼吸系统危害很大，长期吸烟往往会导致慢性支气管炎、肺炎、冠心病等疾病，既影响自己也危害他人，同时还污染周围环境。为了自己与他人的身心健康着想，也应不吸烟、少喝酒，倡导文明的生活方式。

2. 提高心理调节水平

为了提高心理健康水平，必须不断提高自己的认识水平，调节情趣，完善自我意识与个性，开发自我潜能，实现自我价值。

1）调整认识结构，逐步形成科学思维方式

心理专家认为，人的大部分情绪困扰和心理问题，都来自不合理或不合逻辑的思维方式，主要体现在对客观现实缺乏合理的认识。一些认识有误区的大学生从自己的绝对意愿为出发点，形成了固执、以点代面、以偏概全的不合理思维方式。如遭遇一次失恋，便全面否定自己，陷入自卑、焦虑、抑郁之中难以自拔，或从此不再与异性接触，仇视所有的异性。其实任何事物都具有两面性，"塞翁失马，焉知非福"，正如老子所言，"祸兮，福之所倚；福兮，祸之所伏"。大学生应学会客观、全面、理性地看待问题，摒弃主观绝对化的唯心主义认知。学会正视现实，"金无足赤，人无完人"，要接受自己和他人都有可能犯错误这一现实，不要求全责备，这样才能摆脱不良情绪，提高心理健康水平。

2）克服自我缺陷，完善自我意识

大学生是时代精英、天之骄子，最渴望了解自己、把握自己，然而也往往容易在自我意识方面出现偏差。例如，有的大学生盲目自大，唯我独尊，过分自负，强调以自我为中心；有的大学生由于虚荣心、自尊心过强，往往不适当地提高自我要求，极易导致失败，造成情感挫败和内心冲突；还有的大学生由于自卑，表现为自我拒绝或自我否定，看不到自己的长处，不能容忍自身的弱点，常常自我指责和抱怨，没有自信，依赖性强，情感脆弱，退避行为明显，因为自卑往往会失去别人的信赖，自己也极易陷入孤独、焦虑和痛苦之中。

3）调节控制情绪，培养乐观精神

心理学家认为情绪长期处于压抑、失衡状态或其他不良状态极易引起心理障碍。大学生常见的情绪困扰有焦虑、抑郁、恐惧、嫉妒、冷漠等。这些不良的情绪不仅会使大学生学习效率、生活质量下降，也会导致一些身心疾病，如胃溃疡、偏头疼、神经衰弱等。要培养良好的情绪就应做到豁达开朗、宽容大度；保持乐观情绪，学会宣泄不良情绪，如倾诉、哭泣、运动、娱乐等。

4）锻炼意志品质，树立远大的理想

爱因斯坦曾说过，完美的性格和钢铁般的意志比智慧和博学更重要。一个人如果没有顽强的意志，干什么也不会成功。大学生的意志品质显现出较高水平，但发展不平衡。相当多的大学生存在不同程度的意志缺陷，如盲从，懒惰，缺乏恒心、毅力，胆怯、懦弱，优柔寡断等。意志不坚强的大学生在挫折面前往往知难而退，或不战自败，致使他们的理想、计划半途而废或功亏一篑。大学生要培养良好的意志品质，应做到以下几点。

（1）树立远大理想，明确目标指向。人们常说"有志者，事竟成；苦心人，天不负"。远大的理想和目标，是人克服艰难险阻勇往直前的巨大动力。正如俄国作家车尔尼雪夫斯基指出的，"人的活动如果没有理想的鼓舞，就会变得空虚而渺小"。

（2）在实践中锻炼坚强的意志。一个人尽管志存高远，但如果不付诸实践，就是空谈。大学生要培养自己坚强的意志品质，就应当在实践中和与困难的斗争中去锻炼、去摔打。居里夫人说过，"我最重要的原则是不要叫人打倒，也不要叫事打倒"。

（3）从小事做起，有意识地锻炼自己的韧性，如坚持写日记、坚持早起晨练等。这些看似平凡的小事最有助于培养做事的韧性与坚忍不拔的个性。

5）塑造健康人格，促进个性完善

人格健全是大学生心理健康的重要标准。当代大学生一般具有聪慧、机敏、乐观、自信、敢于竞争、积极进取等人格特点。但也有一些大学生存在人格缺陷，如偏执、多疑、狭隘、鲁莽、急躁、孤僻等。大学生要培养良好的个性品质，应做到以下几点。

（1）正确认识自己的个性，扬长避短，发挥主观能动性，优化个性品质。

（2）努力学习，博学多才。学习的过程既是增长才干的过程，又是人格完善的过程。很多性格缺陷源于知识的贫乏。知识就是力量，其中也包括性格的力量。正如培根在《论读书》中所说，"读史使人明智，读诗使人灵秀，数学使人周密，哲学使人深刻，伦理学使人庄重，逻辑修辞学使人善辩，凡有所学，皆成性格"。

（3）积极交往，勇于实践。个性的培养是个社会化的过程，学习活动可以培养性格，但不是唯一的途径。大学生积极参与人际交往、社会实践活动，对培养其独立性、创造性，以及自信、宽容、热情、开朗、果断、民主等性格品质有积极作用。

6）克服社交障碍，改善人际关系

大量研究表明，大学生许多心理问题的产生源于人际交往中的障碍或挫折，导致他们出现自卑、孤僻、恐惧、自傲、逆反、敌意等心理，表现如下：遇事总感到自己不行，缺乏交往的勇气和信心；孤芳自赏，言行怪癖，使人无法接近；爱打听与传播小道消息、个人隐私，引起人际关系矛盾与冲突；办事过于鲁莽、冲动，不能自控，成事不足，败事有余等。要培养人际交往能力，首先要调整认知结构，对人际关系要有积极、全面、客观的认知，不能戴"有色眼镜"看人；其次，要完善个性品质，培养热情、开朗、真诚、善良和乐于助人的优秀品质；最后，要克服情绪障碍，交往中的恐惧、嫉妒、焦虑、抑郁等情绪往往成为交往障碍，要把握人际交往的原则与技巧，最重要的是要学会真诚地赞赏对方，学会善于倾听，学会主动交往，学会表达自己的感情。

7）不断开发自我潜能

歌德曾说过，凡自强不息的人终能得救。大学生要适应环境，就应积极进取，开拓创新，不断开发自我潜能，最大限度地实现自己的人生价值。面对瞬息万变的信息社会，墨守成规、故步自封、不思进取，已越来越不合时宜了。当今社会需要的是开放的思想和进取的个性，更要有创造的精神和无畏的勇气。科学研究表明，人的大脑潜力还远没有被完全开发出来，人类只用了其中很少的一部分。因此，大学生要相信自己的潜能，不断追求，敢于实践，不怕困难，全面发展自己。如果说走出心理误区、防治心理疾病是心理健康的最低层次，完善自我、增强人际关系和社会适应能力是心理健康的一个中等要求，那么认清自己的潜力所在，保持良好的心理状态和积极的生活方式，高效率地学习与工作，全面而充分地发展自己，科学而有创造性地生活，便是心理健康的最高境界。

3. 掌握心理调适方法

对当代大学生比较适用的心理调适方法主要有以下几种。

1）自我暗示法

林肯曾说过，"人只要心里决定要快乐，大多数都能如愿以偿"。其实他讲的就是自我心理暗示的作用。所谓自我暗示，就是自己通过语言动作影响自己心理的过程。积极的心理暗示可以调节情绪，缓解心理紧张，改善消极心境，矫正不良习惯。世界著名影星奥黛丽·赫本从影60年，到了晚年仍仪态万方。有人曾问她保持美丽的秘诀是什么，她回答："每天起来，我总把自己想象成一篮子鲜花。"这种积极的心态使她忘记衰老，忘掉忧愁，充满自信。

2）自我激励法

自我激励是精神生活的动力源泉之一，主要指用生活哲理、榜样力量或明智的思想观念来激励自己。首先，要相信未来是美好的，热爱生活，相信"太阳每天都是新的"，学会从零开始，心向未来；其次，要正确对待意外事件，长存一颗平常心，临危不惧，处变不惊；再次，要知足常乐，自强不息，物质上的追求是永无止境的，要学会知足，但精神上的追求要勇往直前；最后，要相信自己，接受自己，不要被挫折吓倒。如失恋后对自己说"天涯何处无芳草"，找不到工作时对自己说"天生我材必有用"，与朋友离别时对朋友说"莫愁前路无知己，天下谁人不识君"，遇到棘手的问题时对自己说"车到山前必有路"，不要被困难击败，时时激励自己，以实现自己的既定目标。

3）情境迁移法

当遇到挫折时，可以转移环境，离开引起苦闷或愤怒的环境，把注意力从消极情绪上转移到积极方面去，使自己的情绪恢复稳定。例如，散散步，听听音乐，做一些其他有益的事，对消除烦恼、愤怒情绪非常有效。

4）情绪宣泄法

把自己的委屈、烦恼、痛苦向知己好友倾诉，或大声地哭泣，或通过唱歌、剧烈的运动，或通过写日记把心中的感受写出来，或在空旷地大声地叫喊来发泄，这些方式可以减轻、释放心理压力，维护心理平衡。

第二节　大学生心理发展的特点

大学生是一个活跃的群体，而大学阶段是社会生活领域迅速扩大的时期，是心理和生理综合作用的时期。在整个大环境的影响下，随着自我意识的发展、人格的再构成，大学生的人生观、价值观逐渐形成。18周岁是法律赋予一个人公民权利的年龄，大学生虽然已脱离孩子的群体，但还不能履行成人的责任和义务，常被排斥于成人行列之外，然而大学生却自以为已经成人，言谈处事力求带有成人味道，这容易造成大学生内心矛盾、抱负水平不确定和易采取极端立场等典型的心理表现。对于"准成人"的身份，大学生唯有努力适应新的人际关系，正确认识自己在社会中的角色并通过各种社会活动完善自己，树立作为社会一员必须具备的人生观和价值观，拥有必须具备的知识和技能并付诸社会实践，选择职业及工作适应、恋爱及婚姻适应、成就感的获得与自我实现等，让自己在心理上逐渐成熟，顺利步入成人社会。

在这一阶段，大学生会迅速成长成熟，尤其是认知心理会迅速发展，并表现出明显的特征。

一、思维

1. 思维的独立性增强

大学生思维的独立性体现在他们不仅善于理解知识，而且善于获取知识，由于旺盛的求知欲、强烈的成才需要和心理渴求，希望能够最大限度地了解未知领域，想尽一切办法获取自己感兴趣的知识。

2. 辩证逻辑思维开始发展

辩证逻辑思维是对客观现实本质联系的对立统一的反映，其主要特点是既反映事物之间的相互区别也反映相互联系，既反映事物的相对静止也反映相对运动，是一种以辩证法为核心的科学思维方式。大学生用辩证逻辑思维的方式去认识事物，对事物进行分析就能因时而异、因人而异，从不同的角度、不同侧面、不同层面把握事物的因果关系，深刻地认识事物的本质及其发展规律。

3. 创造性思维逐渐确立

创造性思维是一种极为复杂的心理过程，是一个人发挥发散思维、复合思维和远距离联想能力，用新颖的方法解决问题，从而产生具有首创性、发现性和突破性的成果的思维方式。大学生的思维具有敢于求新、富有创造的特点。创造性思维的确立是大学生发现、认识、利用规律的一条重要渠道，有意识地培养和锻炼大学生思维的独立性、变通性和流畅性，对其创造性思维的发展、完善具有重要作用，而且对之后一段时间内创造性思维的表现都大有裨益。

二、情绪

随着年龄的增长，大学生对自我形象、事业前途、经济能力、人际关系、恋爱婚姻等的关注越来越多。一般来说，大学生对来自这些方面的情感体验是丰富而强烈的，但由于他们有一定的调节和克制自己情绪的能力，所以表现得相当复杂。例如，有的大学生因觉得社会不能满足他们的需要而担忧，有的大学生因某一次经历自感能力不足而焦虑，有的大学生因焦虑而变得紧张不安，要么对什么事都过度敏感，要么对什么事都淡漠处之。大学生较之成人还显得动荡多变，具有不稳定性，尤其面对突发事件或对自己意义重大的事情的时候，容易表现出既想控制隐藏自己的情绪又很难控制高昂情绪的无措。

三、自我意识

1. 自我认识更加深刻

通过一定的思考、实践和学习，大学生逐渐学会了多角度、多层次地认识自己、接纳自己，而且逐渐力图将社会的期望内化为自我的品质，能够自觉地按照社会要求、参照老师和同学进行自我评价，设想自己的发展或进行自我设计。

2. 自我评价日趋完善

大学生在进行自我评价时势必要选择对手，自我评价与现实自我会存在一定的差距。这就是大学生的自我评价存在一定的片面性，有的人过高估计自己，有的人过低估计自己的缘故。

3. 自控能力显著增强

在这方面，大学生已经逐渐开始综合社会标准、社会期望和社会条件，按照自己的意志，明确规划和设计自己的行动目标和行动计划，既根据目标计划，又根据反馈信息，使外界的要求转化为主我的需要从而推动客我的态度转变，改变不符合目标的动机和行动，调整原来的行动目标与方法，决定新的行动，使自己的心理机能处于积极活跃的状态，提高效率。

四、需要

需要是情绪与情感产生的基础，大学生的自我体验丰富，必定与大学生丰富的需要有关。实际上，大学生的需要远比需要层次理论中的 5 类需要更丰富。大学生的基本需要如表 0-1 所示。

表 0-1 大学生的基本需要

类别		内容
个体需要	生理性需要	生存、安全、性、享受
	心理性需要	爱、赞赏、理解、尊重、自我实现、理想
	社会性需要	归属、娱乐、学习、劳动
人类需要	文化类需要	教育、科学、艺术、道德
	经济类需要	物质生产、发展生产力、民富国强、资源环境、和平发展、理想社会
	政治类需要	阶级、民族、国家、民主法治

尽管大学生的思维水平较高，但他们有时考虑的只是感觉到的东西，缺乏深层分析认识，把事物片面化、单纯化；思维活跃，求新求异，有时又急于自我表现，对事物不加分析，不予判断，就急于下结论，使思维走弯路；思维创新但脱离现实——大学生对生活充满幻想，不考虑客观情况、脱离现实的幻想只能是一种上不着天、下不着地的胡思乱想；喜欢对事物置疑，又有一定的创造性思维能力，甚至有人说"我什么都不相信，只信我自己"，这种目空一切的极端思维方式，容易导致自我恶性膨胀，一旦产生并形成习惯，是十分有害的。

第三节 大学生常见的异常心理及应对

一、异常心理的含义

正常的心理活动具有以下功能：第一，保障人顺利地适应环境，健康地生存发展；第二，保障人正常地进行人际交往，在家庭、社会团体、机构中正常地担负责任，使社会组织正常运行；第三，保障人正常地反映、认识客观世界的本质及其规律性。

事实上，很难定义"正常"和"异常"，目前被广泛接受的描述"异常心理"的定义是：在所属的文化环境中，个体无法预料到的，与个人痛苦的感受或严重社会功能损伤相关的，个体的行为、感情或认知等方面的机能失调。一般来说，心理异常需要药物治疗并配合心理治疗及其他辅助治疗等。

二、异常心理的判断标准

（一）生理学标准

异常心理是由病理或生理改变引起的，同躯体疾病一样。

（二）心理学标准

异常心理的心理学标准强调个体的主观体验，并通常对个体的心理及行为进行评估，即了解个体是否有不适感，这种不适感不能靠自我调节得到改善；观察和评估个体在某种特定情况下思维、感觉、行为是否与以往有变化，并且这种变化有没有泛化，即有没有发生在特定情况以外。判断心理是否异常可遵循以下 3 项原则。

1. 主观世界与客观世界的统一性原则

心理活动是客观现实的反映，所以任何正常的心理活动或行动，在形式和内容上必须与客观环境保持一致。例如，在缺乏充分的事实根据和客观因素的情况下，对某件事情感到焦虑不安，好像要大祸临头一样，就是异常心理的表现。

2. 心理活动的内在协调性原则

虽然人类的精神活动可以被分为知、情、意等部分，但它自身是一个完整的统一体。各种心理过程之间具有协调一致的关系，这种一致性，保证人在反映客观世界过程中的高度准确和有效。例如，一个人见到了自己喜欢的明星，会非常高兴，事后将自己和明星的合影晒在微博上，并兴高采烈地向大家讲述这个事情，可以认为这是他对这件事情的正常反应；如果反而以不高兴的语调讲述这件事情，就可以说他的知、情、意缺乏一致性。

3. 人格的相对稳定性原则

在长期的生活道路上，每个人都会形成自己独特的人格心理特征。这种人格特征一旦形成，便有相对的稳定性，在没有发生重大事件的情况下，一般是不易改变的。如果一个平时花钱很节省的人突然花钱大手大脚，而现实中又没有令其发生改变的原因，这个时候就需要考虑是不是他的心理活动存在异样。

心理正常和异常之间的界限是相对的，准确的讲法是，异常心理是一个从心理健康到心理疾病的连续体。连续体的一端是最佳心理状态和行为，另一端为最差心理状态和行为，中间逐渐增加的是不适应行为（图0-1）。

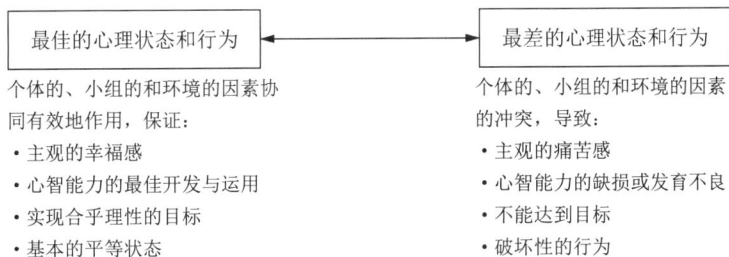

图 0-1　心理健康连续体

心理学中也常用心理障碍（psychological disorders）这一词，它是不同种类的心理、情绪、行为失常的统称，在广义上与精神病学中的精神障碍相似，两者的区别在于精神障碍侧重于对异常现象的医学理解，心理障碍侧重于从心理学角度对异常现象进行研究和理解。

（三）社会学标准

异常心理的社会学标准，主要是评估个体的行为是否符合社会规范和道德要求。一般情况下，个体能合理评估自身需要，按照社会规范和道德要求适应和改造环境。如果个体不能按照社会规范行事，社会功能受损，并且其行为对个体本身造成困扰，妨碍正常生活，结合其他标准可判定其存在异常心理。一般来说，社会功能可以分解为4个方面：①自理生活的能力；②人际交往与沟通的能力；③工作、学习和操持家务的能力；④遵守社会规则的能力。

需要说明的是，对心理异常的判断往往需要三者的结合，正如我们所知道的，异常心理与躯体疾病一样，都受到生理、心理和社会三重因素的相互影响，仅仅依靠某一个标准判定心理异常是不够的。例如，精神分裂症患者发病期间，生活不能自理，需要他人照顾，但是瘫痪在床的患者也可能生活不能自理，可见仅凭社会标准判定心理异常是不科学的；如果生活不能自理、不与任何心理异常相联系，也就是说没有思维、情绪、知觉等任何方面明显的异常和紊乱，那么，就不能判定为心理异常。

三、异常心理的形成原因

（一）生物原因

异常心理的生物因素主要有神经解剖学、生物化学及遗传 3 个方面。许多异常心理行为与大脑的结构发生变化有关。生物化学主要探讨神经递质与异常心理之间的关系，认为神经递质失调和神经递质受体功能低下均可导致异常心理，研究发现 5-羟色胺、去甲肾上腺素、多巴胺等神经递质在异常心理的形成过程中扮演着重要的角色。遗传主要体现在对疾病的易感性上，因此遗传对心理异常具有一定的影响，但不具有决定性影响。换句话说，遗传可能导致异常心理的发生，但并不代表异常心理一定会出现。

（二）心理原因

精神分析理论认为异常心理的根源在于无意识中的冲突，如果无意识中有冲突而且充满紧张情绪，一个人就会受到焦虑或者其他心理障碍的困扰。弗洛伊德认为人的结构包括 3 个部分：本我、自我和超我。无意识的冲突大部分源于"本我"和"超我"之间的拉锯战，而"自我"作为协调者不能将"本我"和"超我"各自的诉求保持在可控的理性范围之内所导致的。

阿伦·特姆金·贝克的认知疗法理论认为，人的信念系统和思维对个体的心理及行为有重要作用，认为来访者没有意识到的被歪曲的认知是发生心理障碍的原因之一，这些认知和环境、社会、心理、生理等因素的交互作用造成了心理障碍。

行为主义不重视人的思维在促进/阻碍人的行为中所产生的作用，而强调"学习"和"强化"在行为中的作用，这既包括正常行为也包括异常行为。异常行为的出现在于个体学会了不被社会所赞许或接受的行为方式，并且获得了强化。

（三）社会原因

重大生活事件的严重程度及多起事件的累加效应均会影响心理异常的发生。美国华盛顿大学教授托马斯·霍尔姆斯等人在 1967 年编制了著名的"社会重新适应量表"，把人在社会生活中遭受的生活危机归纳并划分等级，列出 43 种生活变化事件，并以生活变化单位（life change units，LCU）为量化指标加以评分，通过调查发现社会生活变动能引发个体对疾病的易感性，如丧亲、学习压力大、失恋等都是对人有不良影响的重要生活事件，这些事件越多，患病的可能性越大。除此以外，社会文化观念、社会经济状况、父母的教养方式等因素均被认为是异常心理的影响因素。

从目前的研究来看，心理障碍和其他躯体疾病一样，都是生理、心理、社会（文化）、环境等因素相互作用的结果。

心 理 案 例

　　这个学期小王经常发呆，上课时心不在焉，下课以后回到自己的寝室，也会发呆。小王几乎不和同学交流，有时同学会看到他在自言自语，却听不清楚他在说什么，问他说什么，他告诉同学，"嘘，小声一点，我听不到他在说话"，转而继续自言自语。小王会抱怨有人在骂他，骂一些很难听的话，同学总是感觉很奇怪，因为没有人在讲他的坏话。小王被送到医院后，经过一段时间的抗精神病药治疗，精神症状基本消失。小王回到学校后，老师和部分同学在事前都做好了相应的保密工作，尽可能将知情范围控制在较小的范围，鼓励小王按照医生的嘱咐按时服药，不随意停药；定期到学校心理咨询中心寻求专业精神卫生方向老师的帮助；尽可能地为小王减轻压力，如及时提供考试、活动等各方面的信息；鼓励小王慢慢地多和同学交流，学会放松，特别是学习效率不高时，尝试让自己心情平静下来，并提供一些学习技能和方法等。目前，小王已经能重新适应大学生活。

四、精神分裂症及其应对

（一）精神分裂症

　　精神分裂症属于精神病的范畴。目前，精神分裂症的定义为：一组病因未明的精神病，多起病于青壮年，常有感知、思维、情感、行为等多方面的障碍和精神活动的不协调。一般无意识障碍和明显的智能障碍，病程多迁延。

　　精神分裂症的一个主要表现是"妄想"，即对明显与事实不符的想法坚信不疑，如有被害妄想的人总觉得有人跟踪他，有人要故意害他，受妄想支配会出现逃跑行为。另一个主要的表现是"幻听"，周围环境中并没有声音，但他却说自己能听到。例如，有的个体一个人坐在那里自言自语，就好像在说悄悄话，问他在说什么，他会叫你小声点，说自己正在和别人对话。还有的个体随着病情的发展，与他人虽有交流，但表情呆板；虽然是和自己有密切关系的事情，却表现得漠不关心。有的个体不再注意自己的个人卫生，身体有异味也不洗澡，生活不能自理，不愿意活动。

　　自知力指的是个体对自身疾病状态的认识和判断能力。通常，精神病个体的自知力存在不同程度的缺乏，它的完整程度及其变化是精神疾病病情发展和转归的重要指标之一。如果个体的异常症状消失，并且能够认识到自己的状态是异常的，那么个体的自知力即得到恢复。

（二）精神分裂症的病因

　　目前普遍认为精神分裂症是一种受多种因素影响的疾病，遗传因素、神经发育异常、异常生化（多巴胺、5-羟色胺等神经递质）改变等均可能是导致精神分裂症发病的原因。

研究也发现社会心理因素与精神分裂症的发生存在相关性，并且社会心理因素也对该疾病的病程和恢复有一定的影响。主要的社会因素是早期的心理创伤以及对个体产生重大影响的负面事件，但该类因素与影响精神分裂症发病的其他因素一样，都不能对该病的发生起决定作用。

（三）精神分裂症的临床治疗

精神分裂症的治疗目前主要以药物治疗为主，辅以心理治疗。越来越多的证据表明，在个体出现精神分裂症症状后立即予以干预对个体身体的康复及学习、人际交往等社会功能的恢复有积极作用。因此，对精神分裂症宜尽早识别、尽早治疗。药物治疗应系统而规范，不宜擅自停药，并且需要一年以上的维持治疗。

（四）精神分裂症的心理治疗

对精神分裂症的心理治疗，应针对精神分裂症个体的心理社会功能缺陷，结合认知行为治疗、心理教育、家庭干预等方式，指导个体遵从医嘱，规范服药，以避免因随意停药或拒绝吃药导致病情复发以及心理社会功能的进一步受损；指导个体提高学习技能及生活技能，特别是面对个体当前的现实问题，如人际交往问题、学习问题、家庭关系问题等，提供有效解决问题的指导。

五、神经症及其应对

神经症主要表现为持久的心理冲突，个体觉察到或体验到这种冲突并因而深感痛苦且妨碍心理功能或社会功能，但没有任何可证实的器质性病理基础。心理冲突的典型体验是个体感到很难控制他认为应该可以控制的情绪，如焦虑、恐怖、强迫等，很想摆脱却摆脱不了。焦虑症、恐惧症、强迫症、躯体形式障碍、神经衰弱等情况都属于神经症的范畴。

（一）神经症的类型

1. 广泛性焦虑障碍

广泛性焦虑障碍通常表现为持续性的焦虑。这种焦虑不是特定的威胁所导致的，而是一种没有明确的害怕对象却感到心慌、胸闷、不安的强烈的焦虑感受，或者是害怕生活中可能发生的危险，但参照合理的标准，这种情绪体验的严重程度与引起焦虑的事件并不对称。例如，小 A 打了个喷嚏就担心自己会患上肺炎，继而担心会患上癌症。俗话说"吃五谷杂粮哪有不生病的"，人人都有生病的可能，但仅仅因为打一个喷嚏就担心自己患上肺炎显然缺乏充足依据，可小 A 却不能摆脱这种担心，并且还出现了如出汗、肌肉紧张、心跳加快、胸闷、尿频等身体反应，总是感到坐立不安，使得他不得不不停地来回走动。这种焦虑体验可能同时伴有注意力集中困难、害怕犯错误等情况。这种状态容易影响学习效率和人际相处等，学习效率低下、人际关系紧张等问题反过来又会加重这种焦虑体验。在焦虑的同时，个体也容易产生睡眠问题，入睡困难较为多见。

心理案例

小王说他每天都像是惊弓之鸟一样，一点小事都会让他担心，心总是感觉慌慌的；上课也担心，担心自己错过老师讲的重点，担心考试不及格，担心被退学；回到宿舍也担心，担心同学不喜欢他，洗澡的时候担心停水等。问小王为什么担心，他也说不出具体的理由。每时每刻小王都不停地发抖，经常想上厕所，睡觉也睡不好，胃口也不好，总是觉得很累，到现在都影响到自己的学习和生活了，看书没法集中注意力，学习效率下降，原本记过的知识点一会儿就忘记了，这让他压力更大。小王也想过一些办法，如听音乐、画画，但是这些都没有用，越是没有用，就越焦急，反而加重了他的焦虑。后来，小王去了咨询室，咨询老师告诉他，这可能是广泛性焦虑障碍，将他转到精神科大夫那里。医生确诊后，给予了抗焦虑的药，并辅以心理治疗，其情况得到了改善。

2. 惊恐障碍

惊恐障碍的核心表现是惊恐发作。发作通常是突然的，并且对发作环境没有特别限制。发作时，个体通常会有濒死感或者感觉自己会发疯。例如，小C走在商场里，忽然莫名地感觉到心跳加快，呼吸变得急促，胸口闷闷的，感觉透不过气来，浑身发抖。他怀疑自己是心脏病发作，得赶快找个安全的地方待着，不然就会晕倒。惊恐发作通常持续5~20分钟，不同的个体发作频率不一样，有的一天几次，有的几个月才一次。惊恐发作后，如果持续担心会再次发作或者发生严重后果，才可将其称为惊恐障碍。这种现象可以逐渐发展为广场恐惧症。

3. 恐惧症

恐惧症表现为过度害怕某种事物或环境，并且伴有明显的焦虑情绪和生理反应。恐惧症主要有广场恐惧症、社交恐惧症和特殊恐惧症。广场恐惧症主要表现在对某些特定场所的恐怖，如空旷的广场、拥挤的公共场所、高楼上、封闭的场地。患有广场恐惧症的个体不愿意出门或独处，如上个例子中谈到的小C，因为担心自己在公共场所出现恐怖感时没有办法逃离，又无法得到别人的帮助，渐渐地变得不爱出门。社交恐惧症主要表现在害怕别人的注视，一旦发现别人注意自己，就感到无地自容，不敢抬头，不敢与人对视。社交恐惧的对象可以是威严的上司、异性，也可以是自己的家属。特殊恐惧症指的是对某一种动物或者物件有一种不合理的恐怖。例如，对蛇的恐怖，普通人可能都会害怕蛇，但看到书中、画上的蛇并不会感觉害怕，但对于患有特殊恐惧症的人来说就会感到害怕。

4. 强迫症

强迫症的特点是有意识的自我强迫和反强迫同时存在，主要特征是强迫思维和强迫行为，如强迫联想。例如，小 M 脑子里出现一个语句，便不由自主地会想到另一个语句。别人说"开始"，他会想到"结束"，明知没有必要，但又不能自我控制。这种亦被称为"强迫性对立思维"。又如"强迫清洗"，明知没有必要，却又想去洗手。

5. 神经衰弱

神经衰弱主要表现为精神易兴奋与易疲劳。这种情况通常发生在长期处于紧张和压力状态之下。其开始表现为精神易兴奋，对外界的一点点刺激容易浮想联翩，容易受无关事件的打扰，一用脑或者做轻微的体力劳动就感觉到疲劳。这种疲劳不伴有欲望与动机减退，疲劳感并没有让其失去成就个人抱负的想法，反而因疲劳感到"力不从心"而苦恼。还可能出现头昏、紧张性头痛、睡眠质量差。例如，小 Z 的父母一直以来对小 Z 的要求很高，希望他以后能去美国留学。小 Z 对自己也事事要求完美，希望自己每门成绩都拿 A。近些时候，小 Z 总是感觉看书一会儿就累，但晚上睡觉前总是会想东想西，具体也不知道在想什么，整个人感觉不能放松，整个头都觉得不舒服，小 Z 因为自己目前的状态和学习效率变低而感到苦恼。

（二）神经症的病因

研究发现，引发神经症的因素有遗传、神经生物学及心理社会因素。

（三）神经症的临床治疗

由于目前国人对神经症仍然不能完全接受，也较难接受用药物治疗"心"病，专家认为对神经症的临床治疗"以心理治疗为主、配合适当的药物"比较符合我国的情况。同时，专家认为在心理治疗初期使用药物治疗，能够使心理治疗变得容易，并且能够缩短心理治疗的疗程。

（四）神经症的心理治疗

行为主义心理治疗是治疗神经症的有效方法之一，具体方法视不同的病症和个体情况而定。例如，行为主义多采用暴露疗法和系统脱敏法治疗恐惧症，并被证明是有效的。针对广场恐惧症，采用的方法是安排一些恐怖情境，设立等级，如设置"独自一人在超市购物""坐在广场中央"之类的等级，治疗师陪伴患者面对恐怖情境逐渐进行暴露练习。渐进性暴露练习与减轻焦虑的适应机制（如放松或重新训练呼吸）结合，被证实对帮助个体克服广场恐惧症是有效的。

认知疗法是治疗神经症的另一有效方法。认知疗法主要是了解个体害怕或焦虑但实际上并不可怕的情境的基本态度和看法，通过认知改变对其认知进行调整。认知疗法对广泛性焦虑障碍的个体感到焦虑的解释是他们倾向于高估事件的危险，低估自己的能力，因此要做的是让个体了解到自己不合理地高估了事件的危险性并试图改变它。例如，小 D 考试前很紧张，经常感到呼吸困难、心跳的速度很快、胸口闷等。通常，咨询师会让该个体描述自己对考试的焦虑，然后借用"如果考试失败了，最坏能怎样"的苏格拉底式提问与其探讨他的焦虑，用认知改变帮助他改变这种"灾难化思维"。当然，这只是认知疗法对焦虑的其中一种方法。

六、心境障碍及其应对

心境障碍（mood disorder）是以显著而持久的情感或心境改变为主要特征的一组疾病，主要表现为情感高涨或者低落，并伴有相应的认知和行为改变，可有精神病性症状，如幻觉、妄想等。依据国际疾病分类标准第 10 版（International Classification of Diseases 10，ICD-10），心境障碍主要包括抑郁发作、躁狂发作、双相情感障碍、复发性抑郁障碍和持续性心境障碍等类型。

心 理 案 例

小刘现在上大二。最近她告诉同学她即将要去做一项非常伟大的事业，并且这段时间她一直都在为此而忙碌。小刘每天一大清早就出门，晚上宿舍大门快关的时候才回来。本来不是特别爱说话的小刘，变得爱和别人聊天了，天南海北，聊得不亦乐乎，那个时候的她觉得生活非常快乐，充满阳光，同学们都觉得她整个人都变了，几乎被她这种积极的情绪所感染。小刘也很容易生气，有一天上铺的同学在上床的时候不小心踩到了她的床单，她立刻和这位同学吵了起来。

但过了一段时间，小刘的心情却有了很大的变化，整天都不怎么说话，开心不起来，不愿意动，慢慢地旷课次数越来越多，大部分时间都躺在宿舍的床上，同学和老师怎么劝也没有用。

之后，每隔一段时间，小刘都会如此往复，一段时间心情大好，做事积极；一段时间情绪低落，不愿意活动。在老师的陪同下，小刘到学校心理咨询中心咨询，后转介到精神科门诊进行药物治疗，小刘的症状逐渐地得到明显改善。

（一）心境障碍的类型

1. 抑郁发作和抑郁症

抑郁发作以显著而持久的情绪低落为主要特征，而且这种情绪状态往往与其处境不相称。此外，还存在思维迟缓、意志活动减退和躯体症状等表现。情绪低落主要表现在终日忧心忡忡、长吁短叹，对任何事情都提不起兴趣，感到"心理压抑""高兴不起来"，有时甚至感到痛不欲生。抑郁者对自我的觉察通常是无价值的、孤独的、成问题的，他们把世界看成是困难的、充满障碍的，他们在看待未来时，也通常是悲观的。抑郁者的思维活动会明显变慢，学习能力下降，变得不想做事，变得不愿意和人交往，连平时喜欢参加的活动都不愿意参加，伴有焦虑情绪的个体，还会出现坐立不安、手足抓握、踱来踱去等现象。

抑郁发作时还会出现一些身体方面的状况，如睡眠问题，与平时相比，容易早醒2~3小时，醒来后就不容易睡着，还有的个体表现为很难入睡，或者睡眠过多。还有的个体表现为食欲降低和体重下降，但有的存在相反的情况，即食欲增强，体重增加。根据ICD-10，抑郁发作可分为重度、中度和轻度。抑郁症指的是经历了一次或多次的抑郁发作，期间没有躁狂发作。

例如，本章"案例导入"中的小许，平时爱看足球比赛的他生病后也不关注直播比赛了，不想学习，经常旷课在寝室里睡觉，而且那段时间体重下降，瘦了5公斤，他总是"觉得人生挺没意思的，似乎自己做什么都做不好"。这都是抑郁发作的表现。

2. 躁狂发作

躁狂发作的典型症状在情感方面主要表现为个体主观体验特别愉快，感觉一切都是美好的，自己也感觉特别快乐，这种高涨情绪通常具有一定的感染力，能使周围的人产生共鸣。但是，这种情绪不是很稳定，有时候表现为欢乐愉快，有时候容易激动暴怒，甚至出现破坏及攻击行为，但很快转怒为喜，或者赔礼道歉。当个体感到非常愉快时，通常自我评价过高，目空一切，盛气凌人，可以出现夸大观念，认为自己是伟大的，能力是最强的等。躁狂发作的另一个特征是思维联想过程明显加快，思维内容丰富多变，常常感觉言语跟不上思维的速度。此外，躁狂的还表现为活动增多，但多虎头蛇尾，常常对行为缺乏正确判断，随心所欲，给人浮夸鲁莽的感觉。例如，小F最近一改往常，整天忙忙碌碌，说是准备创业，认为以自己的聪明和能力能在较短时间内成为亿万富翁，并为了这个目标一会儿给别人打电话，一会儿设计产品，经常向别人说起他的创业计划，如果别人表示计划似乎不可行他就会骂人。

3. 双相情感障碍

双相情感障碍的表现是情绪高涨和情绪低落交替，即抑郁和躁狂交替。一个生动的描述是，双相情感障碍就像是过山车，可以从最高点滑到谷底，抑或从谷底升到高点。在情绪高涨的时候，个体表现为心情特别愉快，急躁，睡眠需要减少，健谈，能从一个想法跳跃到另一个想法。情绪低落时表现为思维迟缓，郁郁寡欢，睡眠增多，活动减少。情绪高涨和低落持续的时间并没有规律，短的可能几天，长的可能几个月。

（二）心境障碍的病因

心境障碍是一组由遗传、神经生物学及心理社会等多方面因素导致的心理异常。一级亲属中患有心境障碍的个体的发病率要高于普通人群，但并不具有决定性意义。神经生物学方面的因素主要是神经递质代谢异常及相应的受体功能改变。较多研究表明 5-羟色胺、去甲肾上腺素、多巴胺等神经递质功能活动的降低与抑郁发作有关，其功能活动的增高与躁狂发作有关。应激性的生活事件与抑郁的发作有关，常见的负性事件有丧亲、严重的躯体疾病、学习障碍等。

（三）心境障碍的临床治疗

抑郁症症状达到一定程度，仅仅靠自我调适是不够的，需要专业的心理咨询和临床治疗。通常采取心理咨询和临床治疗相结合的方式疗效较好。临床治疗一般分为 3 个阶段，即急性治疗期、巩固治疗期和维持治疗期。抑郁发作主要以抗抑郁药物治疗为主。药物治疗一般 2～4 周开始起效。躁狂发作主要以药物治疗为主。

（四）心境障碍的心理治疗

行为主义治疗强调通过行为的改变使抑郁症个体的认知和情绪发生改变。通常，采用该方法的心理咨询师会让抑郁症个体增加日常活动时间，并指导个体学会一些管理日常事务和解决问题的技巧及促进人际积极交往的方法，使个体的情绪得到改善。

认知主义治疗试图从认知层面找到解决之道，通过改变当事人的不合理认知来促进其情绪的改善。

随着社会的关注，抑郁症及抑郁症的表现也被越来越多的人熟知。值得一提的是，抑郁症的诊断需要专业人员在对个人情况进行综合考虑的基础上得出，切勿对号入座。事实上，错把一时"抑郁情绪"当作"抑郁发作"或"抑郁症"，整天生活在怀疑自己患有"抑郁症"的恐惧中也是件很糟糕的事情。

七、大学生异常心理的处置

（一）科学认识和对待异常心理

1. 全面理解异常心理

常常有学生问，最近一段时间有那么几次出门的时候担心门没锁好，又跑回去确认以后才放心，这样算不算强迫症？事实上，书本上讨论的心理现象在一般人身上也有可能出现，如果程度比较轻微，持续时间较短，没有令个体感到严重影响了自己的学习和生活功能，是不能判定该个体存在异常心理的。有的大学生在学习相关知识的时候，容易对号入座，将自己出现的某个现象与该疾病牵连到一起，觉得自己也得了该疾病；另外，由于网络通信的便利，有的大学生感觉到一些异样或不舒服，喜欢到网络上通过输入关键词寻找令自己不舒服的原因。事实上，在缺乏相关的专业背景和相关经验的情况下，仅凭某些现象就判定心理异常是不合适的。如果对自己的情况并不是很明确或是确实觉得该情况在较长时间里影响了自己的学习和生活，应寻求专业心理咨询机构或精神科医生的帮助。

2. 对异常心理给予及时、规范的治疗

世界精神卫生组织的研究结果显示，我国焦虑障碍、心境障碍以及酒精、药物滥用等精神障碍年患病率高达 7%，而且仅有 3.4% 的个体寻求专业治疗。很多患有精神分裂症、抑郁症、焦虑症、双相情感障碍的个体及其家人讳疾忌医，并不愿意承认或让别人知道自己或自己的家人患有这类疾病，往往容易贻误治疗的最佳时机，如精神分裂症的早发现和早治疗直接影响药物治疗的疗效和疾病复发的可能性。

很多因异常心理服药的个体，经常因为药物治疗不能很快达到疗效或者达到疗效后自认为已治愈，自行停药，导致药物治疗无效或病情复发。因此，异常心理的规范治疗显得尤为重要。

3. 对异常心理知识加强普及宣传

虽然现在在大学范围内对待心理异常已经普遍持接受态度，但是由于种种原因，心理异常的个体还是经常担心受到别人的歧视，他们隐瞒自己的心理苦恼，或者不愿意告诉别人自己过去有接受心理治疗的记录。对心理异常者持有负面态度不仅会对心理异常者的心理和行为产生"以偏概全""一知半解"的理解，也会影响心理异常者如何应对普通人。研究表明，曾经与精神疾病个体打过交道的人的态度较少地受到这种社会偏见的影响，类似的研究也发现如果学生曾经与患有精神疾病的个体接触，他们对其危险性的评估会降低。因此，了解如何理解、治疗和预防异常心理，不仅能够帮助那些有异常心理的大学生，还可以使普通人对人性有更全面的了解。

（二）做心理异常同学的照顾者

这里的照顾者指的是和心理异常个体学习和生活在一起的人或者关系密切的人，如身边的朋友、同学。照顾有心理异常的人，需要照顾者付出耐心和爱心。

1. 和心理异常同学一起了解相关事实

和心理异常同学一起学习某种疾病，如抑郁症、焦虑症、强迫症等的相关知识，了解发病表现、发病特点、用药疗程、用药可能带来的副作用、心理咨询的作用和改善的目标、可以提供支持和帮助的人或群体等，这个过程既是和该同学进行交流的过程，也是更好地帮助同学的过程。

2. 给予心理异常同学以关注

真诚的关注和耐心的倾听是给予心理异常同学的一种关爱方式。对他的关注是一种接纳，让他感觉到安全，觉得有人在乎他。此外，每个人对待事物的看法可能会有所不同，在这个过程中，心理异常同学对待事物的看法与我们亦会有些差异，我们需要克制住自己的想法，让该同学能够平静地、不带任何压力地将自己的想法和情绪表达出来。

要让他感觉到我们虽然不能完全理解他，但是如果我们是他，也许我们会有和他一样的想法。

3. 指导心理异常同学承担可以承担的生活责任

心理异常同学需要我们给予适当的照顾，但与此同时，我们需要了解的是，心理异常同学和患有其他疾病的个体一样都是自己生活的主人，需要承担自己可以承担的对生活的责任。我们应当恰当地鼓励他做一些力所能及的事情，而不是小心翼翼地替他包办每一件事情，事实上，根据行为主义的观点，适当的行为能够改变情绪。例如，本章"案例导入"中的小许被诊断为抑郁症后担心自己考试通不过，但又不愿意看专业书，觉得内容太难。老师、同学告诉他学习方法后，帮助他制订了可行的学习计划，结果，小许顺利地通过了某门专业课考试，情绪也得到了改善。这也能够帮助异常心理同学建立自信："我是行的！"但是，我们不要强迫他做一些他不想做的事情。

4. 积极寻求他人的帮助

心理疾病和生理疾病是一样的，在不同阶段需要不同的人的帮助，也许心理异常同学不愿意和照顾者聊天，但他愿意和他信任的心理咨询师聊天，照顾者可以做的是帮助他找到一个适合他的咨询师。

5. 及时报告

患有精神分裂症的个体由于缺乏自知力并不认为自己有病，不能主动到医院就诊；有神经症和情感障碍的个体，自身痛苦，可能并不知道能够给自己提供帮助的途径；有的个体还可能引发自伤（自杀）或伤及他人的行为。当我们发现身边的同学出现上述情况时，应第一时间及时报告老师，因为面对这些问题都需要专业人员的协助，千万别自作主张，擅自处理或掉以轻心，以为没什么大不了的。此外，在老师到来之前，应该将保证当事人的安全作为首要目标，必要时还要请其他同学提供必要的帮助。同时，在这个过程中，应避免让与该事件无关的人员知道，尽可能地保护同学的隐私。

课堂自测

大学人格问卷

指导语：以下问题是为了解你的健康状况并增进你的身心健康而设计的。请你按题号的顺序阅读，选择在最近一年中你常常感觉到或体验到的项目。为了使你顺利完成大学学业，身心健康地去迎接新生活，请你真实选择。

1. 食欲不振。　　　　　　　　　　　　　　　　　　　　　　（　　）
2. 恶心、胃口难受、肚子痛。　　　　　　　　　　　　　　　（　　）

3．容易拉肚子或便秘。 （　　）

4．关注心悸和脉搏。 （　　）

5．身体健康状况良好。 （　　）

6．牢骚和不满多。 （　　）

7．父母期望过高。 （　　）

8．自己的过去和家庭是不幸的。 （　　）

9．过于担心将来的事情。 （　　）

10．不想见人。 （　　）

11．觉得自己不是自己。 （　　）

12．缺乏热情和积极性。 （　　）

13．悲观。 （　　）

14．思想不集中。 （　　）

15．情绪起伏过大。 （　　）

16．常常失眠。 （　　）

17．头痛。 （　　）

18．脖子、肩膀酸痛。 （　　）

19．胸痛憋闷。 （　　）

20．总是朝气蓬勃的。 （　　）

21．气量小。 （　　）

22．爱操心。 （　　）

23．焦躁不安。 （　　）

24．容易动怒。 （　　）

25．有轻生的念头。 （　　）

26．对任何事都没有兴趣。 （　　）

27．记忆力减退。 （　　）

28．缺乏耐力。 （　　）

29．缺乏决断能力。 （　　）

30．过于依赖别人。 （　　）

31．为脸红而苦恼。 （　　）

32．口吃，声音发颤。 （　　）

33．身体忽冷忽热。 （　　）

34．注意排尿和性器官。 （　　）

35．心情开朗。 （　　）

36．莫名其妙的不安。 （　　）

37．独处时感到不安。 （　　）

38．缺乏自信心。 （　　）

39. 办事畏首畏尾。　　　　　　　　　　　　　（　　）
40. 容易被人误解。　　　　　　　　　　　　　（　　）
41. 不相信别人。　　　　　　　　　　　　　　（　　）
42. 过于猜疑。　　　　　　　　　　　　　　　（　　）
43. 厌恶交往。　　　　　　　　　　　　　　　（　　）
44. 感到自卑。　　　　　　　　　　　　　　　（　　）
45. 杞人忧天。　　　　　　　　　　　　　　　（　　）
46. 身体倦乏。　　　　　　　　　　　　　　　（　　）
47. 一着急就出冷汗。　　　　　　　　　　　　（　　）
48. 站起来就头晕。　　　　　　　　　　　　　（　　）
49. 曾失去意识、抽筋。　　　　　　　　　　　（　　）
50. 人缘好，受欢迎。　　　　　　　　　　　　（　　）
51. 过于拘泥。　　　　　　　　　　　　　　　（　　）
52. 对任何事情不反复确认就不放心。　　　　　（　　）
53. 对脏很在乎。　　　　　　　　　　　　　　（　　）
54. 摆脱不了毫无意义的想法。　　　　　　　　（　　）
55. 觉得自己有怪气味。　　　　　　　　　　　（　　）
56. 感觉别人在背后说自己的坏话。　　　　　　（　　）
57. 总注意周围的人。　　　　　　　　　　　　（　　）
58. 在乎别人的视线。　　　　　　　　　　　　（　　）
59. 觉得别人轻视自己。　　　　　　　　　　　（　　）
60. 情绪易受干扰。　　　　　　　　　　　　　（　　）
61. 至今，你感到自身健康方面有问题吗？　　　（　　）
62. 至今，你曾觉得自己心理卫生方面有问题吗？（　　）
63. 至今，你曾接受过心理咨询与治疗吗？　　　（　　）
64. 你有健康或心理方面想咨询的问题吗？　　　（　　）

【说明】

大学生人格问卷（university personality inventory，UPI）由三部分组成：第一部分是学生的基本情况，包括学生的姓名、性别、年龄、住址、联系方法、家庭情况、兴趣爱好、入学动机等（此处省略）。这部分内容供参考之用。第二部分是 UPI 本身，由 60 个项目构成，其中有 4 个测伪题（第 5、20、35、50 题），其余 56 个项目是反映学生的苦恼、焦虑、矛盾等症状的项目。全部项目的排列独具匠心，基本概括了大学生的各种烦恼。第三部分是附加题（第 61～64 题），主要是了解被试者对自己身体健康状态的总评价以及是否接受过心理咨询和治疗，有什么咨询要求。这部分题在 60 个项目下方排列，当有咨询要求时，可以直接写出想咨询的问题。

UPI 采用是非式选择，肯定选择的记 1 分，否定选择的记 0 分，UPI 总分的计算规则是将除测伪题以外的其他 56 道题的得分求总和。所以，UPI 的总分最高为 56 分，最低为 0 分。

UPI 的 56 个症状项目中与神经症、抑郁状态以及精神分裂症倾向有关的项目如下。

（1）鉴别神经症有效的项目：16、19、23、27、31、32、36、38、39、45、47、51、52、53、55、57、58、60。

（2）鉴别抑郁状态有效的项目：11、12、13、14、15、16、22、25、28、43、44、45。

（3）鉴别精神分裂症倾向有效的项目：10、11、14、16、23、24、26、27、28、36、40、41、43、51、56、57、58、59。

根据筛选标准，可以将学生分为以下 3 类。

（1）第一类筛选标准：①UPI 总分在 25 分（包括 25 分）以上者；②第 25 题做肯定选择者；③辅助题中同时至少有两题做肯定选择者；④明确提出质询要求者。

（2）第二类筛选标准：①UPI 总分在 20 至 25 分（包括 20 分，不包括 25 分）之间者；②第 8、16、26 题中有一题做肯定选择者；③附加题中有一题做肯定选择者。

（3）第三类筛选标准：不属于第一类和第二类者应归为第三类。

【评判标准】

与每个学生面谈 15 分钟，目的是进一步了解学生 UPI 填写的具体含义，分析诊断。面谈结束后，根据咨询结果和 UPI 得分将学生分为以下 3 类。

A 类：各种神经症（恐惧症、强迫症、焦虑症、严重神经衰弱等）患者；有精神分裂症倾向、悲观厌世、心理矛盾冲突剧烈、明显影响正常生活、学习者。这类学生可立即预约下次咨询时间，每周或隔周面谈一次，直至症状减轻。

B 类：存在一定心理问题，如人际关系不协调、对新环境不适应等。这类学生有种种烦恼，但仍能够维持正常学习和生活。对他们提供帮助的方式是请他们有问题时随时咨询。

C 类：与他们进行面谈可以起到预防心理问题的作用。他们的症状暂时不明显或已经解决，以后出现症状，知道咨询机构可以提供帮助。

症状自评量表

指导语：表 0-2 中列出了有些人可能有的病痛和问题，请仔细阅读每一条，然后根据最近一星期（或过去）下列问题影响你或使你感到苦恼的程度，选择最合适的一项，打勾（√）。请不要漏掉问题。

表 0-2　症状自评量表

序号	题项	没有	很轻	中等	偏重	严重
1	头痛	0	1	2	3	4
2	神经过敏，心中不踏实	0	1	2	3	4
3	头脑中有不必要的想法或字句盘旋	0	1	2	3	4

续表

序号	题项	没有	很轻	中等	偏重	严重
4	头昏或昏倒	0	1	2	3	4
5	对异性的兴趣减退	0	1	2	3	4
6	对旁人求全责备	0	1	2	3	4
7	感到别人能控制你的思想	0	1	2	3	4
8	责怪别人制造麻烦	0	1	2	3	4
9	忘性大	0	1	2	3	4
10	担心自己的衣饰不整齐及仪态不端正	0	1	2	3	4
11	容易烦恼和激动	0	1	2	3	4
12	胸痛	0	1	2	3	4
13	害怕空旷的场所或街道	0	1	2	3	4
14	感到自己的精力下降，活动减慢	0	1	2	3	4
15	想结束自己的生命	0	1	2	3	4
16	听到旁人听不到的声音	0	1	2	3	4
17	发抖	0	1	2	3	4
18	感到大多数人都不可信任	0	1	2	3	4
19	胃口不好	0	1	2	3	4
20	容易哭泣	0	1	2	3	4
21	同异性相处时感到害羞、不自在	0	1	2	3	4
22	感到受骗、中了圈套或有人想抓住你	0	1	2	3	4
23	无缘无故地突然感到害怕	0	1	2	3	4
24	自己不能控制地大发脾气	0	1	2	3	4
25	怕单独出门	0	1	2	3	4
26	经常责怪自己	0	1	2	3	4
27	腰痛	0	1	2	3	4
28	感到难以完成任务	0	1	2	3	4
29	感到孤独	0	1	2	3	4
30	感到苦闷	0	1	2	3	4
31	过分担忧	0	1	2	3	4
32	对事物不感兴趣	0	1	2	3	4
33	感到害怕	0	1	2	3	4
34	感情容易受到伤害	0	1	2	3	4
35	旁人能知道你的私下想法	0	1	2	3	4
36	感到别人不能理解你、不同情你	0	1	2	3	4
37	感到人们对你不友好、不喜欢你	0	1	2	3	4
38	做事必须做得很慢以保证做得正确	0	1	2	3	4
39	心跳得很厉害	0	1	2	3	4
40	恶心或胃部不舒服	0	1	2	3	4
41	感到比不上他人	0	1	2	3	4

续表

序号	题项	没有	很轻	中等	偏重	严重
42	肌肉酸痛	0	1	2	3	4
43	感到有人在监视你、谈论你	0	1	2	3	4
44	难以入睡	0	1	2	3	4
45	做事必须反复检查	0	1	2	3	4
46	难以作出决定	0	1	2	3	4
47	怕乘电车、公共汽车、地铁或火车	0	1	2	3	4
48	呼吸有困难	0	1	2	3	4
49	一阵阵发冷或发热	0	1	2	3	4
50	因为感到害怕而避开某种东西、场合或活动	0	1	2	3	4
51	脑子变空了	0	1	2	3	4
52	身体发麻或刺痛	0	1	2	3	4
53	喉咙有梗塞感	0	1	2	3	4
54	感到前途没有希望	0	1	2	3	4
55	不能集中注意力	0	1	2	3	4
56	感到身体的某一部分软弱无力	0	1	2	3	4
57	感到紧张或容易紧张	0	1	2	3	4
58	感到手或脚发重	0	1	2	3	4
59	想到死亡的事	0	1	2	3	4
60	吃得太多	0	1	2	3	4
61	当别人看着你或谈论你时就感到不自在	0	1	2	3	4
62	有一些不属于你自己的想法	0	1	2	3	4
63	有想打人或伤害人的冲动	0	1	2	3	4
64	醒得太早	0	1	2	3	4
65	必须反复洗手、点数目或触摸某些东西	0	1	2	3	4
66	睡得不稳、不深	0	1	2	3	4
67	有想摔坏或破坏东西的冲动	0	1	2	3	4
68	有一些别人没有的想法或念头	0	1	2	3	4
69	感到对别人神经过敏	0	1	2	3	4
70	在商店或电影院等人多的地方感到不自在	0	1	2	3	4
71	感到任何事情都很困难	0	1	2	3	4
72	感到一阵阵恐惧和惊恐	0	1	2	3	4
73	感到在公共场合吃东西很不舒服	0	1	2	3	4
74	经常与人争论	0	1	2	3	4
75	单独一个人时神经很紧张	0	1	2	3	4
76	别人对你的成绩没有作出恰当的评价	0	1	2	3	4
77	即使和别人在一起也感到孤单	0	1	2	3	4
78	感到坐立不安、心神不定	0	1	2	3	4
79	感到自己没什么价值	0	1	2	3	4

续表

序号	题项	没有	很轻	中等	偏重	严重
80	感到熟悉的东西变成陌生或不想是真的了	0	1	2	3	4
81	大叫或摔东西	0	1	2	3	4
82	害怕会在公共场合昏倒	0	1	2	3	4
83	感到别人想占你便宜	0	1	2	3	4
84	为一些有关"性"的想法而很苦恼	0	1	2	3	4
85	你认为应该因为自己的过错而受到惩罚	0	1	2	3	4
86	感到要赶快把事情做完	0	1	2	3	4
87	感到自己的身体严重有问题	0	1	2	3	4
88	从未感到和其他人很亲近	0	1	2	3	4
89	感到自己有罪	0	1	2	3	4
90	感到自己脑子有毛病	0	1	2	3	4

【说明】

症状自评量表（symptom checklist-90，SCL-90）中的每一个项目均采取 1～5 级评分：①没有（自觉并无该项问题或症状）；②很轻（自觉有该问题，但发生得并不频繁、严重）；③中等（自觉有该项症状，其严重程度为轻到中度）；④偏重（自觉有该项症状，其程度为中到严重）；⑤严重（自觉该症状的频度和强度都十分严重）。作为自评量表，这里的"轻""中""重"的具体含义应该由自评者自己去体会，不必做硬性规定。

本测试总分是 90 个项目的得分之和，平均分是总分除以 90，该测试包括 9 个因子，每个因子反映被试者某一方面的症状，通过每个因子的得分可以了解症状分布的特点。因子分=组成某一因子的项目总分/项目数。

【评判标准】

9 个因子及其包含的项目如下：

（1）躯体化（somatization）：包括 1、4、12、27、40、42、48、49、52、53、56、58，共 12 项。该因子主要反映身体不适感，包括心血管、胃肠道、呼吸和其他系统的主诉不适，头痛、背痛、肌肉酸痛，以及焦虑的其他躯体表现。

（2）强迫症状（obsessive compulsive）：包括 3、9、10、28、38、45、46、51、55、65，共 10 项。主要指那些明知没有必要但又无法摆脱的无意义的思想、冲动和行为；还有一些一般的认知障碍的行为征象也在这一因子中反映。

（3）人际关系敏感（interpersonal sensitivity）：包括 6、21、34、36、37、41、61、69、73，共 9 项。主要指某些个人不自在与自卑感，特别是与其他人相比较时更加突出。在人际交往中的自卑感、心神不安、明显不自在，以及人际交流中的自我意识，消极的期待也是这方面症状的典型原因。

（4）抑郁（depression）：包括 5、14、15、20、22、26、29、30、31、32、54、71、79，共 13 项。苦闷的情感与心境为代表性症状，还以生活兴趣的减退、动力缺乏、活力丧失等为特征，以反映失望、悲观以及与抑郁相联系的认知和躯体方面的感受。另外，还包括有关死亡的思想和自杀观念。

（5）焦虑（anxiety）：包括 2、17、23、33、39、57、72、78、80、86，共 10 项。一般指那些烦躁、坐立不安、神经过敏、紧张以及由此产生的躯体征象，如震颤等。测定游离不定的焦虑及惊恐发作是本因子的主要目的。

（6）敌对（hostility）：包括 11、24、63、67、74、81，共 6 项。主要从 3 个方面来反映敌对的表现、思想、感情及行为。其项目包括厌烦的感觉、摔物、争论直到不可控制的脾气爆发等各方面。

（7）恐怖（photic anxiety）：包括 13、25、47、50、70、75、82，共 7 项。恐惧的对象包括出门旅行、空旷场地、人群或公共场所和交通工具。此外，还有反映社交恐惧的一些项目。

（8）偏执（paranoididefition）：包括 8、18、43、68、76、83，共 6 项。本因子是围绕偏执性思维的基本特征而确定的，主要指投射性思维、敌对、猜疑、关系观念、妄想、被动体验和夸大等。

（9）精神病性（psychoticism）：包括 7、16、35、62、77、84、85、87、88、90，共 10 项。反映各式各样的急性症状和行为，有代表性的被视为较隐讳、限定不严的精神病性过程的指征。此外，也可以反映精神病性行为的继发征兆和分裂性生活方式的指征。

此外还有 19、44、59、60、64、66、89 共 7 个项目未归入任何因子，分析时将这 7 项作为附加项目（additional items）或其他，作为第十个因子来处理，以便使各因子分之和等于总分。

对分数进行分析时，若总分超过 160，或阳性项目数超过 43（43 项 2 分以上），或因子分≥2（2～2.9 为轻度；3～3.8 为中度；3.9 及以上为重度），即应寻求心理咨询或心理治疗。

心理训练

两人一组自我介绍

目的：初步相识。

操作：时间约需 10 分钟。准备纸和笔；足够的空间，可以挪动的椅子（如折叠椅）。

指导者先让团体成员在房间里自由漫步，见到其他成员，微笑着握握手。给一定的时间让成员自然相遇，鼓励成员尽可能地与其他人握手。当指导者说"停"，每个成员面对或正在握手的人就成了朋友，两人一组，席地而坐，或拿折叠椅面对面坐下。指导者发给每人一张纸，写下自己的姓名，所属系、班级、宿舍，分别写下 3 项自己喜欢的和不喜欢的东西或事。每人 3 分钟自我介绍，然后漫谈几分钟。当对方进行自我介绍时，倾听者要全身心地投入，通过语言与非语言的观察，尽可能多地了解对方。

四人一组他者介绍

目的：扩大交往圈子，拓展相识面。

操作：时间约需 10 分钟。刚才自我介绍的两个组合并，形成 4 人一组，每位成员将自己刚才认识的朋友介绍给另外两位新朋友介绍，每人 2～3 分钟。

八人一组自我介绍

目的：进一步扩大交往范围，引发个人参与团体的兴趣。

操作：时间需 8～10 分钟。两个 4 人小组合并，8 人围圈而坐。从其中一个人开始，每人用一句话介绍自己。一句话中必须包含 3 项内容：姓名、所属、自己与众不同的特征。规则：当第 1 个人说完后，第 2 个人（左边）必须从第 1 个人开始讲起，第 3 个人一直到第 8 个人都必须从第 1 个人开始讲起，即

A：我是来自○○（地域），性格○○的○○。

B：我是来自○○（地域），性格○○的○○左边的来自◎◎（地域），喜欢◎◎的◎◎。

C：我是来自○○（地域），性格○○的○○左边的来自◎◎（地域），喜欢◎◎的◎◎左边的来自□□（地域）□□的□□。

……

这样做能使全组注意力集中，相互有协助他人完整正确地表达的倾向，而且在多次重复中，不知不觉地记住了他人的信息。

第一章 我的校园，我的家——学会适应环境

学生李某第一次参加高考，考上了一所名牌大学，但随后由于痴迷网络多次旷课而被劝退。他复读一个多月后又考回了这所名牌大学，但随后因"屡教不改"再次被劝退。回家几个月后，他又参加高考，考上了一所科技大学。读到大三时他由于学分不够被劝退。接着他第四次参加高考，又考回了这所科技大学，被直接安排在大二就读，但据本人说："现在还没有找到学习状态。"

这是一个典型的大学环境适应不良的例子。李某无疑是一个高考奇才，他完全能够适应以高考为目的的中学应试教育环境，也是其中合格者之一。但一进入大学，他却找不到正确的方向，无法适应以追求素质提升和以自我学习为主的大学环境，最终迷失在网络游戏中，成了一个转型失败的典型例子。一个应试教育的天之骄子为何会屡屡栽在注重素质教育的高校里？李某这个典型的环境适应不良者不禁引起了人们的反思。这说明：大学生适应环境是亟待解决的问题。

第一节 大学生适应心理解读

社会发展，科技进步，经济繁荣，使竞争加剧，生活节奏加快，人的压力加大，很容易使人困惑、迷茫、不安、焦虑和烦躁，由此会产生心理失衡、行为偏差、精神疾病、心理障碍等问题。这就迫使人们去寻求一种支持、一种力量，以对抗外界，平衡内心。人在现实生活中，由于生活和工作环境中的诸多因素的变化会出现各种矛盾，也会产生各种负面情绪，承载着很大的压力，从而导致心理上的冲突和各种挫折。如果长期得不到解决或发泄，就会因心理失衡而精神崩溃。要解决上述问题，学会适应是非常有意义的。

一、适应的定义与内涵

（一）适应的定义

适应是个体与环境的互动关系。个体在与环境相互作用的过程中，通过不断调整自我身心状态，使身心与现实环境保持一致，从而达到认识环境、改造环境、发展自我的目的。

心理学用适应来说明人对环境和各种刺激变化时所作出的反应。心理学家让·皮亚杰认为，人智慧的本质从生物学来说是一种适应，它既可以是一个过程，也可以是一种状态。所有生命和有机体都以适应作为其生活和生存的条件和任务，即达尔文所说的"适者生存"。

（二）适应的内涵

适应的内涵包括以下几个方面。

（1）适应是指个体在与环境的相互作用中构筑良好的心理机制的过程。这种心理机制有利于人们更好地适应自然环境和文化环境。

（2）适应是指个体与环境之间处于一种和谐、协调、相宜、相适的相对平衡状态。适应是相对的，不适应是绝对的，因为环境和个体都在变化之中。

（3）人对环境的适应可以从两个方面来理解，一方面是顺应环境，即改变自身状态去顺应变化的环境；另一方面是选择、追求或者抗争，即对于环境变化而对人产生的各种压力不是屈服，而是顶着压力，勇敢地面对生活中各种挑战，战胜困难，追求自己希望的目标。人类就是这样生存和发展起来的。

二、适应的方式与目标

（一）适应的方式

心理学理论认为，在应激状态下，人们的反应有以下两种情况：一种是正向的积极反应，即面对突如其来的外在危险，迅速作出正确的判断，并调动自己的潜能，摆脱困境，脱离危险。另一种是负面的消极反应，即面对突然发生的事件，思维迟钝，大脑一片空白，手足无措，任凭危险的发生。如果平时不注意培养和锻炼自己的心理适应性，往往会在"养兵千日，用兵一时"之际，招致本应避免的灾祸。因此，大学生应逐渐认识环境，改变观念，适应环境，建立积极的心理防御机制，培养和提高自己的适应能力，即所谓的"学会适应"和"学会生存"。

在心理适应的方式上，我国古人留下了许多宝贵的经验，以某种形式维护自己的心理平衡，形成了我国独特的心理防御机制，如我们常说的"知足者常乐""破财消灾""失败是成功之母""比上不足比下有余"等。有时也以对事件的归因分析实现心理平衡，如失败后归结为客观环境的不可改变，或者强调其他因素的干扰，以此来寻求个人的心理平衡。人类心理适应的不同方式改变了客观现实和愿望之间的紧张冲突关系，对缓解心理挫折起到了重要的作用，有利于人们建立适合自己的心理防御机制，维护个人的心理健康。

知识链接

人的心理适应的方式可以分为两大类：一种是前进的适应。这种适应与人的心理发展的方向是一致的，是一种积极的心理防御机制。例如，一个学生考试失败后，努力学习，积极向别人求教，掌握足够的知识和扎实的技能，以达到掌握某门课程的目的，实现该门课程的考试及格，而不是抱怨学习环境不良或者教师授课水平低等客观环境因素。另一种是倒退的适应。这种适应是为了将来或者整体上对环境的适应，而表现出来的倒退与不适应，实际上是一种通过倒退而迂回前进的适应。我们常说的"好汉不吃眼前亏"就属于这种适应，"好汉"之所以这样做，是为了免于当时对自己不利的局势，同时也能够使自己与当前环境要求之间取得整体上的一致。这是人类权衡利弊得失而进行的选择，也是人类与动物适应的主要的区别之一。

（二）适应的目标

人类的适应是个人通过与特定的生活环境的相互作用，实现认识环境、适应环境，形成并维持健康心理和完整人格的过程。对个人来说，环境适应是贯穿其一生的连续过程，也是个人主动努力缩小自身与环境要求的差距的过程。在这样的过程中，个人通过各种方式，不断地学习，获取知识、经验和技能，应对人生中所遇到的各种压力和障碍，促使个人心理逐渐发展、成熟起来。对于社会来说，环境适应是一个继承和发扬的过程，整个社会通过个人对环境的适应而使民族文化一代一代地传递下去，在传递中得以进一步的发展，保证其能够适应不断变化的新环境。无论从个人角度还是从社会发展角度来说，人类对环境的适应都反映了个人与环境的互动关系。

三、适应的意义与因素

（一）学会适应的意义

1. 适应是社会发展的需要

社会的发展离不开人类的不断继承和创新，所以，人们必须首先适应环境，学会现有的知识和技能，然后在此基础上，结合现实环境的实际情况，不断创新，推动社会不断进步。

2. 适应是完善个性的需要

人格是一个人在一定社会条件下形成的具有一定倾向的、比较稳定的、独特的心理和行为特征的总和，包括心理倾向性和个性特征，它决定着我们为什么去做以及怎样去做一件事情。个性是在一系列的心理活动和行为中形成的，人们在一系列的认识活动、情感活动和意志活动等适应环境的活动中逐步了解和认识环境、感受环境，应对社会生活中所遇到的各种压力和障碍，并逐渐形成自己的个性特点，它一旦形成，就具有相对的稳定性，会对人们的每一个活动产生决定性的影响。所以，我们要形成和完善良好的个性，需要更好地适应环境。

3. 适应是身心健康的需要

身体健康、心理健康、良好的社会适应是现代人对健康的基本认识，只有三者同时具备，才称得上真正的健康。大学生要形成和保持健康的心理，就必须具备良好的对社会和生活环境的适应。

（二）影响适应的因素

1. 家庭环境的影响

人们常说"父母是孩子的第一任老师"。从个人的成长过程来看，一个人适应环境的基本生活常识和行为方式首先是从家庭中学来的。在家庭环境中，家长的受教育程度、经济收入、教育观念和风格，家庭的居住条件、文化氛围等对孩子的个性特征和行为方式都会起到潜移默化的影响。

2. 学校教育的影响

进入学龄期后，学校就成为影响个人环境适应的又一重要因素。学校教育对学生的影响是以有目的、有计划的方式进行的，它按照一定的培养目标和教育方针向学生系统地传授各种知识、技能和社会行为规范。同时，学校的课外教育为学生更好地适应环境奠定了坚实的知识、技能等方面的基础。

3. 社会环境的影响

社会环境是指家庭和学校以外的社会因素的影响，任何一个人都离不开社会这个大的生活环境，一个人要生存和发展，必须遵守社会公德，形成和维持良好的人际关系，而这些对形成人的环境适应性发挥着很重要的作用。

在社会环境影响的因素中，社会舆论和社会道德是较为常见的，它包括传播媒体的宣传和人们的传统观念等，对人的影响既有积极的一面，也有消极的一面，在实践中，要充分利用它积极的一面，促进人的观念和行为的健康发展，尽力避开它消极的一面，以形成个人良好的适应环境的能力和健康的心理。

第二节 大学生环境适应中常见的问题

能够考上大学，对于高中生来说，是一件大喜事，可对于一些人来说，到了大学之后，这种喜悦却被一种失败或者失望的情绪所替代。有的大学生对自己所考取的院校感到不理想，情绪低落；有的大学生不适应大学学习和生活，心灰意懒；有的大学生不喜欢所选的专业，心情焦虑。因此，迅速完成角色转变，快速了解和适应大学新环境，对于大学生来说至关重要。

一、大学生的观念与角色转变中的适应问题

在对大学生的调查中发现，有相当比例的大学生认为自己是高考的失败者，来到已经考入的学校，只是自己无奈的选择，存在着一定的消极情绪，如自卑、失望、逃避等不良感受。这些大学生由于刚入学时没有很好地适应新的校园环境，存在学习成绩差、生活自理能力欠缺、人际关系紧张等不良适应现象，从而感到大学生活无聊、空虚，无所事事，虚度光阴，也会出现热衷于谈恋爱、迷恋网络等现象。在大学生中常见的观念和角色转变中的适应问题主要有以下几个方面。

（一）理想和现实的矛盾

大学生大多处在生理上已经发育成熟而心理尚未定型的"断乳期"，虽然他们智力比较高，但思想认识不成熟，思维存在片面性，对现实的认知仅仅停留在表面，思考问题理想化，遇到挫折易丧失信心，情绪不稳定，做事常常缺乏理性。理想中的大学和现实学校的差异会增加他们的失望感，使他们情绪低落，以一个彻底失败者的形象在大学里"混"文凭。

（二）角色地位的改变产生的自卑感

新生入校后，与同学学习成绩的比较和能力特长的比较导致学生角色的改变，只有少数人能保持高中原有的中心地位，这就使学生必须重新进行自我评价，重新确定坐标、目标和计划。尤其是高职大学生，虽然也被称为大学生，但这种称谓上的大学生与高职学生的自身理解却存在很大的差异，很多高职学生都不同程度地存在着低人一等的感觉。

（三）补偿心理形成的不良认知问题

以前在大学生中流传的"60分万岁""考上大学院，船到码头车到站"等说法说明大学生对大学生活存在一种错误的认知，即一种补偿心理。众所周知，高中三年的拼搏使很多学生精疲力竭，他们认为在这段时间里自己失去了很多应该拥有的东西。到了大

学后，我国高等院校目前的管理模式为大学生提供了较为宽松的学习和生活环境，学生本人有充足的时间和空间来发展自己，形成个人的优势和特长。但是，这种环境也容易使大学生迷失自我，利用充足的时间和空间去"享受"大学的美好生活，如逃课、沉湎于小说、迷恋上网聊天和网络游戏、经商或者兼职上班、昏天黑地谈恋爱等，并将此解释为对中学生活的补偿。不明白在大学里该做什么、怎样去做，这是当代大学生普遍存在的问题。适应能力强的大学生能够提高思想认识，积极调整心态，明确个人大学生活的目标，并积极实践。适应能力较差的大学生则需要花费较长的时间才能做到这点，甚至形成消极的适应或者病态适应。

（四）没有目标和缺乏学习动机问题

在大学宽松的学习和管理环境中，一些学生在中学时代明确的学习目标和学习压力完全丧失。很多大学生到校后没有正确地认识到高校的学习目标和要求，不明白在高校为什么学习和应该学习些什么，在补偿心理和惰性心理支配下，随意安排自己的时间，甚至浪费时间去做一些和大学学习要求无关的事情。还有些大学生在一些高年级学生的影响下，认为平时学习无用，只要考试前搞突击就能蒙混过关，于是在课堂上无心听讲，做的都是与学习无关的事情。

二、对学校环境的不适应出现的问题

（一）自然环境的不适应

某些大学新生显得非常拘谨，生怕走远一点就会迷路，又不好意思开口向他人寻求帮助，最后不得不尽量少走动、少说话，实在迫不得已就跟在别人的后面。由于独生子女的增加和中国传统的观念，加上现实的实际情况，家长送子女报到的现象十分普遍，有时陪同的家长达到五六个之多，而且大多是家长在跑前跑后，学生却站着不动。这样无形之中加剧了大学生的依赖程度，一旦家长离开，独立生活能力的局限性便暴露无遗，事事依赖别人，甚至有些大学生已经在校几个月了，还不知道学校建筑物的方位和分布，不能很快熟悉学校的自然环境。

（二）生活环境的不适应

首先，在生活的范围上不适应。与中学相比，大学已不是严格的"三点一线"的生活，足够的自由时间、丰富多彩的课外生活、令人眼花缭乱的社团组织等让初到大学的新生感到无所适从。有些学生不了解实际情况便盲目地选择，或者沉浸在感兴趣的娱乐活动中，或者在不感兴趣的社团中挣扎，甚至有一种被欺骗的感觉，于是心灰意冷，失去了往日的活力，自暴自弃。

其次，在生活习惯和生活方式上不适应。中学时期，学生虽然也需要有一定的独立能力，但是和大学相比毕竟大有不同，大学生的独立能力相对要求较高。住在宿舍，吃在食堂，凡事都要靠自己解决，当然需要较长的时间去适应。另外，地理环境的变化引起的气候变化、水土不服、饮食习惯和语言差异等的变化也会造成适应上的困难，同时，学校的作息制度和卫生习惯等都有可能造成新生的适应不良。

（三）学习内容的不适应

由于大学的教育目标和中学存在很大的差别，所以课程的开设及教师的讲授方式乃至学习上的要求都不同于中学，而刚入校的大学生还不能认识到这一点，于是造成部分大学生轻视一些课程的学习，尤其是基础课程和公共课程，认为和自己专业无关；同时也有一部分大学生不适应课程涉及的范围、难度和要求，造成学习困难。

还有些大学生使用中学的学习方法来学习大学课程，对老师存在较强的依赖，在监督比较宽松的环境下放松了对自己的要求，无法完成学习任务。在学习的要求上，相当一部分大学生认为，只要掌握了书本上的知识就达到了学习的目的，从而忽略了技能的学习和综合能力的培养，以致只拥有理论而实践技能和能力欠缺。

（四）学习方法的不适应

基于大学的培养目标不同，大学教师的授课方式与中学教师也有所不同，主要使用引导、启发等方法，指出学习内容的基本要点，讲解难点，重在培养学生的自学能力和钻研能力等。有些大学生虽然很想学习，但由于方法不对，导致学习成绩不理想，甚至功课亮红灯，这种学习的结果反过来又打击了学生学习的积极性，形成厌学心理。

（五）人际关系的不适应

在中学阶段，社会、学校、老师和家长对学生的期望值是一致的，那就是学习成绩好，学生本人也是这样认为的。因此，在中学，学生很少关注自己的人际交往表现，即使出现问题，在解决时也常常为学习让步。来到大学后，摆在大学生面前的第一个问题就是交往问题，而且人际交往的层面、方式、对象和社会的期望都比中学生复杂得多。

大学生的年龄特征造成了他们交往的局限性。这一时期，大学生有着强烈的交往要求，渴望向他人倾诉自己在学习、生活中出现的不良情绪和各种烦恼，以及同他人分享自己的快乐。大学生的人际交往比较重视精神需要，情感色彩较浓，常受情绪的影响，而且异性之间的交往愿望相当强烈，但是，交往经验的缺乏、心理上的不成熟、交往中的情绪化和理想化可能导致大学生的人际关系紧张，加上大学生恋爱中的问题更使人际关系雪上加霜，很多大学生由此感到孤独压抑。

（六）生活的空虚与无聊

大学的学习主要靠大学生自己，尤其是高职院校，有着和普通本科院校不同的教学要求，它的培养特色是突出培养学生的实践技能和具体的操作能力。一部分大学生由于对高职院校培养人才的要求不甚了解，认为"自由"的学习时间就是可以做自己喜欢的事情的时间，加上自己拥有一定的决定经济消费的权利，在这种"自由"的学习环境中，真正用于学习、锻炼技能和综合能力的时间都被五彩缤纷的娱乐活动或者庸俗的人际交往所占用，导致学习成绩日渐下降，学习兴趣日渐消失。日复一日，便形成了空虚和无聊的感觉，甚至认为自己无可救药，是个失败者而混日子。例如，有一位因偷窃宿舍财物而入狱的大学生，在接受讯问时，他坦率承认偷窃的目的是想让自己失败得更彻底。

📖 美文阅读

　　青春不只是秀美的发辫和花色的衣裙，在青春的世界里，沙粒要变成珍珠，石头要化作黄金；青春的所有者也不能总在高山麓、溪水旁谈情话、看流云，青春的魅力应当叫枯枝长出鲜果、沙漠布满森林；大胆的想望、不倦的思索、一往直前的行进，这才是青春的美，青春的欢乐，青春的本分！（摘自郭小川《闪耀吧，青春的火光》）

第三节　大学生适应问题的心理调节

　　大学新生的适应能力在他们进步途中起着关键的作用。大学新生初入校时都面临着一个全新的环境。他们需要适应生活条件、人际关系、学习方法、学习环境的变化。还有一些学生可能遇到学校、专业与想象之中的有差距，体检不能通过等问题。这些都需要新生学会自我调节，尽快适应。他们只有尽快调整身心，转变角色，才能为大学学习生活打下良好的基础。

一、适应学校的自然环境

　　第一次离家远行的入学旅程，是大学生独立处理事情的开始。入校后能否迅速地了解和熟悉校园环境，将决定大学生能否在这个环境中自在地生活和学习。从高中升入大学的新生，绝大多数年龄在十七八岁，很少有单独外出旅行的经验，所以入学旅程一般由父母或亲戚陪同。近年来随着大学新生中独生子女比例的增大，由家长专程护送新生上大学的现象越来越普遍。

　　相比之下，那些家庭经济条件不好、出不起太多的路费或希望锻炼独立处事能力的大学生，反而上了人生有益的一课。虽然很多大学生第一次独自离家远行，对自己没有多大的信心，但是经过第一次独立处理事情的锻炼，如买车票、转车签票、托运行李等，就觉得自己有点儿像个大人了，谈起来很有自豪感。这种感觉正是他们走向成熟的良好起点。

　　入学旅程是大学生独立处理事情的开端，入校后能否迅速了解和熟悉校园环境，则决定了大学生能否在这个环境中迅速适应。所以，大学生应尽快熟悉校园的"地形"，安排好行李以后立即到校园的各处熟悉情况。例如，教学楼、图书馆、食堂、商店在什么地方，什么时候开饭，如何购买"校园一卡通"，学校有几个门等，都应在短时间内了解清楚。这样，在办理各种手续、解决各种问题的时候就会更顺利、更节省时间。

二、适应大学的语言环境

新生在大学校园里应尽量用普通话进行交流，有利于消除陌生感，促进角色转变。大多数大学新生来自中小城市或乡镇农村，由于部分地区基础教育实力的不平衡，许多新生入学时普通话水平不高，这样不仅影响到他们的人际交往，还将对他们的自尊心和自信心产生负面的影响，进而影响到学习、生活的方方面面。因此，大学新生应该重视对语言环境的适应，努力学习和运用普通话。

三、适应高校管理模式

目前，我国高校的管理体制实行党委领导下的校长负责制，其管理属于全面管理：学校、系部、各职能部门和辅导员直接参与学生的管理，包括政治思想教育、学籍、宿舍、教学、心理健康、课外活动、就业指导等各方面的管理。在管理方法上，现在较多地采取学年制和学分制，只要修满两年或三年，学习成绩合格，或者修完规定的学分就能毕业。在这种管理模式下，大学辅导员不可能像中学班主任那样每天跟着学生，对每个学生的情况很难做到了如指掌，况且还有一些辅导员是兼职人员，除教课外还承担着繁重的科研任务，很少每天给学生补课、辅导。所以，大学更多地强调大学生的自主学习、自我管理、自我教育和自我服务，着重培养大学生的实践操作技能和各种生活、工作的能力，来增强大学生的社会竞争和适应能力，许多活动是由学生自己组织安排的，以达到学校的教育目标。这对刚入学的大学生来说是个严峻的考验。

（一）学会做人

学会做人，就是要培养一种良好的道德观念，尊敬师长，遵守校规，真诚待人，勇于攻关，培养好的习惯。

（二）学会做事

参加社团不仅可以满足大学生的兴趣爱好，还可以提高大学生处理问题的能力，从而真正提升自身素质。大学是个人社会化的重要阶段，是知识学习和技能培养向合格社会成员转变的场所，是"求学期"向"工作期"和"创造期"转变的过渡时期。社会是所大学校，大学是个小社会。要尽快地认识到大学是自己一个新的起点，是人生难得的机遇，认识到就读学校的特色，摒弃自卑感，让自己适应学校的各种要求。

（三）明确目的

来到大学不是为了寻求解脱，也不是为了弥补高三艰辛备考的生活，更不是一种逃避。在大学里学习，最重要的不是你学到了多少而是你学会什么，以后在社会上做事，需要的是做事的能力。只要有真才实学，就能找到成就事业和实现理想的舞台。大学生既要学习专业文化知识和专业技能，还要培养个人管理、人际交往等各方面的能力。

四、适应大学的学习环境

（一）正确认识学习特点，寻找合适的学习方法

从中学以老师讲授为主的应试教学环境，进入老师授课进度快、内容多、信息涵盖量大、重视实践操作的大学，很多新生觉得跟不上大学学习的节奏。面对"爆炸式"增长的信息，大学新生要在学习知识的过程中学会多角度思考问题。

1. 不把分数看得太重

在大学里分数并不能代表一切，大学新生要认识到大学是一个人步入社会的过渡阶段，不仅仅要学习专业知识，更要注重能力的培养和提高，形成能够适应社会生活的能力，提高自己的就业竞争力。因此，培养和提高自己的各种能力才是大学学习主要的目的。

2. 积极摸索学习方法

一般刚进大学的新生，都会有 3～4 个月的调适期。在这段时间，他们需要完成从高中的应试教育模式到大学的开放式教学的转变。在高中，学生只学习具体的知识，而在大学，学生则应该学习一种思维方式，即找到适合自己的学习方法，培养自己的学习能力。

3. 保持良好心理状态

不管遇到什么样的困难，大学生都要保持积极的心态，不要被困难和暂时的失败所击倒，只有克服急躁心理，才能找到适合自己的学习方法。

4. 加强自学能力培养

大学生要适应大学的教学特点，学会支配自己的课余时间，制订个人的学习计划，发展自己的创造性思维能力；要学会利用学校的一切学习资源，掌握计算机、英语等工具性的基本知识，懂得使用网络、图书馆、阅览室、资料室等帮助自己学习，培养学习能力。

5. 积极主动向人求教

虚心接受别人的帮助，积极地向老师和辅导员求教，主动向同学和高年级的优秀学生学习，根据专业的学习要求和教师的教学风格等具体情况，形成与个人水平、基础相适应的学习方法。

（二）确定恰当学习目标，合理安排学习时间

目标是人们活动所追求的预期结果，也是激发人的积极性的前提条件。要积极调节

主观状态和认识客观环境，获得良好的心理适应，大学生还必须恰当地确定新的目标。但是目标的确立必须恰当、科学，不切合实际的目标和违背规律的目标，不仅不能使人适应环境，还会把人引入歧途，甚至达到不能自拔的境地。所以，给自己确定目标，要考虑综合因素，有大目标，也有小目标，小目标要细，这样才不断有成就感，才会对学习始终保持一种激情。按照自己的目标，合理地安排时间，大学生活才能充实。

知识链接

从大的方向来说，大学生要恰当地确定自己新的目标体系，应该尽力做到"四个结合"，即个人的目标要与社会发展的需要相结合；个人的目标要与自身条件相结合；个人目标要与现实的可能性相结合；长远目标要与近期目标（或者具体目标）相结合。

（三）积极参加各项活动，努力提高素质技能

大学里有很多学生组织和社团，大学生在学习知识的同时，要积极参加这些学生组织，在学生组织的活动中不断锻炼自己，培养自己的社会适应能力。

五、适应大学的人际交往

和谐的人际关系是心理健康的主要标准之一，也是大学生适应大学环境的重要条件。大学生要认识到人际交往的重要性，抛弃"只要学习好就是好学生"的传统观念，要敢于交往，直面交往中的问题和矛盾，在交往中提高自己的交际能力。

（一）遵循人际交往的原则

在人际交往过程中，必须遵循一些基本的规则，通过这些规则来规范人们的交往行为，保证人们的交往行为符合社会发展和人类生存、发展的需要。这些规则是人们在长期的交往中形成并流传下来的，如平等原则、真诚原则、尊重原则、宽容原则等。因此，在交往中每个人都要遵守这些规则，塑造自己良好的个人形象，形成和谐的人际关系环境。

（二）注意处理好几个关系

在遵循人际交往原则的基础上，大学生在交往中还要掌握一些交往技巧，注意处理好以下几种关系。

1. 自尊与他尊的关系

青年学生都有极强的自尊心，渴望别人的尊重，却容易忽略对别人的尊重，交往中往往表现出对人严对己宽的倾向，在这种甚至连自己都不会轻易察觉的交往行为中破坏了自己的形象和人际关系。只有自尊与他尊达到良好的统一，人际关系才会和谐。

2. 自知和知人的关系

我们常说人贵有自知之明，在交际中要正确地了解自己，自满、自负、自卑都不会取得别人的好感，唯我独尊是建立和谐人际关系的严重阻碍。当然，还要了解交往的对象，即知人，清楚地认识别人，具体问题具体对待，对不同的人采取不同的交往方法和交往方式，这样才能建立良好的人际关系。

3. 自爱与爱人的关系

大学生来自不同的地域和不同的家庭，他们在思想观念、价值标准、生活方式、生活习惯等方面存在着明显的差异，在遇到实际问题的时候往往容易发生冲突。差异是客观存在的，每个大学新生都必须面对它，接受它。只懂得自爱而不知道爱人最终会失去别人的信任，所以必须在自爱的同时爱人，二者恰当地结合才能建立和谐的人际关系。

4. 苛求与宽容的关系

大学生要承认各人有各人的生活习惯和价值体系，如果你与别人生活在一起，你就得连同别人的生活方式一起接受。其实这只是一个适度的问题，在现实生活中，每个人都有可能犯错误，对待错误首先要查找自己的原因，认识到自己的错误，勇于承担责任，对自己要严格。其次要分析别人的因素，对待别人要宽容，只要不是对方故意挑衅，要原谅别人的过失，要做到对人宽，对己严，切忌以自我为中心。

（三）学会和教师进行交往

教师在生活中积累了丰富的经验，形成了他们具有个性的交往特征，他们的经验是在实践中得到验证的，是非常实用的。所以要经常抽出时间加强与他们的沟通，结合自己的情况有借鉴地吸收他们的经验，提高自己的社会认识水平，形成自己的交往风格。

（四）出现问题要勇于求助

很多高校建立了心理健康组织机构来帮助学生解决实际生活中遇到的各种心理问题，维护学生的心理健康和正常生活。但是，有些学生由于对心理咨询不甚了解，甚至存在误会，出现问题时不敢或者不愿寻求帮助，也找不到解决的办法，将问题埋在心里，最后形成错误的认识观念或者危及自己的心理健康。

六、培养独立生活能力

大学生培养独立生活的能力，不仅是适应大学环境的要求，也是个人社会化的必要条件。大学生一般远离父母和亲人，离开了他们的照顾，就要学会独立生活。因此，大学生要纠正事事依赖别人的习惯，从头做起，敢于尝试，不怕失败，主动地积累生活经验，自觉地参加集体活动，学会自己照顾自己，独立处理生活中的问题。要积极向辅导员和同学学习，形成互相帮助的生活习惯，尽快培养和提高个人的生活的能力。

美文阅读

当阳光照亮新一天黎明，你对自己微笑：往前行！当春风把新的季节唤醒，你走出冬眠：赶路程！当路标一次次擦亮眼睛，你会满怀感动：好风景！当你心中涌动着灿烂梦境，别犹豫去实现：梦会成！当泪水淋湿心中的激情，咬咬牙关紧握拳：要坚定！当脚步疲惫也许会跌倒，勇敢地站起来：不要停！当风雨袭来道路泥泞，昂起头你坚信：会天晴！当坎坷曲折在眼前纵横，不害怕不认输：去踩平。（周龙然《你能赢》）

课堂自测

心理适应性评定量表

指导语：认真阅读以下题目，在认可的选项后的方框中打"√"。

1. 假如把每次考试的试卷拿到一个安静的、无人监考的房间去做，我的成绩一定会好点。

很对□　对□　无所谓□　不对□　很不对□

2. 夜间走路，我比别人看得更清楚。

是□　好像是□　不知道□　好像不是□　不是□

3. 每次离开家到一个新地方，我总爱出毛病，如失眠、拉肚子、皮肤过敏等。

完全对□　有些对□　不知道□　不太对□　不对□

4. 我在正式运动会上取得的成绩常比体育课或平时练习成绩好些。

是□　似乎是□　吃不准□　似乎不是□　正相反□

5. 我每次都把课文背得滚瓜烂熟了，可是在课堂上背的时候总是会出差错。

经常如此□　有时如此□　吃不准□　很少这样□　没有这种情况□

6. 开会轮到我发言时，我似乎比别人更镇静，发言也显得很自然。

对□　有些对□　不知道□　不太对□　正相反□

7. 我冬天比别人更怕冷，夏天比别人更怕热。

是□　好像是□　不知道□　好像不是□　不是□

8. 在嘈杂、混乱的环境里，我仍能集中精力学习、工作，效率并不大幅度降低。

对□　略对□　吃不准□　有些不对□　正相反□

9. 每次检查身体，医生都说我"心跳过速"，其实我平时脉搏很正常。

是□　有时是□　时有时无□　很少有□　根本没有□

10. 如果需要，我可以熬一个通宵，精力充沛地学习或工作。

完全同意□　有些同意□　无所谓□　略不同意□　不同意□

11. 当父母或兄弟姐妹的朋友来家做客时，我尽量回避他们。

是□　有时是□　时有时无□　很少是□　根本不是□

12．出门在外，虽然吃饭、睡觉、环境等变化很大，但是我很快就能习惯。

　　是□　有时是□　是与否之间□　很少是□　不是□

13．参加各种比赛时，赛场上越激烈，群众越加油，我的成绩反而上不去。

　　是□　有时是□　是与否之间□　很少是□　不是□

14．上课回答问题或开会发言时，我能镇定自若地把事先想好的一切都完整地说出来。

　　对□　略对□　对与不对之间□　略不对□　不对□

15．我觉得一个人做事比大家一起干效率高些，所以我愿意一个人做事。

　　是□　好像是□　是与否之间□　好像不是□　不是□

16．为了求得和睦相处，我常常放弃自己的意见，附和大家。

　　是□　有时是□　是与否之间□　很少是□　根本不是□

17．当着众人和生人的面，我感到窘迫。

　　是□　有时是□　是与否之间□　很少是□　不是□

18．无论情况多么紧迫，我都能注意到该注意的细节，不丢三落四。

　　对□　略对□　对与不对之间□　略不对□　不对□

19．和别人争吵时，我常常哑口无言，事后才想起来该怎样反驳对方，可是已经晚了。

　　是□　有时是□　是与否之间□　很少是□　不是□

20．我每次参加正式考试或考核的成绩，常常比平时的成绩更好些。

　　是□　有时是□　是与否之间□　很少是□　不是□

【说明】

　　心理适应性主要指各种个性特征互相配合起来，适应周围环境的能力，一个人能否尽快的适应新环境，能否处理好复杂、重大或危机的情况，与他的心理适应性高低有着直接的关系。

【评判标准】

　　凡单号题，从第一到第五种回答依次记1、2、3、4、5分；凡双号题，从第一到第五种回答依次记5、4、3、2、1分。全部题目得分之和是测试者的心理适应性得分，其标准如下：

0～20分	适应性很差
21～40分	适应性较差
41～60分	适应性一般
61～80分	适应性较强
81～100分	适应性很强

心 理 训 练

寻 找 自 我

目的： 在自我评价与他人评价的基础上，认识自己。

操作： 表 1-1 是一些描述个人特性的形容词。将最符合你的描述涂上绿色，将较符合你的描述涂上黄色，将不符合你的描述涂上红色。

表 1-1　个人特性

朴实的	单纯的	成熟的	有才华的
内向的	发脾气的	助人的	温和的
固执的	律己的	随便的	有信用的
冒险的	乐观的	勇敢的	独立的
刻苦的	慷慨的	热情的	腼腆的
顺从的	不服输的	有同情心的	外向的
自私的	快乐的	有进取心的	幽默的
认真的	爱表现的	懒惰的	有毅力的
果断的	谨慎的	可靠的	合群的

做完上述练习以后，请将同样的表给你的同学，让他根据对你的印象，同样分别涂上绿色、黄色和红色。对比你所涂的颜色与同学所涂颜色，即可知道你的自我评价与他人对你的评价是否一致。

在生活中你是否也有过这样的感受：我的优点别人看不见，而我的缺点自己看不见；有时候明明觉得自己做得还不错的方面却被别人误解……这其中的委屈真叫人苦不堪言。他人的意见不可不听，但也不要照单全收。

第二章 接纳自己，完善自我——大学生自我意识成长

小李是某大学一年级的新生。他是从偏僻农村考进这所位于大城市的高等学府的。他的父母都是农民，家里的生活十分艰苦。小李读书很用功，以高分考进这所院校，离开了那个穷苦的地方。可是，父母好不容易凑足了学费，却再也供不起他的生活费了。

大城市生活水平比较高，开学才3个多月，小李已经做了好几份临时工作来挣钱养活自己，但是生活仍然显得紧巴巴的。小李平时十分节俭，不敢多用一分钱，可是回到寝室里，看到室友们那些光鲜亮丽的衣服，听到他们说自己以前从来没有听说过的肯德基、麦当劳等，他感到自卑万分。他们吃一顿的钱，他可以吃上一天，他们说的一些东西他更是闻所未闻。从此他再也不和室友们一起吃饭、一起聊天了。渐渐地，小李变得形单影只。上个月，父亲来信说母亲病了，家里的经济负担更重了。小李觉得自己成了家里的负担，愧对父母；而在学校里他也没有朋友，没有人愿意接近他，他似乎成了这个世界上多余的人……

小李的室友们说，小李平时都是独来独往，十分内向，很少和室友们说话，室友们以为他不愿搭理别人，也就很少主动和他接触了。

因为担心自己会被别人瞧不起，小李对大学室友采取了回避的态度。也正是他由自卑所致的回避，使得室友们认为他不愿搭理别人，如此一来小李自然没有朋友。但小李只看到自己没有朋友，没有人愿意接近他，却不知道其实是他内心的自卑情绪在作祟，使自己成了"孤家寡人"。过于自卑，是大学生不良自我意识的主要表现之一。

第一节　自我意识与心理素质

我是谁？我是一个怎样的人？我想成为怎样的人？我能改变自己吗？人类在不断探索世界的同时，也在对自身进行探索。每个人都渴望了解自己，把握自己。但是正确认识自我并不容易。古希腊哲学家苏格拉底认为，"认识你自己"是人类的最高智慧，是人类永恒的课题之一。对自我的认识正确与否，是大学生心理健康水平的重要标志，也是影响和制约一个人的人生选择和行为取向的关键因素。努力探求"自我"的世界，学着正确认识自我、接纳自我、把握自我、完善自我、实现自我，对于大学生健全人格的形成和心理的健康发展具有重大意义。

一、自我意识的含义

美国心理学家马克斯韦尔·马尔兹曾指出："不管我们是否意识到，我们每个人都有一幅自我的'蓝图'或一幅自画像。"我们也常自问：我是一个怎样的人？别人如何看我？我能够成为怎样的人？通俗地说，这些就叫自我意识。

自我意识即人对自己及对自己与周围关系的体验与认识，是人类特有的高级心理活动形式。它包括自我观察、自我评价、自我体验、自我设想、自我监督、自我控制、自我塑造等多种形式。其中自我观察、自我评价属于对自我的认识，主要回答"我是一个什么样的人"及"我为什么会成为这样的人"；自我体验主要指在自我评价的基础上对自己所持的态度，涉及"我对自己是否满意"，以及自尊、自爱、自信、自卑等范畴；自我设想是自己希望达到的理想自我的标准，即"我想成为什么样的人"；自我监督、自我控制和自我塑造则主要表现为能否调整自己、把握自己，用行动证明"我能成为什么样的人"。

二、自我意识的形成过程

自我意识不是与生俱来的，而是在个体的发展过程中逐步形成和发展起来的。它起始于人的婴幼儿时期，萌芽于儿童时期，形成于青春期，发展于青年期，完善于成年期，一直伴随人终生。其中，青少年阶段是自我意识发展最重要的时期。

我国心理学家提出，自我意识的发展一般要经过以下3个阶段。

（一）生理自我

生理自我指个体对自己生理状态（如身高、体重、性别、健康状况等）的认识。七八个月的婴儿开始出现自我意识的萌芽，能意识到自己的身体，听到自己的名字会明确作出反应；两岁左右能掌握第一人称"我"的使用，把自己与他人区别开来，并逐步有了简单的自我评价；三岁左右开始出现羞耻心、嫉妒心、自主性等，自我意识有新的发展。但此时幼儿的行为是以自我为中心的，被称作"生理自我"时期。良好的早期教育和亲子关系在这一阶段非常重要。

（二）社会自我

社会自我指个体对自己社会属性（如自己在群体中的角色、地位、权利、被接纳程度等）的认识。从 3 岁到青春期（13～14 岁），通过幼儿园和学校教育，个体逐渐受到社会文化的影响，习得社会规范，形成角色观念，并能有意识地调控自己的行为以符合社会的标准。这个时期，儿童和青少年主要通过别人的观点去评价事物、认识他人和认识自己，因此被称作"社会自我"发展阶段。家庭教养水平、学校教育观念、教师素质、同伴关系和社会风气等，对社会自我的形成有决定性作用。

（三）心理自我

心理自我指个体对自己的心理属性（如心理过程、性格、气质、情绪、爱好等）的认识。它是自我意识发展的关键阶段。这个时期，个体在生理和心理上都发生了急剧而重大的变化，逐渐脱离对成人的依赖，关注自己的内在体验，开始用自己的眼光和观点去认识和评价外部世界，强调自我的价值与理想，产生了自我塑造、自我教育和自我实现的内驱力，并逐渐形成了透过自我意识去认识外部世界的能力。这样的自我意识过程将伴随人的一生。

三、大学生的自我意识

大学生正处于心理自我的发展阶段，这是自我意识发展和确立的关键时期。在这个时期，自我意识趋向稳定、全面、深刻和丰富，但也存在一些矛盾和冲突，如现实自我与理想自我的矛盾，个体自我意识与社会自我意识的冲突等，从而会造成大学生在自我意识上的偏差。

（一）大学生自我意识发展的特点

1. 自我认识水平明显提高

大学校园为大学生打开了一个全新的世界。随着知识和实践机会的增多，大学生的自我认识水平明显提高，表现在以下几个方面。

（1）自我认识更加具有主动性和自觉性，经常会思考一些涉及自我的问题，并付诸行动。

（2）自我评价能力增强，能够通过自我观察、自我总结等手段，多角度、多层次、较为理性和辩证地看待和评价自己，自我评价渐趋成熟。

（3）自我意识的分化倾向更加明显。大学生的自我意识已经分化为"理想自我"和

"现实自我"，这种分化是自我意识开始走向成熟的标志。但是这两个"自我"之间常常存在一定的距离，形成矛盾和冲突，从而成为个体奋斗的动力或退缩的理由。

2．自我体验不断发展

大学生活的丰富多彩和大学生自我认识水平的提高，逻辑思维能力和辩证思维能力的发展，使大学生的自我体验更加丰富、深刻。但由于在情绪和情感方面还存在不稳定性，他们对事物所抱的态度和心理体验容易波动变化。

3．自我调控能力进一步增强

大学生活使大学生的成人感迅速增强，独立意识迅速发展，表现在自我意识上，自主性和自律性大大增强，萌生了强烈的自我完善和有为心态，开始对正确的行为感到问心无愧，对不正确的行为感到不安而克制，具有了一定的自我调控能力。

（二）大学生自我意识的矛盾

由于心理尚未成熟，大学生自我意识的发展也不是一帆风顺的，而是存在一个"矛盾一统一——新矛盾—新统一"的发展过程。自我意识的矛盾和冲突主要表现在以下几个方面。

1．理想自我和现实自我的矛盾

大学生的自我意识已经分化为理想自我（主体我）和现实自我（客体我），前者是个人对自己的认识和评价，后者是社会上其他人对自己的认识和评价。在相对比较单纯的大学校园中，这两个自我时常会出现不合拍、不一致的现象。大学生往往根据书本对自己作出不符合实际的估价，要么过高，要么过低，一旦接触社会生活、接触现实生活中的其他人，便发现自己并不像自己想象的那样高明或低能，容易自我失落或沾沾自喜。

2．自尊心与自卑感的矛盾

在大学生的自我体验中，自尊心占突出地位，表现为争强好胜，要求他人尊重，具有强烈的自我保护意识，对涉及自尊的事情比较敏感且易作出强烈的情绪反应。在发现"人外有人，天外有天"时，有些学生就会怀疑自己、否定自己，产生自卑心理。在内心深处，自尊心和自卑感常常相互交织，处于矛盾状态。

3．自立和依附的矛盾

进入大学后，大学生的独立意识迅速发展，希望能在思想、学习、生活甚至经济等诸多方面自立，力图摆脱家庭、学校和社会传统的束缚，按照自己的意志行动，自主地处理自己遇到的一切问题。但他们在对独立的认识上常常存在偏差，认为独立就是不需要任何人的帮助和指导，或者没有任何依赖别人的需要。事实上，独立并不意味着独来独往、独当一面，而是指个人对自己负有全部的责任。即使一个独立性很强的人，也会产生依赖别人的需要。独立性的培养需要一个过程，对这一过程认识不足和过分苛求都会阻碍自我的正常发展。

（三）大学生自我意识发展的偏差

由于大学生心理发展尚未完全成熟，自我意识还不够稳定，看问题往往片面、主观，容易受到社会环境及他人评价的影响，以致自我评价容易发生动摇，自我意识的发展会出现一些偏差，主要表现为自我意识过强或过弱。

1. 自我意识过强

这种类型的大学生往往盲目乐观，以自我为中心，自以为是，容易引起周围人的反感和不满，并因此容易遭受失败和引起内心冲突，产生严重的情感挫伤，导致苦闷、自卑、自我放弃，或者有时会引发过激行为和反社会行为。具体来说，自我意识过强主要表现为过分追求完美、自负、虚荣、任性等。

（1）过分追求完美。人都有追求完善、完美之心，这是人类健康向上的本能，但过分追求完美则是对自我的一种苛求，容易引起自我适应障碍。过分追求完美表现为不顾自己实际情况，对自己过高要求，期望自己完美无缺，不能容忍自己"不完美"的表现，对自己"不完美"的地方过分看重，总对自己不满意，从而严重影响自己的情绪和自信心。

（2）自负。自负是一种过度的自我接受。自我接受是心理健康的表现，包括坦然接受自己的优点和局限。过度的自我接受是指自我认识和自我评价过高，过于肯定自己，甚至把缺点也视为长处，同时对别人持否定态度。他们的人际交往模式是"我好—你不好""我行—你不行"。自负的人盲目乐观，自以为是，不易处理好人际关系，同时往往因对自己提出过高要求，而易导致较大的失败，严重的可能出现心理行为障碍。

（3）虚荣。虚荣是指个体追求虚表荣誉，以期获得尊重的心理行为。人人都希望获得他人的尊重和社会的认可，但这需要根据自己的实际情况，付出实实在在的努力。追求虚荣者过分注重别人眼中的自己（客观自我），而忽视现实自我，为了得到别人的肯定、尊重、羡慕等，他们会利用撒谎、投机、作假等办法。这实际上是客观自我意识过强，而对现实自我不能正确面对和接受，是这两种自我的冲突。

（4）任性。任性是个体过度注重自我和强调自我的表现。大学生中独生子女的比例较高，他们大多在顺境中成长，缺少挫折体验，常常凡事从自我出发，忽视与客观环境的关系，盛气凌人，不允许别人批评，易造成环境适应不良、人际关系不和谐。

2. 自我意识过弱

这种类型的大学生往往对"理想我"期望较高，又难以达到；对"现实我"不满意，又无法改进，因而自我排斥，否定自己，拒绝接纳自己，容易产生自卑、盲目、孤僻、抑郁等心理体验。自我意识过弱主要表现为极度的自卑和过强的从众心理。

（1）自卑。自卑是个体由于某种生理或心理上的缺陷或其他原因而引起的一种消极体验，表现为对自己的能力或品质评价过低，对自己的长处视而不见，一味集中注意力在自己的不足上，甚至总是放大自己的不足和缺陷，轻视自己，贬低自己的价值，产生自己对自己持否定态度的消极心理。

著名心理学家阿尔弗雷德·阿德勒提出，人人都有自卑感，无论成功或是失败、伟大或是平凡。适度的自卑感正是人们追求卓越和推动人格发展的动力。但是过度的自卑则使人逃避、胆怯、放弃自我。在大学里，人与人之间的竞争是无法避免的，过度自卑者要么因自卑而在竞争性的场合中逃避退缩，要么情绪消沉、孤独、压抑，要么对自己的所作所为过分夸大，给自己的情绪和学习带来严重影响。

（2）从众。从众心理也是一种非常普遍的心理。世界上没有人能随心所欲地支配一切来满足自己，适当地从众是必要的，但过强的从众心理则是一种依赖反应，是个体缺乏主见和独立意向造成的，表现为不思考或懒于思考、人云亦云、盲目随大流、遇到问题束手无策等，导致自主性被阻碍，创造力受到抑制。

四、自我意识与心理健康的关系

自我意识是人类特有的心理反应形式，是人的心理区别于动物心理的一大特征。真实、成熟、健全的自我意识是良好心理素质的最重要的标志。大学生的自我认识、自我评价、自我控制如何，直接影响到其能否成为一个具有独立性、为社会所接纳并能实现自我价值的人。

（一）良好的自我意识是心理健康的重要标志

自我意识对人的心理健康起着很重要的作用。它制约着人格的形成、发展，影响着人的认识、情感、意志等。心理健康的标准尽管尚不统一，但东西方心理学家们在一点上是有共识的，即均把自我意识是否良好作为重要衡量指标。一个心理健康的人，必然是对自己有客观的认识、能够接纳自己、自尊自信的人。而如果一个人不能客观地认识自我，或自我否定、自我拒绝，必然引起人际关系紧张，容易诱发忧郁、强迫、人际关系敏感等心理问题，影响身心健康和个人成才。因此，认识自我、肯定自我、悦纳自我、发展自我，是大学生心理健康的重要标志。

（二）良好的自我意识是促进心理健康的重要因素

自我意识使人能够不断地加强自我监督、自我修养、自我完善，影响着人的道德判断和个性的形成，引导人对自我发展作出合理规划，对自己的注意力、情感、行为等加以控制，并能够对自我的认识、情感、意志和行为加以反省和审察。研究表明，有良好自我意识的大学生，能接纳自我，对自己有合理的期望，处事积极，能自律，独立自主，善于利用每一个成长的机会发展自己，也能恰当地自我表达，充满自信；而自我意识消极的大学生则否定自我，怀疑自己，依赖他人，情绪化，逃避责任，对自己没有恰当的期望，羞怯，不敢表达自己，害怕成功。所以，良好的自我意识能提高心理承受能力，增强自我主宰和自我驾驭能力，平衡心理过程，顺利克服各种心理危机，对大学生心理健康和个人成才有很好的促进作用。

第二节　认识自我与悦纳自我

认识自我是指能够正确地评价自己。对于人类来说，认识自己是一切活动的基础和目标；对于个体来说，认识自己有助于心理健康、自我调控和潜能发挥。悦纳自我是指要无条件地接受自己的一切，包括好的和坏的，优点、缺点和局限。认识自我是悦纳自我的前提，悦纳自我则是认识自我的发展和提高。正确认识自我是件不容易的事，而完全接受且悦纳自己更难。对于处在青年期的大学生来说，能否清楚地认识自己、接纳自己、欣赏自己，直接影响着其社会适应和身心健康。认识并悦纳自我，是人成功的第一步，对于大学生成长、进步和未来发展具有重要作用。

一、正确认识自我

（一）认识自我

在古希腊德尔斐神庙前刻着一句铭文："认识你自己。"这句铭文被古希腊人当作人生的终极目标，也就是说，认识自我是一个终身的课题。一个人要想在一生中有所成就，就要认识自己。世界上没有两片完全相同的叶子，同样也没有两个完全相同的人。

认识自己，就是要正确评价自己，全面、客观地认识到自己和别人的不同，认识到自己的长处、魅力、个性和潜力，以扬长避短，找到自己的位置和人生目标。如果一个人能够做到正确认识自己、评价自己，善于利用每个机会改进自己、完善自己，那么他的一生将是充实而愉快的。

（二）认识自我的途径

老子说："知人者智，自知者明。"认识和了解自己是人生的智慧。对于处在青年期的大学生来说，如何认识自我是其积极关注的问题。通常来说，我们可以借助以下途径来认识自我。

1. 借助他人认识自我

他人，特别是经常与自己打交道的他人对自己的评价，是认识自我的重要途径。"旁观者清"，他人的评价如同一面镜子，反映出你的形象。人们总是根据别人对自己的看法来调整自己的行为，以使自己的言行与别人的看法更为接近。

在童年和青少年时期，生活中的某些人对我们的评价直接影响着我们的自我概念的形成和发展，这些人被称作"重要他人"。学龄前的"重要他人"主要是家长；小学阶段，教师的影响力超越家长；从小学高年级开始，同伴评价的影响力明显增强。被誉为"全球第一CEO"的美国通用电气公司的杰克·韦尔奇认为，母亲是他的"重要他人"。

韦尔奇从小就口吃，面对这样一个期期艾艾的孩子，母亲居然找出了完美的理由。她对幼小的韦尔奇说："这是因为你太聪明了，没有任何一个人的舌头可以跟得上你这样聪明的脑袋。"韦尔奇记住了母亲的这种说法，从未对自己的口吃有过丝毫的忧虑。他充分相信母亲的话——他的大脑比他的嘴转得更快。母亲引导着韦尔奇不断进取，直到他抵达人生辉煌的顶峰。

他人对我们的评价与我们对自己的看法往往会有一些偏差，这可能是因为我们对自己的认识不够全面，"高估"或"低估"了自己；也可能是因为他人误解了我们。因此，我们要学会听取他人的意见，还要学会拿别人的意见和自己对自己的评价做对比，找到相同和不同的部分，并弄清楚相同和不同的原因，减小这种偏差。心理学家认为，一个人的自我评价与别人的客观评价在较大程度上一致，是自我意识较为成熟的表现之一。

2. 通过自我观察与自我分析认识自我

曾子云："吾日三省吾身。"大学生要学会自我观察、自我分析、自我反省，经常检查自己的行为和动机是否正确，行为过程中有什么不足，结果如何，有哪些收获和缺憾，以便有的放矢地进行自我调整，使自己的行为和心理活动更适应现实的要求，得到正确的自我认识。

自我观察和自我分析也要做到全面、客观，注意摒弃过于情绪化的体验和理想化的希望。一般而言，在冷静时进行的自我反省，具有较大的真实性和客观性。

3. 在比较中认识自我

有比较才会有鉴别。在缺乏客观评价标准的情况下，可以通过与别人的比较来评估自己。

比较时要注意选定恰当的参照系，可以选择本班、本系、本校、本层次、同龄的大学生进行比较，以认识自己的实际水平及在群体中的地位；也可以选择杰出人物进行比较，找出自己的差距和努力方向。此外，还要学会用发展的眼光辩证地看待比较结果。比较的视野越广阔，方法越科学，自我定位就越恰当，就能做到既不妄自尊大，也不妄自菲薄，从而合乎实际地确定自己的目标和计划。

4. 以活动的成果来认识自我

可以通过自己参加各种活动的表现、取得的成果来分析和认识自己。活动成果的价值有时直接标志着自身的价值，社会衡量一个人的价值主要是通过活动成果认定的。理想的活动成果、良好的活动效果可以使个体进一步增强认识自我的能力，发现自我的价值，从而激发自信，开发潜能。

二、学会悦纳自我

（一）悦纳自我

悦纳自我就是要无条件地接受自己的一切，无论是好的或坏的、成功的或失败的、有价值的或无价值的，凡自身现实的一切都应该积极接纳，对自己的本来面目持认可、肯定和喜悦的态度。

悦纳自我表现在有愉快感和满足感，对生活乐观，能平静而理智地对待自己的长短优劣、得失成败，以发展的眼光来看待自己，既不以虚幻的自我来补偿内心的空虚，也不消极回避和漠视自己的现实，更不以怨恨、自责、厌恶的态度来否定自己。

悦纳自我是培养健全的自我意识的关键和核心。对大学生来说，认识自我固然不易，悦纳自我常常更难。他们往往能够做到喜欢朋友、喜欢知识、喜欢自然，却不喜欢自己。他们不会自然地展示自我，竭力掩饰自己的真实面貌，希望给别人一个与自己不同的印象。长此以往，势必影响心理健康甚至引起心理疾病。悦纳自我有助于增进心理健康；促进自我成长，密切人际关系。一个人首先应该自我接纳，才能为他人所接纳；而一个能够接纳自己的人也往往拥有更多接纳别人的能力。

（二）悦纳自我的途径

悦纳自我可以从以下几个方面加强训练。

1. 对自己实施积极的心理暗示

心理暗示是用含蓄、间接的方式，对别人的心理和行为产生影响。心理学研究发现，心理暗示的作用是巨大的，不但能影响到人的心理和行为，还能影响人体的生理机能。人的自我概念实际上就是在童年和青少年时期外界各种暗示的综合作用下形成的，我们接受了来自家长、教师、同伴等的评价和话语，累积而成为我们的自我概念。这些外界的暗示，有的是积极的，给我们以信心和力量；有的是消极的，阻碍了我们进步和成长。

作为一个孩子，接受别人对你的评价并对自己形成暗示作用是很自然的事。然而作为一个成年人，大学生的思维已经具备独立性和自主性，应当在学习和生活中，理性地分辨外界暗示的积极与否，自觉抵制消极暗示，主动对自己进行积极暗示。例如，不对自己说"我真笨""我真倒霉""我不行"等消极语言，代之以"我能行""我选择""我想要"等积极类语言；早晨刚醒来和晚上将入睡时，进行冥想练习，想象自己实现了心中的愿望或获得了成功；或将自己理想的自我形象具体成文字，如"自信、积极、微笑、乐观""我的朋友喜欢我""我比以前更能控制自己的愤怒"等，每天大声读几遍，坚持一个月。你还可以自己创造一些对自己实施良性自我暗示的方法。你会发现自己期望中的积极形象正在慢慢变成现实，而你越来越能够接纳自己、喜欢自己了。

2. 全面客观地评价自己

人无完人，每个人都有长处和不足，关键是多看自己的长处，给自己多一点包容，停止对自己的不满、批判和苛求，学习做自己的朋友，站在自己这一边，无条件地接纳自己。

富兰克林·罗斯福 39 岁时患了脊髓灰质炎（小儿麻痹症）。开始时，他一点也不能动，必须坐在轮椅上。但他讨厌整天依赖别人把他抬上抬下，晚上就一个人偷偷练习。他发明了一种上楼梯的方法：先用手臂的力量，把身体撑起来，挪到台阶上，然后把腿拖上去，就这样一阶一阶艰难缓慢地爬上楼梯。他的母亲阻止他说："你这样拖来拖去的，给别人看见了多难看。"罗斯福断然说："我必须面对自己的耻辱。"

为做到全面接纳自己，大学生可以做一个练习：写出 10 条你喜欢自己的理由，再写出 10 个自己的不足，最后写出如何改进自己的不足。对于无法改进的不足和不完善，如先天的身材、容貌等，要面对现实，有勇气接受，学会用其他方面的优势来代偿，学会放宽眼界和心胸。

3. 改变自己的观念和思维方式

心理学家认为，影响我们的态度和情绪的，不是事情本身，而是我们对待事情的认知。同样的事发生在不同人身上，引起的反应可能是大相径庭的。也就是说，其他人不会伤害我们或使我们不开心，是我们自己的理解和看法决定了一件事对我们的影响和意义。对于我们的生活，以及我们是否幸福，从来都有不同的衡量标准，人们对生活的要求是无止境的，需求层次的提高也是永恒的，各种压力、忧虑和矛盾困扰着人们，即使能力水平高的人也在所难免。所以，当你感觉"不如人"时，千万不要被这种情绪击倒。

没有十全十美的人，没有人能解决所有的问题，没有必要为了自己某个方面不如别人而自卑。一个人纵然有许多地方低于别人，也总有自己特别擅长的一方面，重要的是能够把握自己的长处，不断进取，充分发展，这才是做人的价值所在。摒弃头脑中的不合理信念和错误思维模式（如绝对化要求、过分概括化和"糟糕至极"等思维），换一个角度，重新认识自己和认识环境，换一种思维方式看待问题，会对自己多一些欣赏和接纳。

4. 正确对待挫折和失败

每个人都会在人生中遭遇挫折和失败，没有人永远一帆风顺。但是人们对待挫折和失败的方式不同，有人能从失败中寻找经验，视挫折为财富，继续努力追求成功；有人则在失败时情绪低落，怨天尤人，灰心丧气，甚至精神崩溃。造成这种差异的原因主要在于有无自信心和辩证的观点。强烈的自信心能够最大限度地激发人的潜能，促进成功；而"失之东隅，收之桑榆"的辩证观，则能使人自觉地通过努力来补偿自己的不足，往往能取得特别的成功。大学生要做到悦纳自我，应正确地对待失败，记住"失败是成功之母"，不放弃努力，不放弃自己，做生活的强者。

　　总之，悦纳自我是一种审视自我的能力，也是一种思考的能力，是"将所有的事情都纳入考虑范围，发现自己还不错"。这种能力是健康的、可取的，也是值得为之努力的。它不同于傲慢自大、自负或感觉比别人好。它是一个人对自身价值的肯定。就像艾丽丝·沃克说过的："当我们被爱时，我们会变得美丽；如果我们自爱，我们就会永远美丽。"

心理案例

一支铅笔的用途

　　纽约市里士满区有所穷人学校，是贝纳特牧师在经济大萧条时创办的。1983年，一位名叫普热罗夫的法学博士在做毕业论文时发现，50年来，该校毕业的学生在纽约警察局的犯罪记录最低。

　　普热罗夫对此做了长时间的调查研究。从80岁的老人到8岁的顽童，从贝纳特牧师的亲属到在校的任课教师，凡是在此学习和工作过的人，只要能打听到住址和信箱，他都给他们寄去一份调查表，询问"贝纳特学校教会了你什么"。他共收到了3765份答卷，74%的人答道：母校让我们明白了"一支铅笔有多少种用途"。

　　普热罗夫专门走访了调查对象之一，纽约市最大的一家皮货商店老板。老板说："是的，当年贝纳特牧师教会了我们'一支铅笔有多少种用途'，我们入学后的第一篇作文就是这个题目。当初，我认为铅笔只有一种用途，那就是写字。后来渐渐知道了，铅笔不仅能用来写字，必要时还可以用作尺子画直线，能作为礼品送人表示友爱，还能当商品出售获利。铅笔芯磨成粉末后可以当成润滑剂，演出时可以当成化妆品，削下的木屑还可以做成装饰画。一支铅笔按比例分成相等的几份，可以做成一副象棋，可以当作玩具车的轮子。在野外遇险时，铅笔抽掉笔芯还可以当吸管吮吸岩石缝里的水滴。在遇到坏人时，削尖的铅笔可以当作防身的武器……一支铅笔有无数种用途。它让我们这些穷人的孩子明白，有眼睛、鼻子、耳朵、大脑和手脚的人更是有无数种用途，并且任何一种用途都足以使我们活下去。我本人原来是电车司机，后来失业了。现在，你瞧，我是皮货商人。"

　　普热罗夫后来又采访了贝纳特学校的其他毕业生，发现无论当年他们的成绩是好是坏，智商是高是低，如今都有一份职业，都生活得快乐而满足。

第三节　完善自我与激发潜能

　　认识自我、悦纳自我的最终目标，是完善自我和超越自我。柏拉图说过："最先和最后的胜利是征服自己。只有科学地认识自我，正确地设计自我，严格地管理自我，才能站在历史的潮头去开创崭新的人生。"人最大的竞争对手是自己。因此，只有理智地分析自我，在了解自身潜力、优势的基础上，按照自己的特性去发挥自己的潜能，做适合自己的事情，把优势发挥到极致，不断地超越自我，才能最大限度地实现自身价值。超越自我就是对自身能力或素质的突破，是对自我的完善和自身潜能的激发，是健全自我意识的终极目标，需要一个人长期积极不懈的努力。

一、完善自我

自我完善是个体在认识自我、认可自我的基础上，自觉规划行为目标，主动调节自身行为，积极改造自己的个性，使个性全面发展，以适应社会要求的过程。人本主义心理学家亚伯拉罕·马斯洛认为，人具有不断完善自我、趋于自我实现的内在动力，自我实现是人最高层次的需求，是一种令人神往的理想状态。而自我完善、自我实现不是一蹴而就的，它是一个点点滴滴长期积累的过程，可以从以下方面加强训练。

（一）确立正确的理想自我

你希望自己是什么样的人？把它写下来："我应该是这样一个人……"这样写出来的就是你的理想自我。

正确的理想自我是在自我认识、自我认可的基础上，按社会需要和个人特点来确立的自我发展的目标。多数人的理想自我与自我观念是不同的，理想自我中包含着我们心向神往、自愿追求的东西，可以激发我们上进，引导我们完善自己。

作为人生终极的追求，理想自我越完善越高大越好，它能够激发我们战胜困难的决心和意志，引领我们的人生趋向真、善、美的极致。但在人生每一个具体阶段，理想自我的定位如果脱离了实际，就会给人带来挫败感和沉重打击。好的理想自我是建立在牢固的现实基础上的，是根据自己的特点和社会提供的可能性设计的，是一个人学习和工作的动力，也是自我控制、自我完善和自我超越的动力。

也许一个人终身努力也达不到他设定的理想自我，但只要坚持，就会不断地向理想自我靠近，并且只要为此而努力过了，就会无怨无悔。爱因斯坦的自我发展目标是发现"统一场论"，他虽然没有最终实现这一目标，但他还是在理想之路上获得了令世人瞩目的阶段性成果，发现了狭义相对论和广义相对论，并启发了后来者继续他的伟大工作。比尔·盖茨说："我从小的梦想就是把计算机做成一种完美的工具，这也是我毕生的追求。现在，我已经走完了一半的路程。我希望，我最终结束工作的时候能够完全实现这样一个梦想。"比尔·盖茨花了30年时间，在追求理想的道路上走完了"一半"的路程。此时，他是否能圆满地完成他的目标已经不再重要了，因为现在世界上已经有成千上万的人在追随和分享着他的理想。他们的理想自我虽然没有完全实现，但仍然令人敬佩。

（二）努力提高现实自我

马克思说："人总是在不断地否定自己中完善自我、超越自我的。"这种否定自己，要求人们不断战胜旧的自我，不断进步，让自己每一天都比昨天好，努力做"最好的自己"。

"做最好的自己"是美国钢铁大王安德鲁·卡耐基的座右铭。他 12 岁在一家纺织厂当工人，当时他的目标是"做全厂最出色的工人"，结果他做到了。后来命运又安排他做邮递员，他又想"做最杰出的邮递员"，这一目标也实现了。他的一生总是在根据自己所处的环境和地位，塑造最佳的自己。曾做过日本邮政大臣的野田圣子最初的一份工作是在酒店打扫洗手间。她的信念是"就算一生打扫洗手间，也要做一名打扫洗手间最出色的清洁工"。杰出人物几乎都是从平凡做起，从做好身边每一件事做起，无论对人对事，均全力以赴，使自己的能力和品性得到最大限度的发挥。一个人能做到"最好的自己"，就是人生的成功，就能获得最高层次的快乐，即自我实现的快乐。

完善和超越自己是一步一步实现的。大学生要在树立正确的价值观的基础上，端正人生态度，脚踏实地，不求速成，努力做最好的自己，使现实自我不断向理想自我靠拢，才能找到自己的成功之路。

（三）有效地控制自我

自我控制是指人主动地、定向地改变自己的心理品质、心理特征及行为的心理过程，是大学生健全自我意识、完善自我的根本途径。通过自我约束来提高克制冲动和迟延满足的能力，也是获得成就的保证。

美国社会学家曾做过这样一个实验：让一群幼儿园的孩子走进一个空荡荡的大厅，在大厅最显眼的位置为每个孩子准备了一块软糖。老师说，如果谁能坚持到老师回来再把糖吃掉，将会再得到一块糖的奖励；如果没等老师回来就把糖吃掉了，就没有奖励。结果有的孩子受不了糖的诱惑，老师一走就把糖吃掉了；有的孩子则努力控制自己，通过转移注意力等方式，把糖保留到老师回来，得到了第二块糖。专家把只得到一块糖的孩子和得到两块糖的孩子分成两组，对他们进行了长期跟踪研究，结果发现，无论是上学期间还是工作以后，那些得到两块糖的孩子普遍表现得更优秀，成就更大。这个实验就是关于"迟延满足"的实验。实验结果表明，那些小时候自制力就比较强的孩子，往往能够更好地把握自己的人生。

自制是一种力量，更是一种难得的品质。美国实业家、科学家、思想家、政治家本杰明·富兰克林用 13 种美德来要求自己，其中第一条就是"节制"，他解释为"食不过饱，饮酒不醉"，这是对自己生活方式的自制。苏联作家高尔基则说："哪怕对自己的一点小小的克制，也会使人变得强而有力。"有自制力的人，能够理智地对待周围发生的事件，有意识地调控自己的思想和情绪，约束自己的行为，成为驾驭现实的主人。

很多大学生对自我抱有很高的期望，但因为没有足够的自制能力和意志，经受不住挫折和打击，因而无法实现自己的理想。而那些自卑自怨、自暴自弃的大学生更是因无法控制不良情绪而使自己偏离了健全自我意识的轨道。打架、斗殴、吸毒等不良行为，常常起源于自制力的匮乏，而非这些人本性就如此。人的一生要面对许多诱惑和选择，大学生培养自制力，就是要培养顽强的意志和坚强的性格，增强挫折耐受力，使自己能够为实现目标而努力排除干扰、抵制诱惑、克服困难。

（四）增强自信心

自信心指个体相信自己能力的一种自我意识倾向，是在客观地认清自我的现状之后而仍然保持的一种昂扬斗志。马斯洛说："实际上，绝大多数人一定有可能比现实中的自己更伟大些，只是缺乏一种不懈努力的自信。"自信是追求自我完善的人必须依赖的精神力量。因为自信，才会相信自己的选择，才会坚持到底，直至达到自己的目标。

提升自信的方法有很多。例如，身心互动原理告诉我们，改变我们的动作和身体状态，就可以改变情绪，调整心态。要想自信，可以先假装自信：雄赳赳、气昂昂，双眼有神、走路快速、腰板挺直，渐渐地，你会真的对自己感到自信。

另外，从提升自信的角度，可以说"成功是成功之母"，因此不要太在乎别人的想法，做好自己的事情，尝试一些新的经历，或者做自己本来很害怕做的事并获得成功体验，都可以帮助我们从小的成功逐步走向大的成功，获得自信。对自己进行良性暗示，用正面的自我评价来肯定自己，以及想象成功等，都可以增强我们的自信心。自信是一种可以习得的品质，只要不断练习和尝试，便可以一步步体验到更自信的感觉。

（五）积极参加社会实践

自我完善的努力最终还是要付诸实践。只有在实践中才能了解生活的各个侧面，才会发现自己身上的潜能，并在不断的尝试中使自己逐步变得更加优秀，更加完善。在实践中，要学会用乐观的情绪和积极的心态对待问题，客观公正地看待事物，增强自我意识中的理性成分，消除偏激和肤浅，认清自己的责任和义务，确立科学的人生观、价值观，用学到的知识和智慧为社会服务，才能使自己的人生价值得到最大限度的体现。

二、激发潜能

美国著名心理学家、哲学家威廉·詹姆斯断言：每个人身上都潜藏着无限的能力，普通人只发挥了他们全部潜能的极小部分。对大学生而言，自我探索与自我发现将伴随着大学阶段的全过程。大多数学生身上都有从未发展出来的潜质，这是因为身处的环境没有将其激发出来。要探索和了解自己的潜能，需要系统地去追求和实践。

（一）潜能的表现

人的潜能主要指人的心理能量和大脑潜力。从生理角度而言，人的身体潜能存在一个限度；但是从心理学角度讲，人的心理潜力是无穷的。

1. 脑力活动

人的脑力活动是个伟大的奇迹。大脑接受、储存和整合多种信息的潜能是极其巨大的。心理学研究发现，人的大脑是由成百上千亿个细胞组成的，具有极大的储存量。一个人如果把自己一生耳闻目睹的全部信息记录下来，即使一天 24 小时都不休息，大约也要 2000 年之久，更何况人类还有潜意识，有许多难以用语言表达的微妙感觉和印象。实际上，通常一个人能够表达出的信息量只是冰山一角。

人脑是越用越好用的。日本科学家曾经对 200 名 20～80 岁的健康人进行跟踪调查，发现经常用脑的人到 60 岁时，思维能力仍像 30 岁那样敏捷；而那些三四十岁却不愿动脑的人，脑力便加速退化。剧作家、社会活动家萧伯纳享年 94 岁，晚年仍有剧作问世；爱迪生坚持用脑至 84 岁，发明成果达 1100 多项；法国一位女钢琴家 104 岁还能登台演奏。所以，我们的大脑蕴藏着巨大的潜能。

2. 感觉能力

人有很强的感觉能力，我们平时所注意到的信息，只是我们可以感觉到的无数信息的一小部分。这种感觉能力还包括多种非语言的暗示，如回到家，在父母尚未说话时，我们往往就能够感到他们要说什么；和熟悉的同学在一起，有时不用说话，彼此对对方的心情就能有所了解等。人们远远没有充分利用自己的感觉能力。

3. 创造力

创造力是人人固有的潜能，但由于许多人总是消极地适应环境，墨守成规，不知不觉地抑制或埋没了自己的创造潜能。只有心态积极、热爱生活的人，才能在他们的生活和工作中显露出创造潜能，他们往往表现出一种特殊的洞察力，能发现新颖的、未加工的、具体的、有个性的东西，倾向于求变创新。

4. 精神力量

精神力量是人的潜能的另一种表现，它常常表现为心态、精神状态、思维方式等的巨大作用。心理学家利用大白鼠做了一个实验。大白鼠被丢进水中后会拼命挣扎求生，一般能维持 8 分钟左右。在一对大白鼠挣扎了 5 分钟的时候，研究人员放入一块跳板使它们获救。若干天后，将这对大白鼠再次放入水中，它们竟然在水中坚持了 24 分钟！研究人员说，有过逃生经验的大白鼠比普通大白鼠多了一种精神的力量，它们相信在某一时候会有一块跳板救它们，这种精神力量，或者说积极的心态，使它们能够坚持更长时间。对人的自主神经系统的研究发现，人的言谈举止、交际水平和心率、血压、消化器官运动以及脑电波，都有可能受到精神力量的控制和影响。美国著名心理治疗专家露易丝·海身患癌症后，运用积极思维方式进行自我治疗，实现了完全康复，并写作了《生命的重建》一书推广这种以精神力量治愈疾病的"整体康复模式"。这类身患绝症但以积极的心态创造奇迹的事例，世界各国都有。有科学家预言：终有一天，我们会发现人体有能力使自身再生。这不是指医学手段的新发展具有了在人体内更换各种器官的技术，而是指精神力量的巨大作用。

（二）潜能的发挥

人人都有巨大的潜能，也都有实现自己潜能的愿望，但是，许多人在生活中并没有发挥自己的潜能。这是因为有许多因素阻碍了潜能的发挥。积极主动的人生态度、明确坚定的人生目标、破除陈规的思维习惯、良好的放松状态等，有助于人们潜能的发挥。

1. 积极主动的人生态度

人生的态度决定人生的高度。成功与失败者之间其实往往只是态度之差：成功者始终用积极乐观的方式去思考和行动，失败者则常常消极悲观。我们的态度在很大程度上决定了我们的人生：我们怎样对待生活，生活就怎样对待我们；我们怎样对待别人，别人就怎样对待我们。不同的人生态度，决定了潜能发挥的程度以及人生的成败。积极主动的人生态度虽然不能保证事事成功，但肯定有助于潜能发挥和生活状态的改善，而消极的态度则必败无疑。

"积极主动"这个词最早是由著名心理学家维克托·弗兰克推荐给大众的。弗兰克本人就是一个积极主动、永不向困难低头的典型。弗兰克的父母、妻子、兄弟都死于纳粹魔掌，而他本人则在纳粹集中营里受到严刑拷打。有一天，他赤身独处于囚室之中，突然意识到了一种全新的感受，也许，正是集中营里的恶劣环境让他猛然警醒："在任何极端的环境里，人们总会拥有一种最后的自由，那就是选择自己的态度的自由。"

这就是说，在一个人极端痛苦无助的时候，他依然可以自行决定他的人生态度。在最为艰苦的岁月里，弗兰克选择了积极向上的态度。凭着这种积极、乐观的思维方式，他在狱中不断磨炼自己的意志，直到自己的心灵超越了牢笼的禁锢，在自由的天地里任意驰骋。后来，他成功地逃出集中营，并开创了新的心理学流派。

如何看待人生是由自己决定的。许多大学生从小事事听从父母和老师的安排，遇到问题也可以直接从父母和老师那里获得帮助，很容易养成被动的习惯，长大以后多半自我意识严重缺乏，不知道什么是自主。每一个有进取心的青年都应该努力使自己从被动转向主动，积极地管理自己的学业和未来的事业。只有积极主动，才能找到真正的"自我"，才能让自己内在的潜能充分发挥，成为自己未来的主人。

2. 明确坚定的人生目标

大仲马说："生活没有目标就像航海没有指南针。"没有目标的航船，永远不能成功地到达彼岸。明确的人生目标是指引人生的"罗盘"，是自我完善、自我超越的力量。生活中，没有目标的人就像一根脆弱的芦苇，毫无承受力，也不可能有坚强的毅力和顽强的斗志，微不足道的小事也会使他烦恼、恐惧、忧虑。只有确立切实可行的目标，并坚持不懈地努力，才能使自己越来越有力量，逐渐成熟起来。

坚持目标十分重要。即使一个人并不聪明，但只要锲而不舍、持之以恒，同样会有骄人的成绩。莎士比亚说过："一棵质地坚硬的橡树，即使用一柄小斧去砍，那斧子虽小，但如果砍个不停，终必把树砍倒。"如果不想虚度此生，就应该从现在开始确立清晰的理想和人生目标。尼采说："人唯有找到生存的理由，才能承受任何境遇。""生存的理由"，就是人们常说的"人生目标"或"理想"。如果一个人看不出生活中还有什么意义可言，看不到可以追求的理想和目标，他多半就会想当然地认为自己可以原地踏步，可以犯罪、堕落，甚至可以随意结束自己的生命。2005 年杀害四名同学的云南大学学生马加爵被捕后，对姐姐说："姐，现在我对你讲一次真心话，我这个人最大的问题就是，我不知道人生的意义到底是什么。"在临刑前的最后一次采访中，马加爵又说："我觉得，没有理想是最大的失败。"

如果你还没有确定一个恰当的目标，那么先不折不扣地完成手头的学习和工作，即使它看起来是那么微不足道。只有通过这样的方式训练，才能逐渐地集中注意力，养成果敢的性格，为将来完成更高的目标打下基础。

3. 破除成规的思维习惯

人们在思考问题时，往往会努力将这一问题纳入某一熟悉的范畴，倾向于按以前的方式来处理同样的问题。这种思考问题的习惯既有好处，也有坏处。好处是做事情可以轻松自如一些，可以节省精力，不会感到焦虑不安等。而它主要的坏处是，一个人由此失去了灵活性、适应性、创造性，以为这个动态的世界能被当作静止的世界来对待。世界是在不停变化的，宇宙万物都处在一个发展过程中，每一事件、每一行为、每一体验都在某些方面不同于已经发生过的，没有任何两样东西是相同的，没有任何一样东西是保持不变的。所以，根据习惯来思考和做事，既是必要的和有益的，可以节省我们的时间和精力，帮助我们适应世界；同时又是危险的和有害的，会鼓励惰性，阻碍我们发挥创造性。

认识到成规化思考的利与弊，我们才能走出智力的羁绊，合理地思考问题，才能发挥最大的潜力，更好地解决新问题。例如，一般人认为，登山是年轻人的事，与高龄老人无关。而一个敢于挑战传统思维和观念的人，胡达·克鲁斯老人认为，一个人能做什么事，不在于年龄的大小，而在于他有什么想法。她在 70 岁高龄之际开始学习登山，在她登上的山峰中，有几座还是世界上颇有名气的。她以 95 岁高龄登上了日本的富士山，打破攀登此山年龄最高的纪录。

4. 良好的放松状态

人类深层次潜能的充分发挥，常常需要身体处于良好的放松状态。放松状态是潜能开发所必须具备的基本功能状态。

肌肉放松、呼吸运动、冥想、自我暗示等放松运动，可以有效地降低生理唤醒，使我们的机体（包括自主神经系统）能够接受自我觉知意识能量的作用，处于一种自觉平衡脏器、畅通气血、增进系统功能活力的状态中，同时可以使大脑进入 α 波状态，这是意识最富创造性的活动状态。这些状态是我们身心健康的基本保证，是学习、工作正常开展的必要前提。

例如，保加利亚心理学家、教育家乔治·罗扎诺夫指出："我们每个人都有一种'最佳的学习状态'"，它"出现于心跳、呼吸频率和脑波流畅地同步之时，身体是放松的，而头脑注意力集中并准备接受新的信息"。《学习的革命》一书中说："为了利用你右脑和潜意识的惊人力量，高效学习的真正钥匙可以用一个词来概括，即放松性警觉，这种放松的心态是你每次开始学习时必须具备的。"放松乃至深度放松，可以使我们的心身自我调控功能经常处于一种充满弹性和活力的状态。这种状态是可以通过一些放松或者冥想练习达到的。

总之，认识自己、悦纳自己不容易，完善自我和发挥自我的潜能更难。在美国一间黑人教堂的墙上刻着这样一句话："在这世界上你是独一无二的一个，你生下来是什么，这是别人给你的礼物，你将成为什么，这是你给别人的礼物。"别人给你什么礼物，你无法选择，你给别人的礼物——你将成为什么样的人，则主动权在你自己。正确认识自己，积极接受自己，不断完善自己，勇于超越自己，才能走向成功和卓越的自己。

课堂自测

自卑心理测试

指导语：请对下列题目作出"是"或"否"的回答。

1. 你觉得自己应该更高一些吗？　　　　　　　　　　　　　　　　　（　　）
2. 你对自己的容貌满意吗？　　　　　　　　　　　　　　　　　　　（　　）
3. 你是否不太喜欢镜子中看到的自己？　　　　　　　　　　　　　　（　　）
4. 你觉得自己的身体不够强壮吗？　　　　　　　　　　　　　　　　（　　）
5. 别人给你拍照时，你对拍出使你满意的照片没有信心吗？　　　　　（　　）
6. 你觉得自己比其他人笨一些吗？　　　　　　　　　　　　　　　　（　　）
7. 你相信自己10年后会比其他人过得好吗？　　　　　　　　　　　　（　　）
8. 你是否常被别人挖苦？　　　　　　　　　　　　　　　　　　　　（　　）
9. 是否看上去很多同学或同事不太喜欢你？　　　　　　　　　　　　（　　）
10. 你常常有"又失败了"的感觉吗？　　　　　　　　　　　　　　　（　　）
11. 你的老师对你的学习成绩感到失望吗？　　　　　　　　　　　　　（　　）
12. 做错事之后，你常常会感到失望吗？　　　　　　　　　　　　　　（　　）
13. 与同学或者同事、朋友在一起的时候，你是否常常扮演听众的角色？（　　）
14. 你经常在心里默默祈祷吗？　　　　　　　　　　　　　　　　　　（　　）
15. 你认为自己使父母感到失望吗？　　　　　　　　　　　　　　　　（　　）
16. 你是否经常回想并检讨自己过去的不良行为？　　　　　　　　　　（　　）
17. 当与别人闹矛盾时，你通常只是责怪自己吗？　　　　　　　　　　（　　）

18. 你是否不喜欢自己的性格？　　　　　　　　　　　（　　）

19. 别人讲话时，你经常打断他们吗？　　　　　　　　（　　）

20. 你是否从不主动向别人挑战？　　　　　　　　　　（　　）

21. 做某件事时，你常常缺乏成功的信心吗？　　　　　（　　）

22. 即使不同意对方的观点，你也不习惯当面提出反对意见，对吗？（　　）

23. 你是否自甘落后？　　　　　　　　　　　　　　　（　　）

24. 你对未来充满信心吗？　　　　　　　　　　　　　（　　）

25. 在班级里，你对自己的成绩进入前几名不抱希望吗？（　　）

26. 参加体育运动后，你总是感到自己不行了吗？　　　（　　）

27. 遇到困难时，你常常采取逃避的态度吗？　　　　　（　　）

28. 当你提出的观点被人反对时，你是否马上会怀疑自己的正确性？（　　）

29. 当别人没有征询你的看法时，你会主动发表自己的意见吗？（　　）

30. 对自己反对做的各种事情，你总是充满自信吗？　（　　）

【说明】

自卑感是一种激励因素，对个人和社会均有利，并能导致个性的改善，但是，沉重的自卑感可以使人垮掉，使人心灰意懒，无所事事，我们设法找到自己自卑感产生的原因，具体分析对待，并努力克服，就显得尤为重要了。

【评判标准】

以上30项，回答"是"得1分，回答"否"得0分。

0～5分：你充满了自信，要注意别自满和自负。

6～10分：总的说来你并不自卑。当环境出现变化时，你最终能够恢复自信。

11分以上：只要一遇到挫折，你就会感到自己不行。你最好降低一下自己的期望值，调整自己追求的目标，以便从每次小的进步中享受到成功的快乐，逐步建立自信。

心理训练

20个我是谁

目的：强化自我认识，促进自我接纳。

操作：

（1）写出20句描述人的语句，如"我是……"并编号，要求尽量反映个人风格，避免出现"我是一个男生"这样的句子。

（2）将陈述的20项内容作下列归类。

① 身体状况（你的体貌特征，如年龄、身高、体形、是否健康等）。

编号：

② 情绪状况（你常持有的情绪情感，如乐观开朗、振奋人心、烦恼沮丧等）。

编号：

③ 才智状况（你的智力、能力情况，如聪明、灵活、迟钝、能干等）。

编号：

④ 社会关系状况（与他人的关系如何、对他人常持有的态度与原则，如乐于助人的、爱交朋友的、坦诚的、孤独的等）。

编号：

⑤ 其他。

编号：

分类是为了了解自己对自己各个方面的关注和了解程度。某一类项目多，说明你对这方面关注和了解多；某一类项目少或没有，说明你对这方面关注和了解少或根本就没关注、不了解。健全的自我意识应能较为全面地关注和了解自己。

（3）评估你对自己的陈述是积极的还是消极的。在你列出的每句话的后面加上正号（+）或负号（–）。正号表示"这句话表达了你对自己肯定满意的态度"；负号的意义则相反，表示"这句话表达了你对自己不满意、否定的态度"。看看你的正号与负号的数量各是多少。

如果你正号的数量大于负号的，说明你的自我接纳状况良好。若你的负号将近一半甚至超过一半，则显示你不能很好地接纳自己，你的自尊程度较低。这时你需要内省一番，寻找问题的根源，如是否过低地评价了自己？是什么原因使你成为这样？有没有改善的可能？

（4）分组交流。全班分为若干 4～6 人的小组，在组内进行交流。交流对自己的认识，以及对活动的感受。

（5）团体内分享。每组派一名代表在全班进行小组情况交流或个人体会的发言，供大家分享。

生 命 曲 线

目的： 协助你回顾"过去的我"，总结"现在的我"，展望"未来的我"，对自己的人生做出评估。

操作：

（1）在一张纸的中央画一个坐标，横坐标表示年龄，纵坐标表示对生活的满意程度，如图 2-1 所示。

（2）闭目思考，找出自己生活中的一些重要的转折点以及对当前的人生仍具影响力的重要经历，说说自己对这些重要事件的感受。按照发生的时间和对此事件的满意度在坐标上用一个点表示，并简要地把事件标注在点的旁边。

（3）将不同的点连成线，边看着线边反省，将人生的未来趋向用虚线表示。

（4）在探讨的过程中，参考以下的问题作出适当的思索，会令这项练习达到更佳的效果：

① 你对过往的人生历程满意吗？

② 人活着，有什么意义？

③ 你认为自己生命的质量如何？有价值和意义吗？

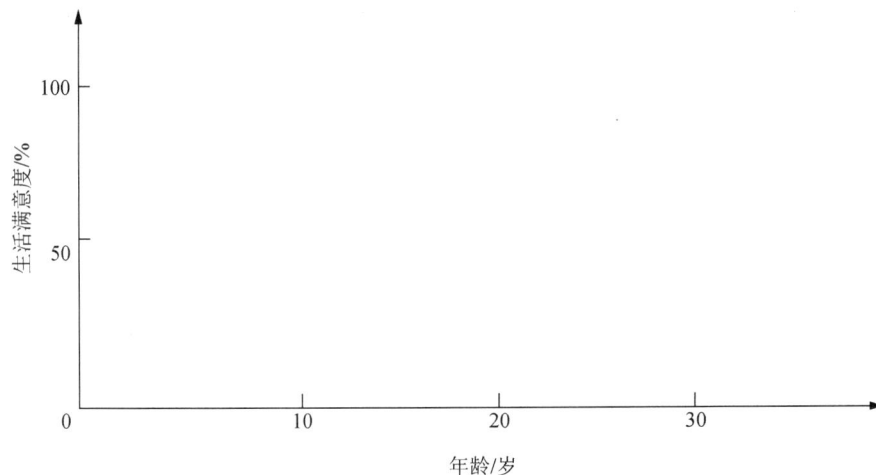

图 2-1　人生坐标

请你仔细地再看看这简单而很有意思的生命曲线，并留心内心的反应。

（5）团队分享。

第三章　改变自己，塑造自我——
大学生人格健康与塑造

案例导入

一根小小的柱子，一段细细的链子，拴得住一头千斤重的大象，这不荒谬吗？可这荒谬的场景在印度和泰国随处可见。那些驯象人，在大象还是小象的时候，就用一条铁链将它绑在水泥柱或钢柱上，无论小象怎么挣扎都无法挣脱。小象渐渐地习惯了不挣扎，直到长成了大象，可以轻而易举地挣脱链子时，也不挣扎。驯虎人本来也像驯象人一样成功，他让小虎从小吃素，直到小虎长大。老虎不知肉味，自然不会伤人。驯虎人的致命错误在于他摔了跤之后让老虎舔净他流在地上的血，老虎一舔不可收，最终将驯虎人吃了。

小象是被链子绑住，而大象则是被习惯绑住。虎曾经被习惯绑住，而驯虎人则死于习惯（他已经习惯于他的老虎不吃人）。习惯几乎可以绑住一切，只是不能绑住偶然，比如那只偶然尝了鲜血的老虎。

个体的习惯是促进人格形成的一个重要因子。习惯的养成，固然受外界环境的影响，但个体也应不断尝试适应环境，尝试让自己接受现状。

第一节　人格概述

人格是伴随人一生的心理品质，它的成熟意味着个体心理的成熟，它的魅力展示着个体心灵的完善。人格是一个丰富而复杂的心理成分，它凝聚着文化、社会、家庭、教育与先天遗传的个体风貌，有着鲜明的个性特征，其差异性铸就了个体千差万别、千姿百态的心理面貌。人格素质是当代大学生综合素质的重要组成部分，人格素质的发展和提高对综合素质的发展与提高有着重要的促进作用。随着社会文明的不断进步，人们的生活节奏日益加快，竞争也更趋激烈，只有具备良好人格的人，才具有真正的竞争实力。

因此，健全大学生人格、提高大学生心理素质、提高大学生心理健康水平已成为高等院校普遍关注的重要课题。

一、人格的含义与特征

（一）人格的含义

"人格"一词来源于拉丁语，意指古希腊、古罗马时代戏剧演员在舞台上扮演角色所戴的假面具，它代表剧中人的身份，表现剧中人物的某种典型心理。心理学沿用其含义，把一个人在人生舞台上扮演角色的种种行为的心理活动都看作人格的表现。因此，各种心理学著作中都有把人格看成一个人与另一个人区别开来的独特心理特征。

人格也称个性，一般是指一个人的精神活动稳定的、持久的特征，尤其是在情感活动和意志行为活动方面表现出的特征。人格由个性倾向性和个性心理特征两大部分组成，主要包括性格、气质、能力等几个方面。

人格是指由遗传决定的个人先天素质以及后天发育与习得性有机结合形成的总体精神活动（思维、情感和行为）模式。人格特征可在社会活动与处理人际关系中表现出来，也可在社会生活实践中塑造和发展，如智慧的高或低、脾气的温和或急躁、对事物反应敏捷或迟缓、对人诚实或虚假、热情或冷漠、信任或多疑、顺从或好斗、严厉或宽容、自尊或自卑、勤奋或懒惰、认真有责任感或马虎放任、保守或激进、务实或空谈、松弛或紧张、孤独或合群等。

（二）人格的基本特征

1. 整体性

人格的整体性是指人格虽然有多种成分和特质，如能力、气质、性格、需要、动机、态度、价值观等，但在一个现实的个体身上，它们并不是孤立存在的，而是错综复杂的，它们相互协调、联系、交互作用，构成一个有机的整体。人格的整体性表现在人格的内在统一性上。人格的统一性是人格健康的标志，一个失去了人格内在统一性的人，他的行为就会经常由几种相互抵触的动机支配，出现一种人格分裂的现象，会形成"二重人格"或"多重人格"。

2. 独特性

独特性是指人与人之间的心理和行为是各不相同的。也就是说，人格是由某些与别人共同的或相似的特征，以及完全不同的特征错综复杂地交织在一起构成的独特的人格。由于人格结构组成的多样性，使每个人的人格都有自己的特点。在日常生活中，我们随时随地都可以观察到各种个性的大学生，他们各自的能力、气质、性格、动机和价值观等都不尽相同。人格特征由3个部分组成：①所有人共有的特征；②与某些人共有的特征；③自己独有的特征。这些成分在一个人身上的独特的组合构成一个人的独特性，而对个人或一群人的人格分析也可以看出他们某些方面的共同性。

3. 稳定性

人格的稳定性是指个体的人格特征具有跨时间的持续性和跨情境的一致性。个人在行为中偶然表现出来的心理特征和心理倾向不能表征一个人的人格。例如，一个内向寡言的大学生，他平时严肃认真，不苟言笑，但经过精心准备和多次练习，也可以在新年晚会的节目中表现得活泼开朗，在这里，他的人格特征是内向严肃。人格的稳定性源于孕育期，经历出生、婴儿期、童年期、青少年期、成人以至老年。随着年龄的增长，儿童时代的人格特征往往变得日益巩固。由于人格的稳定性，我们可以通过人格特征的描述来推论个人一生的人格状况。

4. 可塑性

人格的稳定性并不意味着人格是一成不变的，人格也具有可塑性。它随着现实环境的变化也会发生某些变化。正在形成中的儿童的人格还不稳定，容易受到环境影响而发生变化。成年人的人格比较稳定，但对个人具有决定性影响的环境因素和机体因素也有可能改变个人的人格。

二、人格的结构

人格的心理结构包括个性倾向性和个性心理特征两大部分。这两大部分有机结合，使人格成为一个统一的整体结构。

1. 个性倾向性

个性倾向性是人进行活动的基本动力，是个性结构中最活跃的因素。它决定着人对现实的态度，决定着人对认识活动的对象的趋向和选择。个性倾向性主要包括需要、动机、兴趣、理想、信念和世界观，它们较少受生理因素的影响，主要是在后天的社会化过程中形成的。个性倾向性的各个成分并不是彼此孤立的，而是相互联系、相互影响和相互制约的。其中，需要又是个性倾向性乃至整个个性的源泉，只有在需要的推动下，个性才能形成和发展。动机、兴趣和信念都是需要的表现形式。世界观居于最高层次，它制约着一个人的思想倾向和心理面貌，是人们言论和行动的总动力和总动机。个性倾向性被认为是以人的需要为基础的动机系统。

2. 个性心理特征

个性心理特征是指一个人身上经常、稳定地表现出来的心理特点。它是个性结构中比较稳定的心理成分，主要包括能力、气质和性格。在个体心理发展过程中，这些心理特征较早地形成，并且不同程度上受生理因素的影响。个性心理特征在一个人的为人处世中体现出来。例如，在能力方面，自然科学家表现出认知能力强，而社会活动家表现出人际交往能力强。在气质方面，有人暴躁，有人温和。在性格方面，有人正直，有人阴险。

三、人格与心理健康

在 20 世纪 40 年代，产生了心身医学，研究者开始研究人格与疾病的关系。有学者提出了人格与健康的 4 种可能性关系：疾病导致人格变化；人格通过不良的行为习惯影响健康；人格直接导致疾病；人格通过生理变量影响健康。近代心身医学研究证明，神经系统、内分泌系统和免疫系统相互影响，使心理因素转变为生理因素。

积极的人格有助于个体采取更为有效的应对策略，从而更好地面对生活中的各种压力情境，促进健康行为的发生，使个体远离疾病；而某些人格变量（如神经质、敌对等）则影响人们的健康行为。吕跃等人研究发现：高血压患者具有明显的精神质倾向，常感觉孤独、易焦虑、情绪反应大、控制力差。A 型行为者所具有的持续的进攻性、经常的紧迫感、好急躁、易冲动等行为方式被确认为冠心病的一个独立的危险因素。沈鑫华等研究证明，心理社会因素对人体的免疫系统有影响，行为、脑、免疫系统之间存在着复杂的相互作用，积极应对可以提高人体免疫力，消极应对则抑制人体免疫力。例如，乐观、坚强等人格特质能缓冲压力对身心健康的不良影响。面对压力时，乐观、坚强的个体会更倾向采用积极、有效的应对策略，积极寻求社会支持，从而有效缓解压力。

积极心理学家认为通过识别、挖掘、激发和调动处于困境中的人自身的力量，就可以实现有效的预防心理疾患的效果。根据积极人格的研究，人类自身的积极人格力量和各种心理疾病可能具有某种对应关系，某些特定的积极人格力量可用来预防、缓解或治疗特定的一些心理疾病，而缺乏某种积极人格力量才是罹患心理疾病的根本所在。心理学家现已发现的许多积极人格力量可以成为抵御和减轻心理疾病的缓冲器，如勇气、信心、乐观、人际交往技能、信仰、责任感、希望、忠诚、毅力、适应能力、洞察力等。崔红等提出要建立中国人的"耐受性"人格模型，认为耐受性是能够抵制应激的一个重要人格特质，能使个体在高强度应激的生活情境下免受伤害。这些积极人格特征会降低个体出现心身症状的可能性，有利于保持身心健康。

第二节　人格类型理论与特质理论

一、健康人格的各种模式

（一）马斯洛的"自我实现者"模型

美国人本主义心理学家马斯洛强调人的自我实现。他研究那些能够充分发挥自己才能、全力以赴地工作并把工作做得最出色的人，如贝多芬、斯宾诺莎、歌德、爱因斯坦、弗洛伊德、杰弗逊、罗斯福和林肯等。马斯洛根据自己的长期观察，概括出自我实现者具有以下特征：①有良好的现实知觉；②对自己、他人和现实表现出高度的接纳；③有自发性和率真性；④以问题为中心；⑤有独处的需要；⑥有高度的自主性，不受环境和文化的支配；⑦有高品位的鉴赏力，对普通生活新鲜感；⑧常常有高峰体验；⑨关心社会；⑩能与他人建立持久深厚的友谊；⑪具有民主的性格结构；⑫具有强烈的道德感和独立的善恶判断能力；⑬富有善意的幽默感；⑭富有创造性；⑮不受现实文化规范的束缚。

（二）奥尔波特的"成熟者"模型

美国心理学家、人格特质论的倡导者高尔顿·奥尔波特认为，健康人在理性和有意识的水平上活动，对激励他们活动的力量是完全能够意识到的，是可以控制的。他认为健康人的视线应该指向当前和未来的事件，而不是指向童年的事件。奥尔波特把心理健康水平高的人称为"成熟者"。根据多年在哈佛大学的研究，他从"成熟者"身上归纳出7个特点：①有自我扩展的能力；②人际关系融洽；③情绪上有安全感；④具有现实性知觉；⑤专注地投入自己的工作；⑥客观地看待自己；⑦行为的一致性是其人生哲学。

（三）罗杰斯的"功能充分发挥者"模型

美国人本主义心理学家、人本疗法的创始人卡尔·罗杰斯认为，健全人格不应该理解为人的状态，而是过程或趋势。罗杰斯把"功能充分发挥者"的优秀特征概括为5个方面：①他们的社会经验都能进入意识领域，具有经验的开放性；②协调的自我；③以自己的内在评价机制来评价经验；④自我关注；⑤乐意给他人以无条件的关怀，能与其他人高度协调。

（四）弗洛姆的"创发者"模型

艾瑞克·弗洛姆是一位从社会哲学方面探讨人格的理论心理学家。他既批判地接受了弗洛伊德的学说，又受到精神分析社会文化学派新理论的影响。他认为每个人都有充分利用自己潜能成长和发展的固有倾向，由于社会本身的压抑和不合理，很多人都未能达到心理健康的状态，病态的社会产生了病态的人格。他强调社会变革在产生大量健康者或"创发者"方面的重要性。他认为"创发者"有4个方面的特征：①创发性爱情。创发性的爱情是一种自由、平等的关系，在这种关系中，相爱的对方都可以保持他们的个性。②创发性思维。创发性的爱会使人意识到与被爱者有密切关系，意识到关怀被爱者。③有真正的幸福体验，即身心健康，个体各种潜能得到实现的状态。④以良心为定向系统。"创发者"有一种特殊的良心，弗洛姆称其为"人本主义良心"，它引导人们实现个性的充分发展和表现，并使人获得幸福感。

（五）皮尔斯的"立足现实者"模型

心理学家弗雷德里克·皮尔斯认为人格健全者应该是充分理解并坚定地立足于自己的现实情境。他认为立足于现实的人具有下列 10 项人格特征：①牢牢地建立在当前存在的基础上；②对自己有充分的认识和认可；③对自己的生活负责并摆脱对任何人所负的责任；④完全处在与自我和世界的联系状态中；⑤能摆脱外部调节而进行自我调节；⑥能认清、承认并且表达自己的冲动和渴望；⑦能够坦率地表达心中的怨恨；⑧反映当前情境并被当前情境所指引；⑨开放的自我界限；⑩不追求幸福。

二、人格的特质理论

人的心理世界是一个排列有序的系统结构。无论是看得见的人格还是看不见的人格，都错落有致地排列在心理宇宙中的坐标系上。人格心理学家一直在这个心理宇宙中探索着……人格是如此多姿多彩，那么，是什么因素让人格光彩四射？是人格特质。千变万化的人格特质构成了人格的七彩拼图，让人格展现出千姿百态。其实，人格心理学家一直非常关心一个问题：我们的人格是由什么构成的？它是怎样构成的？对于这样一个问题，不同的心理学家给出了不同的答案。

（一）奥尔波特特质理论

类型理论将人划分为不同的类型，这些类型是独立的、不连续的，就像第一胎出生的孩子和以后出生的孩子一样。而奥尔波特认为，人格的维度是连续的、可以测量的，测量的单位就是特质。特质就像魔方中的一个个色块，组成了一个人完整的人格结构，它体现了人的差异性和独特性。

奥尔波特认为特质是个性的根源。有些学生演讲、参加聚会或是会见陌生人，会出现脸红、心跳加快、记忆缺失等反应。是什么原因造成这些学生的行为结果呢？是人格特质——害羞。人格特质就像一个中介变量，它使一个人对不同的事物给以相同的反应，使每个人具有独特的行为一致性。

奥尔波特将人格特质分为以下 3 种：①首要特质是一个人最典型、最具概括性的特质，如林黛玉的多愁善感、曹操的狡猾奸诈。首要特质影响一个人如何组织生活，但并不是所有人都会发展出这样明显的首要特质。②核心特质是代表一个人主要特征、构成个体独特性的重要特质，在每个人身上有 2～10 种，如林黛玉的清高、率直、聪慧、孤僻、内向、抑郁、敏感都属于核心特质。③次要特质是个体一些不太重要的特质，对于理解个体的人格作用不是很大，如对于食物和衣着的偏好。

在缺少人格检测结果的情况下，特质可以根据所观测到的行为作出推断。例如，人们可能会认为曹操具有狡猾奸诈的首要特质；清高聪慧是林黛玉的核心特质；而著名歌手麦当娜对于多变的时尚的偏好是一种次要特质。

令奥尔波特感兴趣的是探索使一个人成为独立个体的这 3 种特质的独特组合。他认为是特质组成的独特人格结构对个体的行为起着关键决定作用，而不是环境条件决定个体行为。"使黄油融化的那把火也可以使鸡蛋变硬"，奥尔波特引用这句话来说明相同的条件对于不同的个体可能会有不同的作用。现在的许多特质理论都遵循了奥尔波特的这一说法。

（二）卡特尔特质理论

奥尔波特和他的同事亨利·奥德波特于 1936 年通过对字典的检索，发现在英文中有超过 18 000 个形容词被用来描述个体的差异。自那以后，研究者一直试图在浩如烟海的特质词汇中确定基本的维度。他们希望弄清有多少个维度存在，哪些维度有助于心理学家给出一个对于所有个体都可用的、普遍的维度。

雷蒙德·卡特尔使用奥尔波特和奥德波特的形容词作为他的研究起点，另外受化学元素周期表的启发，用因素分析的方法对人格特质进行了分析，提出了人类人格的 16 个因素，也叫心理元素周期表。卡特尔称这 16 个因素为根源特质，他相信这 16 个因素是人类表面行为的潜在根源。卡特尔的 16 个因素包含了重要的行为规范，如信赖的和怀疑的、放松的和紧张的、保守的和开放的等。

（三）人格的五因素模型——大五人格

塔佩斯等运用词汇学的方法对卡特尔的特质变量进行了再分析，发现了 5 个相对稳定的因素。以后许多心理学家在不同的文化和语种（包括英语、德语、葡萄牙语、希伯来语、朝鲜语和日语）中验证了这一模型，形成了著名的"大五人格"。在五因素模型的列表中（表 3-1），每一个维度都是两极的，即与维度名称意义相似的项目描述的是较高的一极，而意义相反的项目描述的是较低的一极。

表 3-1　人格五因素模型

因素	双极定义
外向性	健谈的、精力充沛的、果断的 安静的、有保留的、害羞的
和悦性	有同情心的、善良的、亲切的 冷淡的、好争吵的、残酷的
尽责性	有组织的、负责的、谨慎的 马虎的、轻率的、不负责任的
情绪性	稳定的、冷静的、满足的 焦虑的、不稳定的、喜怒无常的
创造性	有创造性的、聪明的、开放的 简单的、肤浅的、不聪明的

假设你拥有一家企业，并急需作出录用员工的决策。摆在你办公桌上的 5 位应聘者的申请材料几乎完全相同。你注意到每位应聘者的档案里都有大五人格检测的分数。迅

速浏览这些分数，你发现第一位应聘者在"外向性"上得分甚高，第二位应聘者在"和悦性"上的得分明显高于其他人，第三位应聘者在"创造性"上得分最高，第四位应聘者在"情绪性"上得分最高，而最后一位应聘者在"尽责性"上的分数明显位于五人之首。时间紧迫，你不得不只根据这些信息尽快作出决策。回顾前面对大五人格的描述，你会雇用这五人中的哪一位？

5 位候选人中有谁可能成为最佳雇员呢？虽然人人都有可能成为一名好员工，但是多数研究表明，在大五人格因素中，"尽责性"是工作绩效的最佳预测指标。研究表明，"尽责性"得分高的人细心，有始有终且独立，他们对工作不会敷衍了事，而且花时间恰当，彻底地完成。高度尽责的人做事有组织性，会在一个项目开始之前做好计划，然后努力工作，持之以恒，并且是成就定向的。

但这并不是说"尽责性"是"大五人格"中唯一与工作绩效相关的维度。相反，在"和悦性"上得分高者也是应聘过程中强有力的竞争者。这类人信任他人，容易合作，乐于助人，人缘好，在需要群体合作的工作中也许会表现得更为出色。另外一些研究表明，在商界中，"外向性"胜过"内向性"，而"创造性"对于科研等要求创新的工作独具优势。因此，究竟录用什么样的员工还要根据工作的种类和性质来决定。尽管如此，需要说明的是，人格也许只是影响工作绩效的诸多重要变量之一，仅仅根据测验分数作出录用和晋升的决定也许并不明智和公平。

第三节　大学生人格成因与完善

一、健全人格的一般标准

拥有健全人格的人应该既能在社会实践中发挥自己的才干，对社会有所贡献，同时又能使自己的各个方面得到充分、协调的发展。具体来说，健全的人格应符合以下标准。

1. 和谐的人际关系

人际关系最能体现一个人人格健全的程度。人格健全的人乐于与他人交往，能与他人建立良好的关系；与人相处时，尊敬、信任等正面态度多于嫉妒、怀疑等消极态度；常持诚恳、公平、谦虚、宽容的态度，尊重他人，同时也受到他人的尊重和接纳。

2. 良好的社会适应能力

人格健全的人能和社会保持良好的密切的接触，以一种开放的态度主动关心社会，了解社会，看到社会发展的积极面和主流，使自己的思想、行为与社会要求相符合，能很快地适应新的社会环境。

3. 正确的自我意识

具有健全人格的大学生能恰如其分地评价自己，充满自信、扬长避短，根据自身情况及需要参加各种活动，能有效地调节自己的行为，与环境保持平衡、协调。

4. 乐观的生活态度

人格健全的大学生总是看到生活的光明面，对自己的未来充满信心，对学习和生活有浓厚的兴趣，并努力去做该做的事情，在学习中充分发挥自己的聪明智慧，遇到挫折也能不畏困难，勇于克服。

5. 良好的情绪调控能力

人格健全的大学生情绪反应适度，具有调节和控制情绪的能力、开朗的心境，富有幽默感，面对消极情绪时能合理宣泄、排解，经常保持愉快心境。

二、影响人格形成与发展的因素

正常人格或人格异常都是由生理、心理、社会环境等各方面因素共同造成的，其中家庭和社会环境是主导因素。

1. 遗传因素

遗传对人格的作用表现在以下几个方面：①遗传是人格不可缺少的影响因素；②遗传因素对人的作用程度随人格特质的作用程度不同而异；③人格的发展是遗传与环境两种因素交互作用的结果。

2. 文化因素

社会文化塑造了人的人格特征，使人的人格结构朝着相似的方向发展，这种相似具有维系社会稳定的功能，又使每个人能稳固地"嵌入"整个文化形态。不同的民族有其固有的民族性格。

3. 家庭因素

在你眼中，父母是什么样子的？是控制的、放任的还是民主的？想起家，你有什么样的感受和体验？温暖、压抑还是冰冷？当你考试不及格的时候，父母给予你的是鼓励和支持，还是批评和指责？这些都将影响你人格的形成。

家庭是人格发展的基石。俗话说"有其父必有其子"。父母按照自己的意愿和方式教育孩子，使他们逐渐形成了某些人格特征。研究者将父母分为权威型、放纵型和民主型，这3种类型的父母分别造就了具有不同人格特征的孩子。

1）权威型父母——过度控制

权威型的父母对子女过度控制，孩子的一切父母说了算，孩子易形成被动、依赖、做事缺乏主见的性格特征，他们对于孩子过多的批评和指责使孩子变得顺从、胆小、懦弱，就像"温顺的小羔羊"。

过度控制的父母不关注孩子的成长需要，甚至没有兴趣去了解孩子内心的真实感受和真实想法，他们只想把孩子塑造成他们心目中小孩的形象，而这会让孩子丧失自我。

2）放纵型父母——过度溺爱

放纵型的父母对孩子过于溺爱，让孩子随心所欲，任其发展，孩子易形成任性、无理、蛮横胡闹、缺乏独立等人格特征，他们简直像被父母宠坏了的"小霸王"。对孩子的过度溺爱，最终导致孩子要么缺乏自我，要么自我无限膨胀，他们的内心中只有自我，没有别人，并最终成为别人的噩梦。

3）民主型父母——爱与自由

民主型的父母尊重孩子，他们通过鼓励、支持为孩子提供无条件的爱，当孩子犯错误时，他们会做孩子的支柱，为他们提供安慰和建议，这为孩子确立了基本的价值感和自尊。民主型的父母在给予孩子无条件爱的同时，也给予他们充分的自由，孩子可以自由地发展自己的潜力，自由地表达自己的感情和想法，孩子在平等和谐的家庭氛围中形成自信、活泼、快乐、独立、善于合作的人格特征。

4. 早期童年经验

"早期的亲子关系定出了行为模式，塑造出一切日后行为。"这是芭芭拉·麦肯农有关早期儿童经验对人格影响力的一个总结。

5. 学校教育因素

学校是一个有目的、有计划地向学生施加影响的教育场所，教师、学生、班集体等都是学校教育的元素。

6. 自我调控因素

具有自知的人能够客观地分析自己，有效地利用个人资源，发挥个人长处，努力地改善自我和完善自我。

人格是遗传与环境交互作用的结果。在人格的形成过程中，各种因素对人格的形成与发展起到了不同的作用。遗传决定了人格发展的可能性，环境决定着人格发展的现实性，其中教育起到了关键性的作用，自我调控系统是人格发展的内部决定因素。

三、塑造健全人格的途径与方法

1. 分析自我气质类型，注意扬长避短

气质一般是由遗传因素决定的。任何人的气质均是独特的。但气质无好坏之分，任

何一类气质都有两重性，在此时此处具有积极意义的气质，在彼时彼处却可能具有消极意义。任何一类气质的大学生，在现实生活中既可能成为卓有成就、才学超人的优秀人才，也可能成为一事无成、庸庸碌碌的人。问题的本质不在于气质类型，而在于对生活的信念与追求。因此，大学生要正确对待自己的气质类型，经常有意识地控制自己气质的消极品质，发扬积极品质，以有利于形成良好的个性而努力，大学生在选择自身努力方向时，若能重视与生俱来的气质特征，注意扬长避短，那么定能取得更加可喜的进步。

2. 主动适应环境，努力塑造自己的良好性格品质

性格是一种具有道德评价意义的人格特质。热爱祖国、助人为乐、诚实正直、公而忘私、廉洁奉公、见义勇为、自尊自强等是良好的性格品质，冷酷无情、自私自利、萎靡不振、虚伪狡诈、恃强凌弱、唯利是图、退缩怯懦等都是不良的性格品质。不同性质的性格还制约着人生发展方向，如勤奋造就了天才，懒惰荒废了才华。

生活环境的变化往往会改变我们的性格。例如，一个从小受人冷落的孩子可能孤僻、自卑，但如果他能够重新受到人们的关注，得到温暖，他很可能会彻底改变这种状况。再如，一个原本活泼愉快的孩子，可能由于家庭、政治、经济等突然恶化，致使他精神上受到压抑，从此变得情绪低落、郁闷不乐。作为即将步入社会的大学生，我们前面的路还很长，许多新的情况都有可能发生，新的人和事都可能改变我们的性格。

我们可以通过以下途径培养自己良好的性格：①加强学习，以理育性；②培养集体感和荣誉感，以群育性；③热爱生活，以情育性；④改进工作，以优育性；⑤以身作则，以性育性；⑥付诸实践，以行育性；⑦友伴交往，以友育性；⑧严于律己，自我育性；⑨座右设铭，以铭育性；⑩多读好书，以书育性。

3. 提升自我心象，激发自我潜能

自我心象是指在自己心目中的自我肖像。每个人心目中都有一幅完整而详细的心理蓝图，即"我属于哪种人"。换句话说，就是每个人对自我的定义。

言行举止就是自我心象的展示，它是人们能动地工作和学习的心理力量。自我心象是行为的前提和依据，人的全部个性和行为都是建立在这个基础上的。你把自己想象成什么样的人，你就会按那种人的行为行事。例如，一个人如果把自己看成是只会学习而不会唱歌的人，即使他有一副好嗓子，也会永远被埋没。又如，一个人从来没有干过某项工作，甚至没有人相信他能干好，但他主动接受了任务，并非常圆满地、创造性地完成了任务，这是由他心中的自我心象是奋发向上的，是成功的。

自我心象是一种后天习得的自我感觉。这种感觉是在自我经历、环境和某种特殊事件或刺激中形成的。一个学生如果在一个集体中总是受到批评、打击，他就可能认为"我是失败者"，由此而产生消极的自我心象。如果他转到另一个学校或班级，而老师总是表扬他，鼓励他，他可能会变得自信。此时并非他突然变得智慧，而是老师的态度使他改变了对自我的定义，即他的自我心象发生了转变，使他由一个失败者变成一个成功者。

课堂自测

人格简易测试（自我实现）

对下面的陈述，按以下标准选择与你最符合的分数：
　　　　1—不同意　　　2—比较不同意　　　3—比较同意　　　4—同意

1. 我不为自己的情绪特征感到丢脸。 　　　　　　　　　　　　　（　　）
2. 我觉得我必须做别人期望我做的事。 　　　　　　　　　　　　（　　）
3. 我相信人的本质是善良的、可信的。 　　　　　　　　　　　　（　　）
4. 我觉得可以对我爱的人发脾气。 　　　　　　　　　　　　　　（　　）
5. 别人应该赞赏我做的事情。 　　　　　　　　　　　　　　　　（　　）
6. 我不能接受自己的弱点。 　　　　　　　　　　　　　　　　　（　　）
7. 我能够赞许、喜欢他人。 　　　　　　　　　　　　　　　　　（　　）
8. 我害怕失败。 　　　　　　　　　　　　　　　　　　　　　　（　　）
9. 我不愿意分析那些复杂问题并把它们简化。 　　　　　　　　　（　　）
10. 做一个你想做的人比做一个随大流的人更好。 　　　　　　　（　　）
11. 在生活中，我没有明确的要为之献身的目标。 　　　　　　　（　　）
12. 我由着性子表达我的情绪，不管后果如何。 　　　　　　　　（　　）
13. 我没有帮助别人的责任。 　　　　　　　　　　　　　　　　（　　）
14. 我总是害怕自己不够完美。 　　　　　　　　　　　　　　　（　　）
15. 我被别人爱是因为我对别人付出了爱。 　　　　　　　　　　（　　）

【说明】

人格测验也称个性测验，测量个体行为独特性和倾向性等特征。最常用的方法有问卷和投射技术。问卷法由许多涉及个人心理特征的问题组成，进一步分出多个维度或分量表，反映不同人格特征。常用人格问卷有艾森克人格问卷、明尼苏达多项人格测验和卡特尔16因素人格测验。本测试是琼斯和克兰戴尔于1986年编制的一项关于自我实现的简短测试。

【评判标准】

计分时，对以下各题反向计分：2、5、6、8、11、13、14（1=4、2=3、3=2、4=1）。然后把15题的得分相加。把自己的得分和下面大学生的一般情况进行比较。

男生：平均分为45.02；标准差为4.95。

女生：平均分为46.07；标准差为4.79。

卡特尔16种人格因素问卷

指导语：表3-2共有187道题目，都是有关个人的兴趣和态度的问题。每个人对这些问题都会有不同的看法，回答也是不同的，因而对问题如何回答并没有对与不对之分，只是表明你对这些问题的态度。请你要尽量表达个人的意见，不要有顾虑。注意：①每一测题只能选择一个答案。②不可漏掉任何测题。③尽量不选择 B 答案。④本测验不计时间，但应凭自己的直觉反应进行作答，不要迟疑不决，拖延时间，一定要在一个小时以内完成整个测验。⑤有些题目你可能从未思考过，或者感到不太容易回答。对于这样的题目，同样要求你做出一种倾向性的选择。

表 3-2　卡特尔 16 种人格因素问卷

问题	选项		
1．我很理解本测试的说明	A．是的	B．不一定	C．不是的
2．我对本测试的每一个问题，都能做到诚实的回答	A．是的	B．不一定	C．不同意
3．如果我有机会的话，我愿意	A．到一个繁华的城市去旅行	B．介于 A、C 之间	C．浏览清静的山区
4．我有能力应付各种困难	A．是的	B．不一定	C．不是的
5．即使是关在铁笼里的猛兽，我见了也会感到惴惴不安	A．是的	B．不一定	C．不是的
6．我总是不敢大胆批评别人的言行	A．是的	B．有时如此	C．不是的
7．我的思想似乎	A．比较先进	B．一般	C．比较保守
8．我不擅长说笑话、讲有趣的事	A．是的	B．介于 A、C 之间	C．不是的
9．当我见到邻居或新友争吵时，我总是	A．任其自己解决	B．介于 A、C 之间	C．予以劝解
10．在群众集会时，我会	A．谈吐自如	B．介于 A、C 之间	C．保持沉默
11．我愿意作一个	A．建筑工程师	B．不确定	C．社会科学研究者
12．阅读时，我喜欢选读	A．自然科学书籍	B．不确定	C．政治理论书籍
13．我认为很多人有些心理不正常，只是他们不愿承认	A．是的	B．介于 A、C 之间	C．不是的
14．我希望我的爱人擅长交际，无须具有文艺才能	A．是的	B．不一定	C．不是的
15．对于性情急躁、爱发脾气的人，我仍能以礼相待	A．是的	B．介于 A、C 之间	C．不是的
16．接受他人服务时我常常局促不安	A．是的	B．介于 A、C 之间	C．不是的
17．在从事体力或脑力劳动之后，我总是需要比别人更多的休息时间，才能保持工作效率	A．是的	B．介于 A、C 之间	C．不是的
18．半夜醒来，我常常为种种不安而不能入睡	A．常常如此	B．有时如此	C．极少如此
19．事情进行的不顺利时，我常常急得涕泪交流	A．常常如此	B．有时如此	C．极少如此
20．我以为只要双方同意离婚，就可以不受传统观念的束缚	A．是的	B．介于 A、C 之间	C．不是的
21．我对人或物的兴趣都很容易改变	A．是的	B．介于 A、C 之间	C．不是的
22．工作中，我愿意	A．和别人合作	B．不确定	C．自己单独进行
23．我常常无缘无故地自言自语	A．常常如此	B．偶尔如此	C．从不如此
24．无论是工作、饮食还是外出游览，我总是	A．匆匆忙忙不能尽兴	B．介于 A、C 之间	C．从容不迫
25．有时我怀疑别人是否对我的言行真正有兴趣	A．是的	B．介于 A、C 之间	C．不是的
26．如果我在工厂里工作，我愿做	A．技术科的工作	B．介于 A、C 之间	C．宣传科的工作

问题	选项		
27. 我愿阅读	A. 有关太空旅行的书籍	B. 不太确定	C. 有关家庭教育的书籍
28. 本题后面列出 3 个词语，哪个与其他两个单词不同类	A. 狗	B. 石头	C. 牛
29. 如果我能到一个新的环境，我要	A. 把生活安排得和从前不一样	B. 不确定	C. 和从前一样
30. 在这一生中，我总觉得我能达到所预期的目标	A. 是的	B. 不一定	C. 不是的
31. 当我说谎时总觉得内心羞愧不敢正视对方	A. 是的	B. 不一定	C. 不是的
32. 假使我手里拿着一把装着子弹的手枪，我必须把子弹拿出来才能安心	A. 是的	B. 介于 A、C 之间	C. 不是的
33. 多数人认为我是一个说话风趣的人	A. 是的	B. 不一定	C. 不是的
34. 如果人们知道我内心的想法，他们会大吃一惊	A. 是的	B. 不一定	C. 不是的
35. 在公共场合，如果我突然成为大家注意的中心，就会感到局促不安	A. 是的	B. 介于 A、C 之间	C. 不是的
36. 我总喜欢参加规模庞大的晚会或集会	A. 是的	B. 介于 A、C 之间	C. 不是的
37. 在下列学科中，我喜欢	A. 音乐	B. 不一定	C. 手工劳动
38. 我常常怀疑那些出乎我意料的对我过于友善的人的动机是否诚实	A. 是的	B. 介于 A、C 之间	C. 不是的
39. 我愿意把我的生活安排得像一个	A. 艺术家	B. 不确定	C. 会计师
40. 我认为目前所需要的是	A. 多出现一些改造世界的理想家	B. 不确定	C. 脚踏实地的实干家
41. 有时候我觉得我需要剧烈的体力劳动	A. 是的	B. 介于 A、C 之间	C. 不是的
42. 我愿意跟有教养的人来往而不愿意同粗鲁的人交往	A. 是的	B. 介于 A、C 之间	C. 不是的
43. 在处理一些必须凭借智慧的事务时	A. 我的亲人表现得比一般人差	B. 普通	C. 我的亲人表现得超人一等
44. 当领导召见我时，我	A. 觉得可以趁机提出建议	B. 介于 A、C 之间	C. 总怀疑自己做错事
45. 如果待遇优厚，我愿意做护理精神病人的工作	A. 是的	B. 介于 A、C 之间	C. 不是的
46. 读报时，我喜欢读	A. 当今世界的基本问题	B. 介于 A、C 之间	C. 地方新闻
47. 在接受困难任务时，我总是	A. 有独立完成的信心	B. 不确定	C. 希望有别人的帮助和指导
48. 在游览时，我宁愿观看一个画家的写生，也不愿听大家的辩论	A. 是的	B. 不一定	C. 不是的
49. 我的神经脆弱，稍有点刺激就会战栗	A. 时常如此	B. 有时如此	C. 从不如此
50. 早晨起来，常常感到疲乏不堪	A. 是的	B. 介于 A、C 之间	C. 不是的
51. 如果待遇相同，我愿选做	A. 森林管理员	B. 不一定	C. 中小学教师
52. 每逢过年过节或亲友结婚时，我	A. 喜欢赠送礼品	B. 不太确定	C. 不愿相互送礼

问题	选项		
53. 本题所列三个数字，哪个数字与其他两个数字不是同类	A. 5	B. 2	C. 7
54. 猫和鱼就像牛和	A. 牛奶	B. 木材	C. 盐
55. 我在小学时敬佩的老师，到现在仍然值得我敬佩	A. 是的	B. 不一定	C. 不是的
56. 我觉得我确实有一些别人所不及的优良品质	A. 是的	B. 不一定	C. 不是的
57. 根据我的能力，即使让我做一些平凡的工作，我也会安心的	A. 是的	B. 不太确定	C. 不是的
58. 我喜欢看电影或参加其他娱乐活动的次数	A. 比一般人多	B. 和一般人相同	C. 比一般人少
59. 我喜欢从事需要精密技术的工作	A. 是的	B. 介于A、C之间	C. 不是的
60. 在有威望、有地位的人面前，我总是较为局促谨慎	A. 是的	B. 介于A、C之间	C. 不是的
61. 对于我来说在大众面前演讲或表演，是一件难事	A. 是的	B. 介于A、C之间	C. 不是的
62. 我愿意	A. 指挥几个人工作	B. 不确定	C. 和大家一起工作
63. 即使我做了一件让别人笑话的事，我也能坦然处之	A. 是的	B. 介于A、C之间	C. 不是的
64. 我认为没有人会幸灾乐祸地希望我遇到困难	A. 是的	B. 不确定	C. 不是的
65. 一个人应该考虑人生的真正意义	A. 是的	B. 不确定	C. 不是的
66. 我喜欢去处理被别人弄得一蹋糊涂的工作	A. 是的	B. 介于A、C之间	C. 不是的
67. 当我非常高兴时，总有一种"好景不长"的感受	A. 是的	B. 介于A、C之间	C. 不是的
68. 在一般困难情境中，我总能保持乐观	A. 是的	B. 不一定	C. 不是的
69. 迁居是一件极不愉快的事	A. 是的	B. 介于A、C之间	C. 不是的
70. 在年轻的时候，当我和父母的意见不同时	A. 保留自己的意见	B. 介于A、C之间	C. 接受父母的意见
71. 我希望把我的家庭	A. 建设成适合活动和娱乐的地方	B. 介于A、C之间	C. 成为邻里交往的一部分
72. 我解决问题时，多借助于	A. 个人独立思考	B. 介于A、C之间	C. 和别人互相讨论
73. 在需要当机立断时，我总是	A. 镇静地运用理智	B. 介于A、C之间	C. 常常紧张兴奋
74. 最近在一两件事情上，我觉得我是无辜受累的	A. 是的	B. 介于A、C之间	C. 不是的
75. 我善于控制我的表情	A. 是的	B. 介于A、C之间	C. 不是的
76. 如果待遇相同，我愿做一个	A. 化学研究工作者	B. 不确定	C. 旅行社经理
77. 以"惊讶"与"新奇"搭配为例，"惧怕"与（　　　）搭配	A. 勇敢	B. 焦虑	C. 恐怖

续表

问题	选项		
78．本题所列三个分数，哪一个分数与其他两个分数不同类	A．3/7	B．3/9	C．3/11
79．不知为什么，有些人总是回避我	A．是的	B．不一定	C．不是的
80．我虽然好意待人，但常常得不到好报	A．是的	B．不一定	C．不是的
81．我不喜欢争强好胜的人	A．是的	B．介于A、C之间	C．不是的
82．和一般人相比，我的朋友的确太少	A．是的	B．介于A、C之间	C．不是的
83．不在万不得已的情况下，我总是回避参加应酬性活动	A．是的	B．不一定	C．不是的
84．我认为对领导逢迎得当比工作表现更重要	A．是的	B．介于A、C之间	C．不是的
85．参加竞赛时，我总是注重竞赛过程，而不计较其成败	A．总是如此	B．一般如此	C．偶然如此
86．按照我个人的意愿，我希望做的工作是	A．有固定而可靠的工资收入	B．介于A、C之间	C．工资高低应随我的工作表现而随时调整
87．我愿意阅读	A．军事与政治的实事记载	B．不一定	C．富有情感的幻想的作品
88．我认为有许多人之所以不敢犯罪，其主要原因是怕被惩罚	A．是的	B．介于A、C之间	C．不是的
89．我的父母从来不严格要求我事事顺从	A．是的	B．不一定	C．不是的
90．"百折不挠，再接再厉"的精神常常被人们所忽略	A．是的	B．不一定	C．不是的
91．当有人对我发火时，我总是	A．设法使他镇静下来	B．不太确定	C．自己也会发起火来
92．我希望人们要友好相处	A．是的	B．不一定	C．不是的
93．不论是在极高的屋顶上，还是在极深的隧道中，我很少感到胆怯不安	A．是的	B．介于A、C之间	C．不是的
94．只要没有过错，不管别人怎么说，我总能心安理得	A．是的	B．不一定	C．不是的
95．我认为凡是无法用理智来解决的问题，有时就不得不靠强权处理	A．是的	B．介于A、C之间	C．不是的
96．我在年轻的时候，和异性朋友交往	A．较多	B．介于A、C之间	C．较少
97．我在社团活动中，是一个活跃分子	A．是的	B．介于A、C之间	C．不是的
98．在人声嘈杂中，我仍能不受干扰，专心工作	A．是的	B．介于A、C之间	C．不是的
99．在某些心境下，我常常因为困惑陷入空想而将工作搁置下来	A．是的	B．介于A、C之间	C．不是的
100．我很少用难堪的语言去刺伤别人的感情	A．是的	B．不太确定	C．不是的
101．如果让我选择，我宁愿选做	A．列车员	B．不确定	C．描图员
102．"理不胜词"的意思是	A．理不如词	B．理多而词少	C．词藻华丽而理不足

续表

问题	选项		
103. 以"铁锹"与"挖掘"搭配为例,我认为"刀子"与( )搭配	A. 琢磨	B. 切割	C. 铲除
104. 我在大街上,常常避开我所不愿意打招呼的人	A. 极不如此	B. 偶然如此	C. 有时如此
105. 当我聚精会神地听音乐时,假使有人在旁边高谈阔论	A. 我仍能专心听音乐	B. 介于A、C之间	C. 因为不能专心而感到恼怒
106. 在课堂上,如果我的意见与老师不同,我常常	A. 保持沉默	B. 不一定	C. 表明自己的看法
107. 我单独跟异性谈话时,总显得不自然	A. 是的	B. 介于A、C之间	C. 不是的
108. 我在待人接物方面,的确不太成功	A. 是的	B. 不完全这样	C. 不是的
109. 从事一件困难工作时,我总是	A. 预先做好准备	B. 介于A、C之间	C. 相信到时候总会有办法解决的
110. 在我结交朋友中,男女各占一半	A. 是的	B. 介于A、C之间	C. 不是的
111. 我在结交朋友方面	A. 结识很多的人	B. 不一定	C. 维持几个深交的朋友
112. 我愿意作一个社会科学家,而不愿作一个机械工程师	A. 是的	B. 不太确定	C. 不是的
113. 如果我发现别人的缺点,我常常不顾一切地提出指责	A. 是的	B. 介于A、C之间	C. 不是的
114. 我喜欢设法影响和我一起工作的同事,使他们能协助我所计划的目的	A. 是的	B. 介于A、C之间	C. 不是的
115. 我喜欢做音乐、跳舞、新闻采访等工作	A. 是的	B. 不一定	C. 不是的
116. 当人们表扬我的时候,我总觉得羞愧窘促	A. 是的	B. 介于A、C之间	C. 不是的
117. 我认为一个国家最需要解决的问题是	A. 政治问题	B. 不太确定	C. 道德问题
118. 有时我会无故地产生一种大祸临头的恐惧	A. 是的	B. 有时如此	C. 不是的
119. 我在童年时,害怕黑暗的次数	A. 很多	B. 不太多	C. 几乎没有
120. 在闲暇的时候,我喜欢	A. 看一本历史性的探险小说	B. 不一定	C. 读一本科学性的幻想小说
121. 当人们批评我古怪不正常时,我	A. 非常气恼	B. 有些气恼	C. 无所谓
122. 当来到一个新城市里找地址时,我常常	A. 找人问路	B. 介于A、C之间	C. 参考地图
123. 当朋友声明要在家休息时,我总是设法怂恿她同我一起到外面去玩	A. 是的	B. 不一定	C. 不是的
124. 在就寝时,我常常	A. 不易入睡	B. 介于A、C之间	C. 极易入睡
125. 有人烦扰我时,我	A. 能不露声色	B. 介于A、C之间	C. 总要说给别人听,以发泄愤怒
126. 如果待遇相同,我愿做一个	A. 律师	B. 不确定	C. 航海员
127. "时间变成了永恒"这是比喻	A. 时间过得快	B. 忘了时间	C. 光阴一去不复返
128. 本题后的哪一项应接在"×0000×××00××"的后面	A. ×0×	B. 00×	C. 0××
129. 我不论到什么地方,都能清楚地辨别方向	A. 是的	B. 介于A、C之间	C. 不是的

续表

问题	选项		
130．我热爱自己所学的专业和所从事的工作	A．是的	B．不一定	C．不是的
131．如果我急于想借朋友的东西，而朋友又不在家时，我认为不告而取也没有关系	A．是的	B．介于A、C之间	C．不是的
132．我喜欢给朋友讲述一些我个人有趣的经历	A．是的	B．介于A、C之间	C．不是的
133．我宁愿做一个	A．演员	B．不确定	C．建筑师
134．在业余时间，我总是做好安排，不使时间浪费	A．是的	B．介于A、C之间	C．不是的
135．在和别人交往中，我常常会无缘无故地产生一种自卑感	A．是的	B．介于A、C之间	C．不是的
136．和不熟识的人交谈，对我来说	A．毫不困难	B．介于A、C之间	C．是一件难事
137．我所喜欢的音乐是	A．轻松活泼的	B．介于A、C之间	C．富有感情的
138．我爱想入非非	A．是的	B．不一定	C．不是的
139．我认为未来20年的世界局势，定将好转	A．是的	B．不一定	C．不是的
140．在童年时，我喜欢阅读	A．神话幻想故事	B．不确定	C．战争故事
141．我向来对机械、汽车等发生兴趣	A．是的	B．介于A、C之间	C．不是的
142．即使让我做一个缓刑释放的罪犯的管理人，我也会把工作搞得很好	A．是的	B．介于A、C之间	C．不是的
143．我仅仅被认为是一个能够苦干而稍有成就的人而已	A．是的	B．介于A、C之间	C．不是的
144．就是在不顺利的情况下，我仍能保持精神振奋	A．是的	B．介于A、C之间	C．不是的
145．我认为节制生育是解决经济与和平问题的重要条件	A．是的	B．不太确定	C．不是的
146．在工作中，我喜欢独自筹划，不愿受别人干涉	A．是的	B．介于A、C之间	C．不是的
147．尽管有的同事和我的意见不和，但仍能团结她	A．是的	B．介于A、C之间	C．不是的
148．我在工作和学习上，总是使自己不粗心大意，不忽略细节	A．是的	B．介于A、C之间	C．不是的
149．在和人争辩或险遭事故后，我常常表现出震颤，筋疲力尽，不能安心工作	A．是的	B．介于A、C之间	C．不是的
150．未经医生处方，我是从不乱吃药的	A．是的	B．介于A、C之间	C．不是的
151．根据我个人的兴趣，我愿意参加	A．摄影组织活动	B．不确定	C．文娱活动
152．以"星火"与"燎原"搭配为例，我认为"姑息"与（　　）搭配	A．同情	B．养奸	C．纵容
153．"钟表"与"时间"的关系犹如"裁缝"与（　　）的关系	A．服装	B．剪刀	C．布料
154．生动的梦境，常常干扰我的睡眠	A．经常如此	B．偶然如此	C．从不如此
155．我爱打抱不平	A．是的	B．介于A、C之间	C．不是的
156．如果我要到一个新城市，我将要	A．到处闲逛	B．不确定	C．避免去不安全的地方
157．我爱穿朴素的衣服，不愿穿华丽的服装	A．是的	B．不太确定	C．不是的
158．我认为安静的娱乐活动远远胜过热闹的宴会	A．是的	B．不太确定	C．不是的

问题	选项		
159. 我明知自己有缺点，但不愿接受别人的批评	A. 偶然如此	B. 极少如此	C. 从不如此
160. 我总是把"是非善恶"作为处理问题的原则	A. 是的	B. 介于A、C之间	C. 不是的
161. 当我工作时，我不喜欢有许多人在旁边参观	A. 是的	B. 介于A、C之间	C. 不是的
162. 我认为，侮辱那些即使有错误但有文化教养的人，如医生，教师等也是不应该的	A. 是的	B. 介于A、C之间	C. 不是的
163. 下列课程中，我喜欢	A. 语文	B. 不确定	C. 数学
164. 那些自以为是、道貌岸然的人使我生气	A. 是的	B. 介于A、C之间	C. 不是的
165. 和循规蹈矩的人交谈	A. 很有兴趣，并有所获的	B. 介于A、C之间	C. 他们的思想简单，使我太厌烦
166. 我喜欢	A. 有几个有时对我很苛求但富有感情的朋友	B. 介于A、C之间	C. 不受别人的干扰
167. 如果征求我的意见，我赞同	A. 切实制止精神病患者和智能低下的人生育	B. 不确定	C. 杀人犯必须判处死刑
168. 有时我会无缘无故地感到沮丧，痛哭	A. 是的	B. 介于A、C之间	C. 不是的
169. 当和立场相反的人争辩时，我主张	A. 尽量找出基本概念的差异	B. 不一定	C. 彼此让步
170. 我一向重感情而不重理智，因而我的观点常常动摇不定	A. 是的	B. 不一定	C. 不是的
171. 我的学习多赖于	A. 阅读书刊	B. 介于A、C之间	C. 参加集体讨论
172. 我宁愿选择一个工资较高的工作，不在乎是否有保障，而不愿做工资低的工作	A. 是的	B. 不一定	C. 不是的
173. 在参加讨论时，我总是能把握自己的立场	A. 经常如此	B. 一般如此	C. 必要时才如此
174. 我常常被一些无关紧要的小事所烦扰	A. 是的	B. 介于A、C之间	C. 不是的
175. 我宁愿住在嘈杂的闹市区，也不愿住在僻静的郊区	A. 是的	B. 不太确定	C. 不是的
176. 下列工作如果任我挑选的话，我愿做	A. 少先队辅导员	B. 不太确定	C. 修表工作
177. 一人（　　）事，人人受累	A. 债	B. 愤	C. 喷
178. 望子成龙的家长往往（　　）苗助长	A. 揠	B. 堰	C. 偃
179. 天气的变化并不影响我的情绪	A. 是的	B. 介于A、C之间	C. 不是的
180. 因为我对一切问题都有一些见解，所以大家都认为我是一个有头脑的人	A. 是的	B. 介于A、C之间	C. 不是的
181. 我讲话的声音	A. 洪亮	B. 介于A、C之间	C. 低沉
182. 一般人们认为我是一个活跃热情的人	A. 是的	B. 介于A、C之间	C. 不是的
183. 我喜欢做出差机会较多的工作	A. 是的	B. 介于A、C之间	C. 不是的
184. 我做事严格，力求把事情办得尽善尽美	A. 是的	B. 介于A、C之间	C. 不是的
185. 在取回或归还所借的东西时，我总是仔细检查，看是否保持原样	A. 是的	B. 介于A、C之间	C. 不是的
186. 我通常是精力充沛，忙碌多事	A. 是的	B. 不一定	C. 不是的
187. 我确信我没有遗漏或漫不经心地回答上面的任何问题	A. 是的	B. 不确定	C. 不是的

【说明】

16 种人格因素问卷是美国伊利诺伊州立大学人格及能力测验研究所卡特尔教授编制的用于人格检测的一种问卷，简称16PF。16PF 适用于16 岁以上的青年和成人，现有5 种版本：A、B 本为全版本，各有187 个项目；C、D 本为缩减本，各有106 个项目；E本适用于文化水平较低的被试，有128 个项目。我国现在通用的是美籍华人刘永和博士在卡特尔的赞助下，与伊利诺伊州立大学人格及能力研究所的研究员梅瑞狄斯博士合作，于1970 年发表的中文修订本，其常模是由2000 多名中国台湾、香港地区学生得到的。

该问卷从乐群、聪慧、自律、独立、敏感、冒险、怀疑等16 个相对独立的人格特点对人进行描绘，并可以了解应试者在环境适应、专业成就和心理健康等方面的表现。在人事管理中，16PF 能够预测应试者的工作稳定性、工作效率和压力承受能力等。可广泛应用于心理咨询、人员选拔和职业指导的各个环节，为人事决策和人事诊断提供个人心理素质的参考依据。

本项测验共包括16 种性格因素的测评，以下是各项性格因素所包括的测试题。

A：3，26，27，51，52，76，101，126，151，176。

B：28，53，54，77，78，102，103，127，128，152，153，177，178，180。

C：4，5，29，30，55，79，80，104，105，129，130，154，179。

E：6，7，3l，32，56，57，81，106，131，155，156，180，181。

F：8，33，58，82，83，107，108，132，133，157，158，182，183。

G：9，34，59，84，109，134，159，160，184，185。

H：10，35，36，60，61，85，86，110，111，135，136，161，186。

I：11，12，37，62，87，112，137，138，162，163。

L：13，38，63，64，88，89，113，114，139，164。

M：14，15，39，40，65，90，91，115，116，140，141，165，166。

N：16，17，41，42，66，67，92，117，142，167。

O：18，19，43，44，68，69，93，94，118，119，143，144，168。

Q1：20，21，45，46，70，95，120，145，169，170。

Q2：22，47，71，72，96，97，121，122，146，171。

Q3：23，24，48，73，98，123，147，148，172，173。

Q4：25，49，50，74，75，99，100，124，125，149，150，174，175。

【评判标准】

下列题凡是选以下对应的选项加1 分，否则加0 分：28．B　53．B　54．B　77．C78．B　102．C　103．B　127．C　128．B　152．B　153．C　177．A　178．A

下列每题凡是选 B 均加1 分，选以下对应的选项加2 分，否则加0 分：3．A　4．A5．C　6．C　7．A　8．C　9．C　10．A　11．C　12．C　13．A　14．C　15．C　16．C17．A　18．A　19．C　20．A　21．A　22．C　23．C　24．C　25．C　26．C　27．C29．C　30．C　31．C　32．C　33．A　34．C　35．C　36．A　37．A　38．A　39．A

40．A　41．C　42．A　43．A　44．C　45．C　46．A　47．A　48．A　49．A　50．A
51．C　52．A　55．A　56．A　57．C　58．A　59．C　60．C　61．C　62．C　63．C
64．C　65．C　66．C　67．C　68．C　69．C　70．A　71．A　72．A　73．A　74．A
75．C　76．C　79．C　80．C　81．C　82．C　83．C　84．C　85．C　86．C　87．C
88．A　89．C　90．C　91．C　92．C　93．C　94．C　95．C　96．C　97．C　98．A
99．A　100．C　101．A　104．A　105．A　106．C　107．C　108．C　109．A　110．A
111．A　112．A　113．A　114．A　115．A　116．A　117．A　118．A　119．A　120．C
121．C　122．C　123．C　124．A　125．C　126．A　129．A　130．A　131．A　132．A
133．A　134．A　135．A　136．A　137．A　138．A　139．A　140．A　141．C　142．A
143．A　144．C　145．A　146．A　147．A　148．A　149．A　150．A　151．C　154．C
155．A　156．A　157．C　158．C　159．C　160．A　161．C　162．C　163．C　164．C
165．C　166．C　167．A　168．A　169．A　170．C　171．C　172．C　173．A　174．A
175．C　176．A　179．C　180．A　181．A　182．A　183．A　184．A　185．A　186．A

第1、2、187题不计分。

将每项因素所包括的测试题得分加起来，就是该项性格因素的原始得分。

分数解释与适宜职业如下。

（1）因素A——乐群性。

① 高分者：开朗、热情、随和，易于建立社会联系，在集体中倾向于承担责任和担任领导之职，在职业中容易得到晋升。推销员、企业经理、教师、会计、社会工作者等多具有此种特质。

② 低分者：保守、孤僻、严肃、退缩、拘谨、生硬。在职业上倾向于从事富于创造性的工作，如科学家（尤其是物理学家和生物学家）、艺术家、音乐家和作家。

（2）因素B——智慧性。

① 高分者：聪明，富有才识，善于抽象思考。学习能力强，思考敏捷正确。适宜经过专业训练后的工作，如高科技技术人员、专业客户经理等。

② 低分者：较迟钝，思考能力差。适宜一些琐事性工作，如杂务工等。

（3）因素C——稳定性。

① 高分者：情绪稳定、成熟，能够面对现实，在集体中较受尊重。容易与别人合作，多倾向于从事技术性工作、管理性工作及飞行员、护士、研究人员、运动员等工作。

② 低分者：情绪不稳定、幼稚、意气用事。当事业和爱情受挫时情绪沮丧，不易恢复。多倾向于从事会计、办事员、艺术家、售货员等职业。

（4）因素E——影响性。

① 高分者：武断、盛气凌人、争强好胜、固执己见。有时表出反传统倾向，不循规蹈矩，在集体活动中有时不遵守纪律。社会接触较广泛。在学校学习期间，学习成绩一般或稍差。在大学期间可能表现出较强的数学能力。创造性和研究能力较强，经商能力稍差。在职业上，倾向于管理人员、艺术家、工程师、心理学家。

②低分者：谦卑、温顺、随和、惯于服从。职业选择倾向于咨询顾问、医生、办事员。

（5）因素F——活泼性。

①高分者：轻松、愉快、逍遥、放纵，社会联系广泛，在集体中较引人注目。在职业上，倾向于运动员、经商者、空中小姐等。

②低分者：节制、自律、严肃、沉默寡言。学术活动能力比社会活动能力强一些。职业上倾向于会计、行政人员、教授、科研人员等。

（6）因素G——有恒性

①高分者：真诚、重良心、有毅力、执着、道德感强，孝敬、尊重父母。工作勤奋，睡眠较少，在直接接触的小群体中会自然而然地成为领导性人物。在职业上倾向于会计、百货公司经理等。

②低分者：自私、唯利是图、不讲原则、不守规则，不尊重父母，对异性较随便，缺乏社会责任感。在职业上倾向于艺术家、作家、记者等。

（7）因素H——交际性。

①高分者：爱冒险、在社会行为方面胆大妄为，副交感神经占支配地位。在职业上，倾向于竞技体育运动员、音乐工作者等。

②低分者：害羞、胆怯、易受惊怕。交感神经占支配地位。在职业上，倾向于编辑人员、农业技术人员。

（8）因素I——情感性。

①高分者：细心、敏感、依赖性强；遇事优柔寡断，缺乏自信。在职业上倾向于美术工作者、行政人员、社会科学家、社会工作者、编辑。

②低分者：粗心、自立、现实。喜爱参加体育活动，通常身体较健康；遇事果断、自信。职业上倾向于工程师、电气技师、警察等。

（9）因素L——怀疑性。

①高分者：多疑、戒备，不易受欺骗，易困，多睡眠。在团队中与他人保持距离，缺乏合作精神。职业上倾向于编辑、管理人员、创造性科学研究人员。

②低分者：真诚、合作、宽容、容易适应环境。在集体中容易与人形成良好的关系。职业上倾向于会计、炊事员、电气技师、机械师、生物学家、物理学家。

（10）因素M——想象性。

①高分者：富于想象，生活豪放不羁，对事漫不经心，通常在中学毕业后努力争取继续学习而不是早早就业。在集体中不太被人们看重，不修边幅，不重整洁，粗枝大叶。经常变换工作，不易被晋升。具此种特质的人大多属于艺术家。

②低分者：现实、脚踏实地、处事稳妥，具忧患意识，办事认真谨慎。宜从事交警、机场地勤等。

（11）因素N——世故性。

①高分者：机敏、狡黠、圆滑、世故，人情练达，善于处世。在社会中容易取得

较好的地位，善于解决疑难问题，在集体中受到人们的重视。职业上倾向于心理学家、企业家、商人等。

② 低分者：直率、坦诚、不加掩饰、不留情面，有时显得过于刻板，不为社会所接受。在社会中不易取得较高地位。职业上倾向于艺术家、汽车修理工、矿工、厨师、警卫。

（12）因素 O——忧虑性。

① 高分者：忧郁、自责、缺乏安全感，焦虑、不安、自扰、杞人忧天。朋友较少，在集体中既无领袖欲望，亦不被推选为领袖。常对环境进行抱怨，牢骚满腹。害羞、不善言词、爱哭。职业上倾向于艺术家、农业工人等。

② 低分者：自信、心平气和、坦然、宁静，有时自负、自命不凡、自鸣得意，容易适应环境，知足常乐。职业上倾向于竞技体育运动员、行政人员、物理学家、机械师。

（13）因素 Q1——变革性。

① 高分者：好奇，喜欢尝试各种可能性，思想自由、开放、激进，接近进步的政治党派。对宗教活动不够积极，身体较健康，在家庭中较少大男子主义。职业倾向于艺术家、作家、会计、工程师、教授。

② 低分者：保守、循规蹈矩、尊重传统。职业倾向于运动员、机械师、军官、音乐家、商人、警察、厨师、保姆。

（14）因素 Q2——独立性。

① 高分者：自信、有主见、足智多谋。遇事勇于自己做主，不依赖他人，不推诿责任。职业上倾向于创造性工作，如艺术家、工程师、科学研究人员、教授、作家。

② 低分者：依赖性强，缺乏主见，在集体中经常是一个随波逐流的人，对于权威是一个忠实的追随者。职业上倾向于厨师、保姆、护士、社会工作者。

（15）因素 Q3——自律性。

① 高分者：有较强的自制力、较坚定的意志力量，较坚决地追求自己的理想，有良好的自我感觉和自我评价，在集体中，可以提出有价值的建议。职业上倾向于大学行政领导、飞行员、科学家、电气技师、警卫、机械师、厨师、物理学家。

② 低分者：不能自制、不遵守纪律、松懈、随心所欲、为所欲为、漫不经心、不尊重社会规范。在职业上倾向于艺术家。

（16）因素 Q4——紧张性。

① 高分者：紧张、有挫折感，经常处于被动局面，神经质、不自然、做作。在集体中很少被选为领导，通常感到不被别人尊重和接受，经常自叹命薄。职业倾向于农业工人、售货员、作家、记者。

② 低分者：放松、平静、不敏感，有时反应迟钝。很少有挫折感，遇事镇静自若。职业倾向于空中小姐、海员、地理学家、物理学家。

心理训练

独一无二的我

目的： 每个人心底总有象征自己内心的动物或植物形象，这个形象体现了个体本来的人格面目，就像有的人喜欢马，或许象征他对驰骋于天地间的自由的向往；有的人喜欢刺猬，也许表明了他敏感、容易焦虑、缺乏安全感的性格特质；有的人觉得自己像白兔，或许象征他总觉得自己在生活中更像一个柔弱的易受伤害者。

操作： 在下面的方框中如实填写自己心目中的动物或植物形象，并说明理由。

假如让我用一种动物来代表我自己，我会选择的动物是：

理由是：

假如让我用一种植物来代表我自己，我会选择的植物是：

理由是：

第四章　我的学习，我来做主——大学生学习心理

2002 年奥斯卡金像奖获奖片《美丽心灵》是根据诺贝尔经济学奖得主约翰·纳什的真实生平改编的，巧妙地展现了偏执型精神分裂症患者的幻觉世界。长相英俊而性格十分古怪的纳什早年就作出了惊人的数学发现，开始享有国际声誉。但纳什出众的直觉受到了妄想型精神分裂症的困扰，使他向学术上最高层次进军的辉煌历程发生了巨大改变。面对这个曾经击毁了许多人的挑战，纳什在深爱着的妻子艾丽西亚·纳什的帮助下，毫不畏惧、顽强抗争。经过了几十年的艰难努力，他终于战胜了这个不幸，并于 1994 年获得诺贝尔经济学奖。

纳什的世界"内外"分明。在外人看来，这是一个没有生活情趣、完全没有想象力的书呆子，而内里绝对是惊涛骇浪，友谊、亲情、特工、国家机密、追杀，样样具有，他的思维组织创造了这一切，并将其最大化逼真。一个印象深刻的场景是纳什和一班同学坐在学校的酒馆里喝啤酒，这时，进来了 3 个女孩，其中一个是特别漂亮的金发美女，当其他人对金发美女评头论足的时候，纳什迅速在脑海里设计出了一个唯一能确保成功约到这个美女的模型，可他并不付诸实施，而是飞奔回寝室，将其写在了玻璃窗上。

在整个影片中，纳什出现的几个幻觉形象从心理分析的角度来说非常有代表性。一个是纳什为了缓解内在对失败的焦虑创造出的第一个幻想中的人物——葡萄牙室友查尔斯。查尔斯无疑就是纳什本我意识的一种体现，也是他精神分裂的元凶。影片中纳什还出现了国防部官员帕彻的幻觉，这是由纳什的英雄情结产生的，代表着罪恶的原型，他野蛮、粗暴、专横，破坏力十足。至于那个小女孩马休，她更可以被看作是纳什真实自我的投射：孤单、无助、楚楚可怜，需要别人的爱抚。卸下"天才"的人格面具后，纳什在本质上就是这样一个纯真又脆弱的大孩子。伟人们有越高的建树，就会越显得孤独无助。于是，在这 3 个由纳什的真实自我构建出来的本我人物不停地纠缠中，纳什丧失了社会中的自我。理性和现实原则与精神分裂的纳什已相去甚远。

受这 3 个本我人物的鞭策，纳什近乎疯狂地研究符号学理论。纳什的成就，就是这 3 个虚构人物的自我成就，但这种自我成就就更加深了纳什的精神分裂，矛盾激化到高潮。

美丽心灵，可以理解为纳什为国家奉献的英雄主义，以及艾丽西亚对纳什无限的爱。正是因为他们都拥有的美丽心灵，才能使纳什在精神分裂的悬崖上重归现实。当本我与自我在人生中激烈战斗的时候，超我才得以实现；当本我与自我共同实现超我时，个体将获得一生的最高成就。

第一节　我是艺术人才，还是科学人才

艺术家的特点是敏感、容易受到暗示，很少有"客观的"标准，很多生活在想象的世界中。科学家则相反，科学家不太喜欢受外界的影响，对于他人的评价有自己的看法，不受外界环境的干扰。美国心理学家赫尔曼·威特金认为，有些人知觉时较多地受他所看到的环境信息的影响，有些人则较多地受身体内部线索的影响。他把个体较多依赖自己内部的参照，不易受外来因素影响和干扰，独立对事物作出判断的称为场独立型；把个体较多地依赖自己所处环境的外在参照，在环境的刺激交往中定义知识、信息的称为场依存型。所谓场，就是环境，心理学家把外界环境描述为一个场。

第二次世界大战期间，飞机驾驶员常因在云雾中机身翻滚而失去方位感，因而造成失事。为了减少飞机失事，就需要对应征者的方位知觉判断力进行测试。最初的测试方法：让被试者坐在一个可调整的倾斜房间里，椅子本身可以做各种角度的转动。房间与椅子的转动有时方向一致，有时方向不一致。这时要求被试者作出对上下方位的判断，并说出其身体与标准垂直线的角度。实验结果发现，有的人倾向于更多地利用自我内部的参照来认知，而很少受外界刺激改变的影响，对空间方位判断正确；有的人倾向于以外界的参照作为认知的依据，受外界刺激的影响大，对空间方位判断不正确。前一种人为场独立型，后一种人为场依存型。其研究表明，场依存型的个体和场独立型的个体会表现出不同的认知风格。

场依存型者是人际定向，往往更多地利用外在的社会参照来确定自己的态度和行为，特别是在模棱两可的情况下，他们比较注意别人提供的社会线索，优先注意他所参与的人际关系的情况，对其他人有较大兴趣，表现出善于与人交往的能力；在解决熟悉的问题时，不会发生困难，但让他们解决新问题则缺乏灵活性；一般较少独立性，易于接受外来的暗示。

场独立型者是非人际定向，在社会活动中不善于人际交往，对社会线索不敏感，社交能力差；在解决新问题时，善于抓住问题的关键，灵活地运用已有的知识来解决问题；更有主见，处事有自主精神。

研究结果还表明，场独立型者随年龄递增而增多，女性比男性更依存于场。但是，整体来说，场依存型者和场独立型者没有好坏之分，而且可以通过训练而得到改变。威特金的研究结果说明，对儿童进行艺术、音乐和体育训练，能有效地提高儿童的场独立性水平。

场独立型和场依存型的学生具有不同的活动特征和偏好，场独立型者更喜欢与人无关的、需要认知改组技能的领域；场依存型的学生则喜欢强调人与人之间的关系、重视社会交往技能的领域（表 4-1）。因此，在专业分化上，具有不同认知风格的学生将倾向进入与自己的认知风格一致的领域。从 1967 年开始，赫尔曼·威特金等人对 1584 名（男女各半）大学生进行了 10 年的追踪研究。在入学时进行集体测验，以确定他们是属于场依存型者或场独立型者。结果发现，这些学生从在大学入学时的选修科目，到大学最后的选科以及在研究生院或专科学校的选科，场独立型者往往偏爱需要认知改组技能的、与人无关的学科（如自然学科），而场依存型者则往往偏爱重视人际关系的学科（如初等教育）。另外，威特金还发现，刚入学时所选专业与自己的认知风格相符合时，学生将在该专业学习直至毕业，有的考入与该专业一致的研究生院；当学生的选择专业与自己的认知风格不符时，他们在大学阶段或考入研究生院时倾向于转入与自己的认知风格相一致的专业。并且学生从事与他们性格类型相一致的学科学习，其成绩比较好。许燕的研究表明，当教学方式与场依存型学生的认知方式相匹配时，能减轻这种学生在数学学习中的相对"劣势"。

表 4-1　场独立型者与场依存型者在学习上的不同特点比较

项目	场独立型者	场依存型者
学科兴趣	自然科学	社会科学
自然科学成绩	好	差
社会科学成绩	差	好
学习策略	独立自觉学习	易受暗示，学习欠主动
	由内在动机支配	由外在动机支配
教学偏好	结构不严密的教学	结构严密的教学

知识链接

美国一位叫霍华德·克莱贝尔的心理学家几年前曾做过一项调查，发现现在绝大多数人已习惯利用左脑去看待问题和思考生活，这样做的结果是使人感受轻松愉快的能力下降。不仅如此，过度使用左脑而忽视右脑，还是失眠、焦虑症、抑郁症等某些心理疾病的主因。

人的左右两个大脑半球是有严格分工的，左脑是"自身脑"，它属于逻辑的、理性的、功利的、个人经验的、分析的、计算的大脑，人要生存，就必须利用好左脑。左脑可以让人享受成功，却无法让人享受长久的幸福感。

而右脑则是"祖先的大脑"，它属于灵感的、直觉的、音乐的、艺术的、宗教的等可以产生美感和喜悦感的大脑。学者发现，学会使用右脑可以使人分泌更多的p-内啡肽，这种神经生化物质已被证明是能够使人产生幸福感的脑内"黄金"。使用右脑的人往往会花更多时间去冥想、散步、钓鱼、与人闲聊、欣赏古典音乐。过度使用左脑则必然会使人处在一种非放松状态，从而使人体内产生过多的去甲肾上腺素和活性氧，这两种物质大量和长时间存在，对人体是非常有害的，能引起心身疾病。

通过训练和使用右脑会使人的心智更加健全，生活更加幸福。训练和使用右脑最直接的方法是散步、吟唱、垂钓、放眼夜空、重视直觉能力等。

一些研究还表明，在学习兴趣和职业兴趣上，场独立型和场依存型者也表现出明显的差异。张厚粲的研究表明，场独立型与数学能力之间存在正相关。理科学生更偏向于场独立型，而文科学生偏向于场依存型。

场独立型的大学生选择职业时更容易一些，而且他们的职业兴趣更专业化，职业兴趣和职业目标比较一致；场依存型大学生在选择职业时常犹豫不定，感到为难。场依存型的大学生更可能选择的学科有社会学、人文学科、语言学、初等教育学、教育学、临床心理学、写作、护理等；场独立型的大学生更可能选择的学科有自然科学、数学、艺术、实验心理学、工程学、建筑学等。

在学习过程中，学习材料是否包含社会性内容，对学习效果有显著的影响。场依存型者尤其善于学习与记忆包含社会性内容的材料。场独立型者，在学习缺乏组织的材料时，其学习效果要优于场依存型者。此外，场独立型者还比较喜欢抽象的、理论的学习材料，而不喜欢学习具体的知识，他们的概括能力比场依存型学生高，但两者在获得的知识量上没有差异。另外研究还发现，场独立型学习者通常以内在动机为主，对学习材料本身感兴趣；而场依存型者则较依赖外部反馈，在受到批评或打击时，学习成绩容易下降。学习相同的材料时，不同的场型者对材料的感知也不相同，有的凭借所给材料的一部分就可得出结论，而有些则有赖于全部学习材料。

研究者用两种传统概念形成过程的理论模型来研究场依存型者和场独立型者的差异。第一种模型是让学习者发挥积极作用，学习者先对概念作出一个假设，通过运用概念等级标准来验证假设。如果发现这个假设是他们所需要的，这一假设就被公式化，作为学习策略来获得正确概念。第二种模型是让学习者处于被动地位，充当旁观者的角色。当学习者看到概念的新事例时，逐渐确定不变的相关特征，而去掉那些易变的不相关特征。研究者画出了场依存型者和场独立型者获得概念过程的曲线。结果是场独立型被试在开始一段时间试来试去，曲线（精确度）没有多大变化，一旦判断标准确立，就会产生飞跃。而场依存型被试的学习曲线是渐进性的，他们的进步是渐进性的。许多研究表明，当线索特征与概念的定义无关时，场独立型者学习得更快；而当与概念有关的线索非常明显时，场依存型者学习得更快。上述研究结果表明，场依存型者和场独立型者偏爱不同的学习策略，其各自的注意事项如表4-2所示。

表4-2　不同类型学习者的注意事项

学习者类型	优势	劣势	注意事项
场独立型	善于从整体中分析出各个元素，喜欢学习无结构的材料，不太喜欢受外界的影响，对于他人的评价有自己的看法，不受外界环境的干扰	倾向于冲动、冒险，容易过分主观	应注意把教师等的要求与自己的想法相协调，使自己的做法与外界相辅相成
场依存型	善于把握整体，善于学习系统化、条理化的材料，喜欢与同伴一起讨论或进行协作学习，注意环境的要求，很容易适应环境，受大家欢迎，受内在动机支配	表现较为谨慎，不愿冒险，但受到批评时，很容易受影响，学习的积极性下降，容易受外界环境的干扰，学习欠主动，受外在动机支配	应注意不轻易受他人评价的影响。尤其当他人提出批评时，应分析原因，并考虑自己应该怎样努力，而不能就此气馁

　　研究认为，场依存型学生在自然情境下习得第二语言效果更好，而场独立型学生在课堂情境下学习第二语言效果更佳。因为场依存型的人具有较熟练的社交技能，因而能更经常地同第二语言的讲话者接触，因此得到了更多的语言输入；而场独立型的人具有较强的分析能力，因而能更好地掌握语言的语法规则。有研究人员对293名第一学期选修西班牙语的大学生进行了研究，结果发现，语言知识和综合测试的成绩与场独立型有显著的正相关。而我国学者研究的总体结论是：在语言学习中，场独立型者以语言能力见长，而场依存型者则长于功能交际。但总的来说，场独立型者更有利于外语的教与学。

　　总之，认知风格影响着人类的认知活动。了解自己的认知风格，在学习中充分考虑自己的认知差异，才能有效地取得好成绩。

第二节　学 习 规 划

　　大学是人生的关键阶段。这是因为，进入大学是你一生中第一次放下高考的重担，开始追逐自己的理想、兴趣；这是你第一次离开家庭生活，独立参与团体和社会生活；这是你第一次不再单纯地学习或背诵书本上的理论知识，而是有机会在学习理论的同时亲身实践；这是你第一次不再由父母安排生活和学习中的一切，而是有足够的自由处置生活和学习中遇到的各类问题，支配所有属于自己的时间。大学之所以是人生的关键阶段，还因为有一生中的许多"最后一次"：最后一次有机会系统性地接受教育；最后一次能够全新地建立你的知识基础；最后一次可以将大段时间用于学习；最后一次可以拥有较高的可塑性、可以不断修正自我；最后一次能在相对宽容的、可以置身其中的理想环境中学习为人处世之道。大学是一生中学习能力提升最大时期，是把"基础学习"和"进入社会"这两个阶段衔接起来的重要时期。因此，在大学中，要努力培养自己的学习能力，提高自己的学习境界，让自己成为一个擅长终身学习的人。在这个阶段，大学生要认真把握每一个"第一次"，让它成为未来人生道路的基石；也要珍惜每一个"最后一次"，不让自己在不远的将来追悔莫及。大学的学习内容、方法和要求与中学阶段相比发生了很大的变化。要想真正学到知识和本领，除了继续发扬勤奋刻苦的学习精神外，还要适应大学的教学规律，掌握大学的学习特点，选择适合自己的学习方法。

首先，学习动力问题。面对新的环境，一些大学生在经历了高中阶段的刻苦学习之后，产生了松劲的念头，加上大学学习的竞争有着"隐性"的特点，所以在具有强烈学习愿望的同时，推动这一愿望变成行动的动力强度又往往不足，"想法多，行动少"是大学生普遍存在的心态，不少学生热衷于课外兼职或社团活动，对待学习消极马虎。另外，学习成绩已经不是大学生追求的唯一目标，恋爱、游戏、体育和其他娱乐活动会占用学习的时间，如果再对所学专业缺乏兴趣，学习就成了大问题。因此，大学生在第一年就应该有明确的生涯规划，考虑好自己的发展方向，清楚地了解未来将要从事职业的素质要求，合理地利用时间来培养自己的各种能力。不同专业的知识虽然有很大的不同，但是对大学究竟学什么则有共识，即掌握独立思考问题、独立分析问题、独立解决问题的能力。大学所学知识之后都会过时，但是方法和智慧将永远有用。

其次，大学学习与中学学习截然不同的特点是依赖性的减少，代之以主动自觉的学习。在大学，知识的深度和广度比中学要大为扩展，课堂教学往往是提纲挈领式的，教师在课堂上只讲难点、疑点、重点或者是教师最有心得的一部分，其余部分就要由学生自己去攻读、理解、掌握。大部分时间是留给学生自学的。因此，培养和提高自学能力，是大学生必须具备的本领。大学的学习不能像中学那样完全依赖教师的计划和安排，学生不能只是单纯地接受课堂上的教学内容，必须充分发挥主观能动性，发挥自己在学习中的潜力。这种充分体现自主性的学习方式，将贯穿大学学习的全过程，并反映在大学生活的各个方面。例如，学习计划的自主安排、学习内容和学习方法的自主选择等。培养自学能力，是适应大学学习自主性特点的一个重要方面，每个大学生都要养成自学的习惯。当今社会，知识更新越来越快，3年左右的时间人类的知识量就会翻一番，大学毕业了，不会自学或没能养成自学的本领，不会更新知识是不行的。因此，培养和提高自学能力，是大学生在大学期间必须完成的一项重要任务，也是进行终身学习的基本条件。在学习方法的选择上，大学生更应发挥自主性。大学的学习，不再是死记硬背老师所讲的内容，而是按照自己的学习目标和专业要求，选择、吸收有用的知识。在方法上要自主选择，靠自己去理解和消化所学的知识。

再次，大学教育具有最明显的专业性特点。从报考大学的那一刻起，专业方向的选择就摆在了考生面前，被大学录取，专业方向就已经确定了。大学学习的内容都是围绕着这一大方向来安排的。大学的学习实际上是一种高层次的专业学习，这种专业性，是随着社会对本专业要求的变化和发展而不断深入的，知识不断更新，知识面也越来越宽。为适应当代科技发展既高度分化又高度综合的特点，这种专业性通常只能是一个大致的方向，而更具体、更细致的专业目标是在大学的学习过程中或是在将来走向社会后，才能最终确定下来。因此，大学生在进行专业学习的同时，还要兼顾适应科技发展和社会对人才综合性知识的要求，尽可能拓展知识综合性，以增强毕业后对社会工作的适应性。一般来讲，专业对口是相对的，不可能达到专业完全对口，这样，在大学期间除了要学好专业知识外，还应根据自己的能力、兴趣和爱好，选修或自学其他课程，扩大自己的知识面，为毕业后更好地适应工作奠定良好的基础。

最后，学习方法是提高学习效率、达到学习目的的手段。学习方法正确，往往能收到事半功倍的成效。大学生要把握住预习、听课、记笔记、复习、总结、做作业、考试等环节，这些环节把握好了，就能为进一步获取知识打下良好的基础。

预习是掌握听课主动权的主要方法，是非常重要的学习环节。预习中要把不理解的问题记下来，听课时增强求知的针对性。这样，既能节省学习时间，又能提高听课效率。

听课要集中精力，全神贯注，对老师强调的要点、难点和独到的见解，要认真做好笔记。课堂上力争弄懂老师所讲内容，经过认真思考，消化吸收，变成自己的东西。

课后及时复习，是巩固所学知识必不可少的一环。复习时要认真整理课堂笔记，对照课本和参考书进行归纳和补充，并把多余的部分删掉，经过反复思考写出自己的心得和摘要。

每过一个月或一个阶段要进行一次总结，以融会贯通所学知识，温故而知新，形成自己的思路，把握所学知识的来龙去脉，使所学知识更加完整、系统。

做作业是为了巩固、消化知识，考试是为了检验对所学知识掌握的程度，它们都起到了及时找出薄弱环节并加以弥补的作用。

对考试要有正确态度，不作弊、不单纯追求高分，要把考试作为检验自己学习效果和培养独立解决问题能力的演练。

在学习中抓住上述基本环节，认真思考，在理解的基础上进行记忆，及时消化和吸收。经过不断思考，不断消化，不断加深理解，得到的知识和能力才是扎实的。大学学习除了把握好以上主要环节之外，还要有目的地研究学习规律，选择适合自己特点的学习方法，提高获取知识的能力。具体说来，这些方法主要有制订科学的学习规划和计划；讲究读书的方法和艺术；做时间的主人，充分利用时间。华罗庚曾说：时间是由分秒积成的，善于利用零星时间的人，才会作出更大的成绩。英国数学家科尔，1903 年因攻克一道 200 年无人攻破的数学难题而轰动世界，而他是用了近 3 年的星期天来完成的。

总之，大学学习应该做到以下几个方面。

（1）提高对学习目的和意义的认识。明确学习目的的重要意义在于它是激发和培养学习动机的重要条件之一。当我们认识到自己学习的价值时，学习就有了责任心和使命感。只有当兴趣与奋斗目标及人生理想结合起来的时候，个体的学习兴趣才会由有趣、乐趣发展到志趣，这样的志趣才具有更强的自觉性和方向性，有更大的推动力量。

（2）掌握适合自己的学习方法。好的学习方法并无固定的模式，每个人应该结合大学学习的规律和自己的特点，制定学习策略，采取切实可行的改进措施，使自己真正学会"如何学习"。

（3）制定适合自己的学习标准。心理学研究及教学实践证明，学习标准定得过高或过低都不利于提高人们学习的积极性。一般来说，学习标准以学生在其原有学习成绩的基础上提高20%为佳，实现该标准的时间以一学期为宜。

（4）培养与保持对所学专业的学习兴趣。首先，要明确这一学科的社会意义和专业意义，认识此学科对于自己的专业学习、品行修养等方面所产生的影响。其次，要带着问题去学习，抓住本学科中一些没有定论的、有争议的问题，广泛搜集资料。通过独立思考，激发学习动机。

知识链接

清晨起床后，大脑经过一夜的休息，消除了前一天的疲劳，脑神经处于活动状态，没有新的记忆干扰，此刻认知、记忆印象都会很清晰，适宜学习一些难记忆而必须记忆的东西，如语言、定律、事件等的记忆。

8~10时是一天中第二个学习高效期，体内肾上腺素等激素分泌旺盛，精力充沛，大脑具有严谨而周密的思考能力、认知能力和处理能力，此刻是攻克难题的大好时机。

第三个学习高效期是16~20时，这是用脑的最佳时刻，不少人利用这段时间来回顾、复习全天学过的东西，加深印象，分门别类，归纳整理。这段时间也是整理笔记的黄金时机。

入睡前一小时是学习与记忆的第四个高潮期，可以利用这段时间来加深印象，特别是对一些难以记忆的东西加以复习，不易遗忘。

第三节 知识系统化与反馈

人记不住太多的事情，最好是一次只记3件事情，并把复杂的事情简单化。大桥武夫在一家钟表公司濒临倒闭之际，毅然接管了其中的小石川工厂。他将《孙子兵法》运用于经营实践，很快使企业起死回生。他重建的东洋精密工业公司也声名远播。他撰写的《用兵法指导经营》一书，曾引起经营界的巨大反响。几十年来，大桥武夫为企业界做过数千次专题演讲，写出了30多本关于应用兵法经营的书籍，后来又编著了一部长达10卷的《兵法经营全书》。大桥武夫说："这种（兵法）经营方式比美国的企业经营方式更合理、更有效。"大桥武夫年轻的时候在日本陆军任中校参谋。有一次参谋长让他上交作战情报，大桥武夫经过几天努力终于搞来一堆材料，并把它交给了参谋长。参谋长看了以后非常恼火，说："我非常忙，哪有时间看这么多材料？你回去把它整理出来。如果你能把这些材料提炼成一页就可以成为三等参谋，如果把一页提炼成三条就可以当二等参谋，如果把三条变成一条就可以当一等参谋。你把这一条画成一幅图就可以成为特等参谋。这就是化繁为简，化简为易，化易成趣，化趣成道。

所有的知识只有系统化后才较容易被掌握，前几年有一本非常流行的书叫《麦肯锡观点》，里面讲了一个故事。大意是你是某个咨询公司的经理，为了一个重要的项目，你的团队日夜工作了 3 个月，准备了厚达 300 页的报告，包括 7 条建议和 36 条改进措施以及 8 套详细的实施方案。为了证明这些结论，你们还准备了包括 5 本数据分析和调研报告的附录，当然还有几箩筐的原始资料。客户对提案也非常重视，安排了公司所有高管出席，并请到了 CEO 以及董事会的主要成员。你们当然更加兴奋，还将报告彩色打印，并刻录了光盘以便分发给与会者。提案的前天晚上，团队成员再次检查了所有文字确认拼写无误，然后提早睡觉以便保证精力。提案当天团队成员神采奕奕，准时到达客户会议室，做好一切准备工作。CEO 和高管们也已经落座，他们将目光投向你，期待着你作出精彩的报告，你也清清嗓子，开口说："女士们，先生们，尊敬的 CEO 先生，今天我们……"

突然董事会秘书匆匆走进办公室，对 CEO 耳语几句，CEO 对你点头表示歉意后离开会议室，5 分钟后他回来说："非常抱歉，今天的报告不得不终止，因为我有一件非常紧急的事情，必须马上飞往纽约。"在团队成员无奈的眼神中，CEO 匆忙离开。就在 CEO 走进电梯的那一刻，他用手挡住电梯门，对你招手，说："能否利用我走到停车场的时间，说说你们报告的主要内容？"

就这 10 多秒钟要说出报告的主要观点？还要争取他的认可和支持？你感觉血一下子冲上脑门，然而，没有第二次机会了，你马上冲进电梯，门一关上，你就转过身对着 CEO 等人说："我们认为……"这就叫作"电梯原理"。

要想应付电梯原理，就必须把一堆材料简化成一页，把一页变成三条，把三条变一条，把一条变成一幅图。《金字塔原理》一书讲了同样一个道理，就是"先从结论说起，再说中心思想，然后向前推演"。

我们知道放射性思考是人类大脑的自然思考方式，进入大脑的每一种资料，无论是感觉、记忆还是想法，包括文字、数字、符码、食物、香气、线条、颜色、意象、节奏、音符等，都可以成为一个思考中心，并由此中心向外发散出成千上万的节点，每一个节点代表与中心主题的一个联结，而每一个联结又可以成为另一个中心主题，再向外发散出成千上万的节点，而这些节点的联结可以视为记忆，也就是人的个人数据库。

人类从一出生就开始累积庞大且复杂个人的数据库，金字塔原理与托尼·巴赞提出的思维导图（图 4-1）有异曲同工之妙。思维导图的图片能帮助我们累积大量的资料，经由思维导图引导的放射性思考方法，除了能加速资料的累积量外，更多的是将数据依据彼此的关联性分层分类管理，使资料的储存、管理及应用因更系统化而提高大脑运作的效率。同时，思维导图最能善用左右脑的功能，借助颜色、图像、符码，不但可以协助我们记忆、增进我们的创造力，也让思维导图更轻松有趣，且具有个人特色及多面性。

约瑟夫·狄慈根在《辩证法的逻辑》中说："我阅读关于我所不懂的题目之书籍时，所用的方法，是先求得该题目的肤浅的见解，先浏览许多页和好多章，然后才从头重新读起，以求获得精密的智识。我读该书的终末，就懂得它的起因。这是我所能介绍给你唯一正解的方法。"列夫·托尔斯泰说："重要的不是知识的数量，而是知识的质量，有些人知道很多很多，但却不知道最有用的东西。"书要由厚读薄，由薄读厚。从目录读出内容，从内容中读出目录。这是读书的基本功。

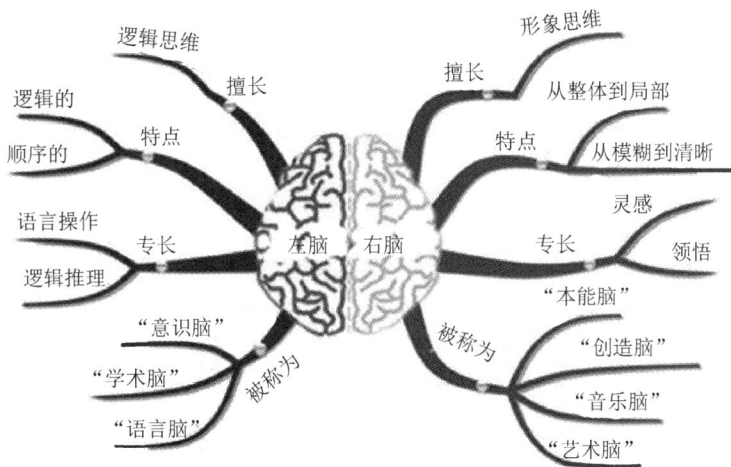

图 4-1 思维导图

建立系统化的知识结构并不意味着掌握了知识。检验知识是否掌握需要建立反馈系统。读书学习中，反馈系统是根据学习者对知识的真实掌握程度来进行学习控制的，即通过比较真实掌握知识程度（输出）与期望行为（假象）之间的偏差来调整学习的重点。常用的反馈控制方法有考试、闭目过电影、同学之间互相讨论提问等。

知识链接

3W2H 是学习和思考问题的有效方式，具体内容如下：

What（是什么）：知识点的本质理解，可从纯理论性上加以整理。

Why（为什么）：理解和思考开展某项测试活动的原因和出发点。如果没有很好的动机［也可以理解为 ROI（region of interest，感兴趣区域）］，那么这项测试活动的开展是没有意义的。

When（什么时候）：对活动开展时机的把握，对于像交叉测试、自动化测试等类型的测试活动，开展时机尤为重要。

How（怎样进行）：活动的开展总会有一些法则可遵循，或者可称之为模板。在初期的时候，Just Follow（跟着做）或许是个最好的选择，照葫芦画瓢，或许会使你少走很多弯路。

How（如何高效）：很多方法的精髓在实践之初是无法体会到的，如何挖掘精髓，高效实践，优化过程，或许是个值得探讨的话题。没有最好，只有更好！

3W+2H 不可能放诸四海而皆准，其只是提炼出事物的共性，以寻找合适的方法来进行问题的探究。

第四节　焦虑对学习的影响

一、焦虑的概念

焦虑是在压力状态下产生的一种情绪紧张状态。众多心理学家从不同的角度对焦虑做了大量的研究，对其概念做了不同的界定。

美国《心理学词典》指出：焦虑泛指一种模糊的、不愉快的情绪状态，具有忧虑、惧怕、苦恼、心神不安等特点。

在学习理论中，焦虑指一种次级的内驱力，它驱动人们作出回避反应。在弗洛伊德的理论中，如果要实现无意识的愿望，或按该愿望行动，则焦虑起着一个信号的作用。在存在主义理论中，焦虑是对我们生活于其中的这个世界的无意义性、不完满性和混乱本质的直接觉知的情绪伴随物。

二、焦虑的种类

用不同的标准对焦虑进行划分，可以得到不同的划分结果。

弗洛伊德认为焦虑包括 3 类：其一，神经过敏性焦虑，是指当自我冲动不能为自我所控制时而出现的类似惧怕的情绪反应。例如，在考试之前，无根据地担心自己学业失败而忧心忡忡就是神经过敏性焦虑的表现。其二，现实性焦虑，是指当自我感受到外界环境中的危险而又自觉无力应对时所产生的情绪反应。例如，由于看到升学竞争的激烈及自己的实力的缺乏而产生对升学的担忧，这就是现实性的焦虑。其三，道德性焦虑。当自我的失控导致不道德思想或行为出现，这种不道德的思想或行为又面临超我惩罚的威胁时，就会产生道德性焦虑。例如，学生由于违反了校规而产生的内疚就是道德性焦虑的表现。

查尔斯·斯皮尔伯格认为，焦虑分为状态性焦虑和特质性焦虑。状态性焦虑是指短暂的、波动的情绪状态，通常表现为忧虑不安等主观性的体验，以及自主神经系统的过分兴奋。特质性焦虑是指稳定的、持久的人格特质，更倾向于动机或习得的行为倾向。

三、焦虑水平对学习的影响

焦虑对学习有非常重要的影响，在人的一生中，焦虑始终是影响学习的重要因素。

研究认为焦虑水平与人的学习效率之间呈倒"U"形曲线（图 4-2）。这个曲线表明，焦虑程度过强或过弱都会降低学习效率，中等程度的焦虑则会使学习效率提高。心理学家考克斯对五年级男生进行了实验研究，他把学生分成高焦虑、中等焦虑和低焦虑 3 组，研究结果表明，中等焦虑组的学生学习成绩显著高于其他两组的学生，而高焦虑组的成绩最差。现实中的事例与这一实验的结果相吻合。一个有力的证明是，在升学考试中，那些高焦虑者往往成绩不甚理想。这是因为，高焦虑者在考场上往往过于注重考试结果，因而形成了一种心理压力，难于集中注意力，阻碍了思维等心理活动。

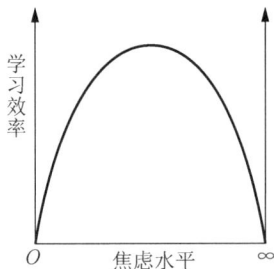

图 4-2　焦虑水平与学习效率的关系

1. 学习能力不同的学生，焦虑对其影响也不同

研究表明，焦虑对学习能力低的学生影响不大；学习能力一般的学生，焦虑水平越高，学习成绩越低；学习能力高的学生，高焦虑水平反而会使其学习成绩升高。这是因为，对于超常和低常的学生来说，不存在学习压力的问题。

2. 学习内容的难易程度不同，焦虑对学习的影响也不同

心理学家的研究发现，学习内容容易时，高焦虑水平的学生比低焦虑水平的学生成绩好，而当学习内容比较复杂时，高焦虑的影响则起了阻碍的作用。例如，焦虑对学习较为抽象的数学学科有不利影响，而对于学习较为形象的语文学科则有有利的影响。

3. 学生的年龄不同，焦虑对其学习的影响不同

我国心理学工作者曾对 189 名中小学生作过检测，以研究焦虑和学习之间的关系。结果显示，小学生的数学成绩和焦虑水平成负相关，而中学生，不论是语文还是数学成绩，均与焦虑水平成正相关，这表明，学生的年龄不同，焦虑对其学习的影响也不同。对于低年级学生来说，焦虑对其学习的消极影响较为明显。随着年龄的升高，焦虑对学习的积极影响越来越明显。

4. 焦虑对学习的作用受学习时有无时间限制及学习的反馈等因素的影响

高焦虑水平对学习有不利影响，而低焦虑水平则对学习有促进作用；在不计时的状况下，高焦虑水平对学习有促进作用，而低焦虑水平则不利于学习的进行。在学习反馈不同的情形下，焦虑水平对学习的影响也不同。在学习失败的情形下，在后继的学习中，高焦虑水平的学生往往比低焦虑水平的学生表现差；反之，高焦虑水平的学生比低焦虑水平的学生表现要好。

此外，焦虑对学习的影响与学生的生理特性也有一定的联系。心理学研究表明，焦虑水平也受到遗传因素的影响。

焦虑作为一种多维变量，其对学习的影响是受多方面制约的。不能笼统地说焦虑对学习是有积极影响还是有消极影响，要具体情况具体分析。学生的年龄、学习能力、学习内容的难易以及学习的具体情境不同，焦虑所起的作用也不同。因此，教师在教学中应注意培养学生良好的心理素质，增强其心理承受能力，培养学生的适当焦虑水平，以提高其学习效率；要根据学生的具体情况，帮助学生确立学习目标，并选择符合学生能力的学习内容，使学生可以在相对轻松的状态下完成其学业。

课堂自测

考试焦虑自我检查表

指导语：阅读下面的问题，在符合自己情况的描述后打"√"，然后按打"√"的题目进行内容归类，找出自己焦虑的根源。

1．我希望不用参加考试便能取得成功。 （　　）

2．在某一考试中取得的好分数，似乎不能增强我在其他考试中的自信心。 （　　）

3．人们（家里人、朋友等）都期待我在考试中取得成功。 （　　）

4．考试期间，有时我会产生许多对答题毫无帮助的莫名其妙的想法。 （　　）

5．重大考试前后，我不想吃东西。 （　　）

6．对喜欢搞突然袭击考试的教师，我总感到害怕。 （　　）

7．在我看来，考试过程似乎不应搞得太正规，因为那样容易使人紧张。 （　　）

8．一般来说，考试成绩好的人将来必定在社会上取得更好的地位。 （　　）

9．重大考试之前或考试期间，我常常会想到其他人比自己强得多。 （　　）

10．如果我考糟了，即使自己不会老是记挂着它，也会担心别人对自己的评价。 （　　）

11．对考试结果的担忧，在考试前妨碍我准备，在考试中干扰我答题。 （　　）

12．面临一场必须参加的重大考试，我会紧张得睡不好觉。 （　　）

13．考试时，如果监考老师来回走动，注视着我，我将无法答卷。 （　　）

14．如果考试被废除，我想我的功课会学得更好。 （　　）

15．当了解到考试结果的好坏将在一定程度上影响我的前途时，我会心烦意乱。 （　　）

16．我觉得，如果自己能集中精神，考试时我便能超过大多数人。 （　　）

17．如果我考得不好，人们将对我的能力产生怀疑。 （　　）

18．我似乎从来没有对考试进行过充分的准备。 （　　）

19．考试前，我身体不能放松。 （　　）

20．面对重大考试，我的大脑好像凝固了一样。 （　　）

21．考场中的噪声（如日光灯的响声、空调的声音、其他应试者发出的声音等）使我烦恼。 （　　）

22．考试前，我有一种空虚、不安的感觉。 （　　）

23．考试使我对能否达到自己的目标产生了怀疑。 （　　）

24．考试实际上并不能反映出一个人对知识掌握得究竟如何。 （　　）

25．如果考试得了低分数。我不愿把自己的确切分数告诉任何人。 （　　）

26．考试前，我常常感到还需再充实一些知识。 （　　）

27．重大考试之前，我的胃会不舒服。 （　　）

28．有时，在参加一次重要考试的时候，一想起某些消极的东西，我似乎就要垮了。 （　　）

29．在即将得知考试结果前，我会感到十分焦虑或不安。 （　　）

30．但愿我能找到一个不需要考试便能被录用的工作。 （　　）

31．假如在这次考试中我考得不好，我想这意味着自己并不像后来所想象的那样聪明。 （　　）

32．如果我的考试分数低，我的父亲和母亲将会感到非常失望。 （　　）

33．对考试的焦虑简直使我不想认真准备了，这种想法又使我更加焦虑。 （　　）

34．应试时我常常发现，自己的手指在哆嗦或双腿颤抖。 （　　）

35．考试过后，我常常感觉本来自己应考得更好些。 （　　）

36．考试时，我情绪紧张，阻碍了注意力的集中。 （　　）

37．在某些考试题上我想得越多，脑子也就越乱。 （　　）

38．如果我考糟了，且不说别人会对我有看法，就是我自己也会失去信心。 （　　）

39．应试时，我身体某些部位的肌肉很紧张。 （　　）

40．考试之前，我感到缺乏信心，精神紧张。 （　　）

41．如果我的考试分数低，我的朋友们会对我感到失望。 （　　）

42．在考前，我所存在的问题之一是不能确知自己是否做好了准备。 （　　）

43．当我必须参加一次确实很重要的考试时，我常常感到全身恐慌。 （　　）

44．我希望主考官能够察觉，参加考试的某些人比另一些更为紧张，我希望主考官在评价考试结果的时候，能对此加以考虑。 （　　）

45．我宁愿写篇论文，也不愿参加考试。 （　　）

46．公布我的考分之前，我很想知道别人考得怎样。 （　　）

47．如果我得了低分数，我认识的某些人将会感到快活，这使我心烦意乱。
（　　）

48．我想，如果我能单独进行考试，或者没有时限压力的话，那么，我的成绩便会好得多。
（　　）

49．考试成绩直接关系到我的前途和命运。
（　　）

50．考试期间，有时我非常紧张，以致忘记了自己本来知道的东西。
（　　）

【说明】

考试焦虑是学生较为常见的一种心理性适应障碍，它是在一定的应试情境激发下，受个体认识评价能力、人格倾向与其他身心因素所制约，以担忧为基本特征，以防御或逃避为行为方式，通过不同程度的情绪性反应所表现出来的一种心理状态。

适当运用自陈量表法能增强焦虑诊断的准确性和科学性。自陈量表法是通过被试者以自我报告的形式填写某种个性问卷，借以对被试者的心理反应进行比较分析的一种方法。目前较适合学生的有两种量表：一种是美国学者迪万编制的考试焦虑自我检查表，另一种是美国学者凯伦编制的与考试焦虑有关的学习习惯与应试技能自我测查表。

【评判标准】

考试焦虑自我检查表的内容归类与所属题目序号如表4-3所示。

表4-3　考试焦虑自我检查表的内容归类与所属题目序号

类别	检查内容	题目序号
考试焦虑的来源	担心考糟了，他人对自己的评价	3、10、17、25、32、41、46、47
	担心对个人的自我意识增加威胁	2、9、16、24、31、38、40
	担心未来的前途	1、8、15、23、30、49
	担心对应试准备不足	6、11、18、26、33、42
考试焦虑的表现	身体反应	5、12、19、27、34、39、43
	思维障碍	4、13、20、21、28、35、36、37、48、50
其他	一般性的考试焦虑	7、14、22、29、44、45

一般来说，如果某方面的项目数有一半以上，即可认为存在相应方面的考试焦虑问题。

⭐ **心理训练**

时　间　馅　饼

目的： 通过对比反思，明白时间的一去不复返，懂得珍惜时间。

操作： 以圆代表一天24小时，请根据你一天的平均活动状况，将各类活动所花费的时间比例在圆内画出。

目前的生活馅饼

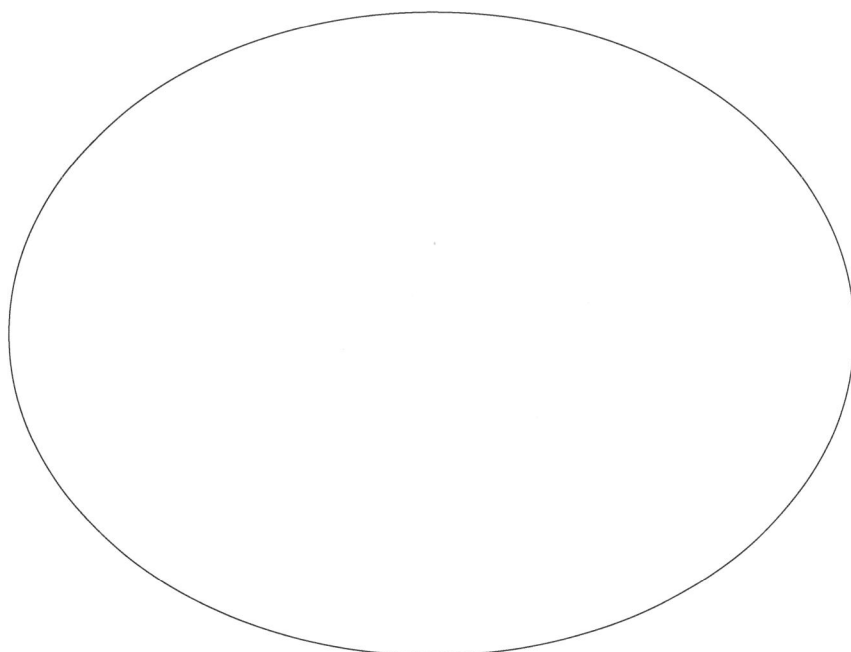

理想的生活馅饼

记忆力训练法之精细回忆法

目的：我们在平时的学习和生活中，识记了很多东西，却很少去回忆。识记和回忆之间的不平衡，使我们的记忆变得更加模糊。经常回忆，回忆得尽可能精细，是锻炼记忆力的好方法。

操作：例如，回忆一间你非常熟悉的房间，想一想：房间里都有什么？门窗朝哪个方向开？家具都摆放在哪里？墙上挂有哪些装饰品？电灯开关在什么地方？……要回忆得尽量完整无缺。当你再次回到房间时，检查一下你遗漏了什么。

又如，想一想：一小时前你在做什么？你在哪里？和什么人在一起？你们在一起都在说什么？那个人长什么样子？你如何向别人描述他的长相？

再如，回忆你最近看过的电影：电影里都有哪些主要的人物？发生了什么事？他们都做了什么？结局如何？要尽可能回想电影中的每一个镜头。

通过训练，可以延展你的记忆力，提高学习效率。

寻找学习兴趣

目的：通过了解所学专业的未来就业情况，提升学习兴趣。

操作：人们常说"兴趣是最好的老师"，教育家陶行知也说"学生有了兴趣，就肯用全部精神去做事，学与乐不可分"。可见，培养学习兴趣是激发其学习动机的重要途径。许多大学生进入大学学习后才开始认识专业，对专业的不了解导致缺乏兴趣，因此认识和了解专业是培养兴趣的重要途径。

（1）找一位专业老师或主管就业的老师进行访谈，了解本专业未来的就业方向，以及这些具体职业对入职者的要求。

（2）通过各种渠道，找 2～3 位在职者进行访谈，对工作的入职条件、职业内容、职业环境、职业的报酬等各方面进行了解。

（3）阅读一些与专业相关的书籍，拓展知识面，培养对专业学习的兴趣。

（4）找机会接触到未来的职业环境，提前感受职业带给自己的乐趣。

我的大学学习计划

目的：拟订大学生活的学习计划，让自己合理分配和利用时间，达成学习目标。
操作：
（1）设立目标。
大学学习总目标（可以从知识、能力和素质方面进行描述）：

大学每个年级的分目标：

大学三年级阶段学习目标：

大学二年纪阶段学习目标：

大学一年级阶段学习目标：

每个学期的学习目标：

知识目标：

能力目标：

素质目标：

注意：目标要具有可评估性。
（2）确立计划。以大学一年级为例。
① 在知识方面：
A．基础课学习，要做到：

B．专业课学习，要做到：

C．实践课学习，要做到：

② 在能力方面：
A．专业技术能力上，要做到：

B．与人沟通能力上，要做到：

C．组织策划能力上，要做到：

③ 在素质方面：
A．诚实守信上，要做到：

B．自知自律上，要做到：

C．创新思维上，要做到：

注意：可定时对计划的实施进行评估，还要根据外在环境的变化对计划进行一定更改，以更好地指导自己的学习生活。

第五章 让你喜欢，让你忧愁——大学生人际交往

　　我来自浙江的一个小镇，是家里的独子，从小学到高中一直都上子弟学校，学习也比较好，可是，高考发挥失常，没有考上理想的大学，我很不情愿地来到高职学院。进了大学，住进6个人一间的宿舍，我一直不开心。寝室其他同学常常有说有笑，可是我融不进去，仿佛热闹是别人的，与我无关。

　　来上学前，父母就一再告诫我处理好同学之间的关系，我也深知搞好人际关系的重要性，可是我不知道该从何做起。刚入校的时候，我想一定要给同学留个好印象，所以凡事都要抢着做，比如打扫卫生、打开水什么的。刚开始，大家还说声谢谢，后来就习以为常，仿佛本来就是我应该做的。我很寂寞，觉得没有人喜欢我，可能是我太普通、太平凡之故吧。我个子不高，只有168厘米，男孩子长这么高，应当说是矮了些，长相也太普通。有句话说，这个人长相的最大特点就是没有特点，我觉得就是在说我。我家境很普通，工人家庭出身，没钱请大家吃饭、上网打游戏什么的。我很羡慕那些在人际交往中如鱼得水的人，我要怎么做才能让大家喜欢我呢？有什么与人交往的技巧呢？

　　这位同学的困惑是大学生经常会遇见的。如何帮助大学生从人际交往的困惑中走出来，就是我们在本章中所要介绍的内容。

　　人是一切社会关系的总和。人的本质就是社会性。每个人都必须与周围的人打交道。人时刻都处在复杂社会关系中。大学生保持健康的心理，获取生活和事业的成功，更离不开交往和人际关系的维系。对于大学生来说，人际交往更是他们生活中的一个重要方面，尤其是大学新生，一到陌生的环境，开始过集体生活，这时候他们的人际交往比中学时代要广阔得多。如何适应新的生活环境，建立新的人际关系，恰当处理各种交往，是每一个学生都面临的问题。

第一节 人际交往概述

　　人际交往是大学生人生发展课堂的一门必修课，每一个大学生都有必要学习人际交往、人际关系的基本知识，克服人际交往障碍，掌握和谐人际关系的处理原则与技巧，提高人际交往的能力，适应社会的需要，为成功打下良好的基础。

一、人际交往与人际关系的含义

　　如果我们拥有良好的社会关系，我们就会更健康、更快乐。反之，如果没有良好的社会关系或者社会关系很糟糕，我们就会感到孤独、寂寞、无助等。有研究表明，已婚者、有许多朋友的人或者拥有其他社会支持网络的人，也会具有较高的幸福感、良好的身心健康状态，平均寿命长，而朋友较少的人主观幸福感也往往较低。建立良好的人际关系是最让人感到快乐和振奋的正向生活事件，而失去人际关系则是最糟糕、最让人难过的事件。

　　人际交往是人与人之间通过一定的方式和手段进行接触，从而在心理和行为上相互影响的过程。在交往过程中，交往双方实现了信息和情感的交流以及行为上的互动。人际交往是人类一种最基本的社会活动，体现着人类所共有的生存、安全、归属的心理需求，是人们根据需要选择交往对象，并向对象发出信息进行沟通交换的过程。交往双方是互为主体的，即使在某种情况下，一方是交往的发起者，具有主动性，但只要一进入交往过程，交往的双方就进入互为主体的状态。人们彼此间的相互接触是实现交往的前提条件，这种接触的方式是不同的，有的是直接的，有的是间接的。交往的结果是双方形成一定的思想、情感联系。整个交往过程都是双方各种信息的相互交换过程，在这个过程中，双方的心理与行为都在发生着变化。双方通过语言、行为、思想、情感的作用，彼此影响对方。

　　人际关系是人们在进行人际交往过程中发生、发展和建立起来的人与人之间的关系。人际关系是异常复杂、活跃的一种关系，它不是静态而是动态的。

二、常见的由认知引起的人际心理效应

　　对每个人而言，他人是一种客观存在，也就是认知的对象。众所周知，对于客观事物，只有全面、深入、客观地了解，才能准确地反映其实质，在认知过程中，与事物的情感联系不多，才能较少加入主观成分，看问题才能相对客观。而主体在认识他人时则不然，主观能动作用十分明显。人总是在一定的心理倾向和一定的方法和原则的作用下，加工整理外部输入的信息，形成对他人的印象，然后把这种印象加到认知对象身上，认为这就是此人所具有的实际特征。可见，人的认知带有浓厚的主观色彩。充分意识到这

一点，并且掌握主观心理因素对认知他人的作用规律，就能在人际交往中克服不良认知的消极影响，消除由此产生的一系列人际交往障碍，正确地认知他人，处理好人际关系。

（一）晕轮效应

晕轮效应是指仅仅依据某人身上一种或几种特征来概括其他一些未曾了解的人格特征的心理倾向。如看到一个人举止热情、大方，便容易得出该人聪明、慷慨、能力强的结论；看到一个人的性格冷漠，则可能得出该人狡猾、僵化的结论。

晕轮效应源于人们心理上化繁为简的倾向。人通常都是从自己的需要和周围环境出发，在心理能动性的最原始水平上活动，这样可以节省体力，起到自我保护的作用。只有当这种活动在处理现实问题时遇到明显障碍的情况下，人们才动用较高层次的思维来加以调整。每个人在自身生活实践中都会发展出一套人际评估体系。在该体系中，某些人格特质之间被赋予较高的相关性，另一些人格特质之间被赋予较低的相关性。在具体的交往过程中，人们便十分自然地（常常是难以意识地）运用这一体系来评判他人。

这种体系虽能使人们作出迅捷的判断，但也常常会出现偏差和错误。在晕轮效应中，被依据的特征仿佛光环一样耀眼夺目，把人们的注意力吸引过去，使人们难以看清，甚至也不愿意努力去看清罩在光环之内的全部真相，这样就会导致我们作出错误判断和错误行为。

心理学家曾做过一个实验。他告诉一班大学生有一位教师要来为他们上课，要求他们听课结束后对该教师作出评价。接着，他简要地介绍了这位教师的情况。他们把班里学生分成两组，对一组说这位教师是"相当温和的人"，对另一组学生说这位教师是"相当冷淡的人"。当这位教师上课结束后，他要求学生们在一组"态度量表上"评价这位教师。虽然全班学生在同一时间听同一个人的课，但学生的评价明显受到事先暗示的影响。听说该教师"相当温和"的学生更倾向于把他看成一个不拘小节、和蔼可亲、受人欢迎的人，而听说该教师"冷淡"的学生则相反，并且前一部分学生有56%在课堂讨论中积极与该教师互动，后一部分学生只有32%投入班级讨论。

由此可见，晕轮效应使人对交往对象产生认知偏差，并导致错误的反应。在大学中，诸如以貌取人之类的行为倾向便是晕轮效应的直接表现。研究表明，晕轮效应对不同的人影响程度不一样。独立性强、灵活的人受其影响小；情绪不稳定、适应性差的人则受其影响较大。

无论做什么事，只有在正确判断的基础上才能作出正确的反应。人际交往中应时时注意克服晕轮效应的影响，尤其应防止喜欢一个人的某一点便认为他（她）一切都是好的；讨厌一个人的某一点，便认为他（她）一切都糟，即使做了好事也是假惺惺或别有所图。大学生要有意识地训练自己从不同角度、不同方面去观察、评价他人，便可较好地纠正晕轮效应造成的偏差。

另外，大学生在防止自己受晕轮效应影响的同时，还应在交往中利用该效应的影响，如优化自己的谈吐举止、培养良好的外在形象等，以使自己在交往中获得更大的成功。

（二）第一印象效应

第一印象效应也叫首因效应，是指一定条件下最先进入认知者视野的信息在形成印象时占优势。人际交往总是通过形成第一印象开始的。第一印象效应对交往的影响表现在多个方面。首先，它会使人际认知带有表面性。第一印象常常是对一个人表面特征的认知，两个素不相识的人初次接触，彼此会根据对方的外貌、表情、姿态、谈吐、衣着等作出初步的判断与评价，形成某种印象，这就容易出现以貌取人的现象，使认知具有表面性。其次，第一印象效应容易使人际认知产生片面性。由初次接触获得的信息形成的印象对日后的交往影响重大。当你对对方一无所知时，自然特别留意其一切未知信息。由于先入为主，第一印象鲜明而强烈，人们偏信这一印象，尽管都知道在短时间内根据有限的资料判断一个人往往不太可靠，甚至可能出现很大的偏差，却总是下意识地"上当"，常常跟着第一印象走，忽视以后的新信息，或按最初的印象来解释后来出现的新信息，造成对人认知的主观片面性。

第一印象效应的客观存在提醒我们在人际交往中一方面要注意克服第一印象效应对自己认知的影响；另一方面也要注意利用第一印象效应，为自己打下良好的人际交往基础。

（三）刻板印象

刻板印象表现为把交往对象机械地归入某一类群体中，并把自己对该类群体的习惯化概括加到交往对象身上。例如，认为运动员四肢发达、头脑简单；女孩子软弱、无主见；南方人精明，北方人厚道等。刻板印象是由于过分依赖自己过去的经验而产生的。

由于刻板印象把同样的特征赋予团体中的每一个人，而不管其成员的实际差异，所以很可能形成某种偏见，影响交往的顺利进行。例如，有的城市学生认为从农村来的学生土气、少教养，于是从一见面就抱着一种居高临下、不屑一顾的态度，结果产生了许多误会和隔阂。

人的认识来源于实践经验，但个人的经验往往是不完整的、有限的。完全依据有限的个人经验对事物作出归纳、判断，很可能出现偏差。例如，一位女大学生与男友海誓山盟，后来男友移情别恋，该女生心灵受到深深的伤害，于是得出"男人都不是好东西"的结论。这种偏见一经形成就会严重影响她与异性的交往。

克服刻板印象首先应从思想上认识到，人们对团体一般特征的概括，其正确性常常是宏观的和相对的。其次，个人虽有与其所属团体趋同的特征，但更有自己独特的人格品质，应时时提醒自己把交往对象看成一个独特的人，以此为基础进行交往，便会大大弱化刻板印象。

（四）投射效应

投射效应是指把自己具有的某些特质加到他人身上的心理倾向。例如，心地善良的人会以为别人也都是善良的，一个经常算计别人的人会觉得别人也在算计他。由于人类有许多本质上共同的特征，因此投射效应有时能帮助人们互相理解。但过多地受制于此，便会适得其反。例如，某男生暗暗喜欢上班里的一位女生，在平时交往中自然会察言观色，以探虚实。但由于投射效应的作用，他往往倾向于把对方表现出来并不具有特定含义的信息解释成"她对我也有意"，于是鼓足勇气向其表白心怀，结果却被婉言拒绝。该男生至此还深信自己判断正确，认定对方只是不好意思。

有时，投射效应是出于一个人自我防御的心理需要而发生的。自己有某些缺陷、毛病或不良品质，于是不自觉地会怀着一颗敏感的心，在别人身上搜寻有关的蛛丝马迹，在别人身上"发现"同样的毛病，进而对自己的毛病变得心安理得：人都是这样，我也不必过多自责和不安。

克服这种心理倾向的关键是认清别人与自己的差异，不能总是简单地以己心度人腹。另外，需要客观地认识自己，既要接受自己，又要不断完善自己。

（五）角色固着

角色固着是指个人言行举止过分拘泥于特定角色的心理倾向。生存于社会中的每个人都有一定的身份标志，就好像演员在电影中扮演的角色一样。每个人所扮演的角色有多种，如父亲、儿子、老师、妻子、领导等。适当的角色分工和角色扮演对个人适应环境要求、个人社会化以及社会生活的有序化是有益的。但任何一种角色都有局限性，都难以代表完整的个人。因此，角色固着有碍正常的人际交往。例如，有的大学生从小到大当惯了班长，到大学后又当了班长，但他还沿用过去的行为方式来管理班级，或以管理者的身份与学生们交往，虽然辛辛苦苦做了不少工作，却得了个费力不讨好的结果。拘泥于特定角色进行交往，如学生总是把老师看成教育者、管理者，或老师总把学生看成不成熟的、需要管教的人，这些都会使交往停滞于表层，难以深入下去。另外，角色固着妨碍我们把他人作为一个有个性的人来看待，因而容易产生把人工具化的倾向。例如，领导只注意下属是否做好工作，而忽略他们作为人的其他方面；学生只注意到老师在台上讲课怎样，很少去想老师作为一个人也有许多其他方面的欢乐与苦恼。

三、大学生人际交往中常见的心理困扰及其调适

心 理 案 例

郑某，男，22岁，大三学生，因紧张胆小怕见人6年。自述：16岁那年上初三，学习很紧张，在一次集体活动中抽到我表演节目，当时我心里就特别紧张，心脏好像快跳出来似的。脸一下子发热，头皮和身体发麻，节目没表演好，同学们都在下面笑我，我当时真想逃跑。那时的情景我现在都记得非常清楚。从那以后，我就变得胆小，讲话都不敢大声，也很少与同学们一起活动，怕出洋相。课间休息时间我也很少离开座位，

假装看书或做作业，其实我很想与同学们一起玩，但没办法融入他们当中。就这样上完了初三，心想考入高中后我会改变这种状况，可是到了高中我还是不能放松自己。

考入大学后，自由支配的时间比较多，周末同学们都三五成群地外出活动，可我从来就没有那样的生活。我在大学里都是独来独往，简直就像个幽灵似的怕见人，没有一个知心朋友，也没有人愿意和我一起玩。我要么最早去教室上课，要么就干脆不去；下课后我也是最后一个回寝室，因为怕在路上碰见别人，万一碰到我也是低头走过去的，我从来就不敢正面看别人，我怕我的眼神会使别人不自在不舒服；我很痛苦、很自卑、很敏感，有时同学在那边说话，我也会想他们是不是在说我不好，我知道是由于自己太敏感的原因，我当时会表现得很不自在。我希望能给别人一个好印象，希望别人都喜欢我，可做不到。快要毕业，要找工作了，我这种状态怎么办？我是实在太痛苦了。

（一）自卑心理与调适

1. 自卑心理及其形成

自卑感是一种因个人自认为不如他人而产生的一种轻视自己的不良心理，日常的表现是忧郁、悲观、孤僻。社交自卑是指人在社会交往中的自卑心理，它容易使人孤立、离群、丧失信心。社交自卑感严重的人，大多性格内向，他们感情脆弱、体验深刻、多愁善感，常常自惭形秽，经受不起刺激。所以，他们处事多采用回避方式。

自卑感的形成大致有以下几个原因。

（1）存在生理缺陷。

（2）家境贫寒，生活拮据。

（3）自我认识不足，过低估计自己。每个人在评价自己时往往以他人为镜，即通过与他人的比较或他人对自己的评价来认识评价自己。心理学研究表明：性格内向的人往往容易接受别人的低评价而不愿接受别人的高评价。在与别人的比较中，往往容易用自己的短处去比他人的长处，所以越比越感觉不如人，越比越泄气。性格内向的人还普遍喜欢自我反省，容易发现自己的不足，忽视自己的长处，从而加重自卑感。

（4）消极自我暗示。在社会交往中，每当面临新的局面时，每个人都会很自然地衡量一下自己是否有能力应付。自我认识不足的人，此时就会出现一种"我不行"的消极自我暗示，因而会抑制自己的信心，产生多余的心理负担。

（5）多次的交往挫折也会使心理脆弱的人变得惧怕交往，产生自卑。

2. 自卑心理的调适

自卑感严重，会对一个人自身的生活、学习、工作造成巨大的负面影响。自卑感既可形成，自然也可通过长期正确的调节而转变并克服。从心理学的角度看，应从以下几个方面入手加以调适。

（1）正确认识生理缺陷及家庭状况。一个人的生理条件与家庭是无法选择的，没有必要过于自卑。大学生要认识到只有通过自己的奋斗，不断增长知识，提高自身的全面素质，才有可能改变自己的家庭状况，提高自己的社会地位，减轻生理缺陷的影响。

（2）正确认识自我，提高自我评价。要善于发现自己的长处，肯定自己的成绩，改善自我形象，积极参加社交。

（3）进行积极的自我暗示、自我鼓励。在面对新局面，尤其处于不利的地位时，要暗中鼓励自己"一定行"，竭尽全力争取成功。

（4）积极与人交往。自卑的人往往容易把自己孤立起来，并形成恶性循环。实际上自卑的人在社交中比起狂妄自大的人要讨人喜欢得多，因为他们大多谦虚，善于体谅人。所以，要积极与人交往，并通过成功的交往开阔自己的胸怀，克服自卑心理。

（二）孤独心理与调适

1. 孤独心理及其形成

孤独心理是一种因经常独处或受到孤立很少与人接触而产生的孤单、无依靠的心理。长期的孤独心理会使人心情郁闷，精神抑郁，性格古怪，严重影响人的身心健康。孤独心理产生的原因是多种多样的，既有主观成因，也有客观成因。

（1）个人性格孤僻。这种性格的人喜欢一个人独处，不喜欢与人交往，将自己的内心封闭起来。由于不愿与人交往，所以孤僻性格的人会产生孤独感。

（2）性格过于内向又不愿与人交往的人，由于长期独处一隅，也极易产生孤独感。

（3）在人烟稀少的地方生活、工作的人，由于生活环境的限制，很少见到其他人，会因缺少必要的人际交流而备感孤独。

（4）因与众人不和，受人打击，遭到他人有意孤立而产生孤独的心理，失恋也会使人产生孤独心理。

（5）大学生孤独心理的产生，大多源于个性内向，加之刚进大学不久，远离家乡、父母及亲人，身处陌生的环境，与陌生的同学难以尽快建立友谊等。

2. 孤独心理的调适

孤独心理是一种不良心理，如长期得不到改善，会严重影响人的身心健康。因此，大学生应采取积极行动改变自己的孤独心理。

（1）逐渐改变孤僻的性格。要改变自己不良的性格，首先要认识到，不改变会给自己带来痛苦，然后下决心一点一滴地改。要多与周边的同学来往，逐步沟通，多参加社会实践，扩大交往接触的范围。

（2）当受到别人孤立时，要剖析自我，分析自己是否做得不对。如果问题在于自己，应积极改正不足，并主动向对方检讨、道歉；如果原因不在自己，则可暂时摆脱这个小圈子，转移或扩大自己交往的方向与范围，从新的人际交往中寻求精神支持，而不是被动地忍受被孤立。

（三）嫉妒心理与调适

1. 嫉妒心理及其形成

在社会生活中，人总会自觉或不自觉地在多方面与他人比较，当发现自己的才能、机遇、名誉、地位不如他人时，便会产生一种羞愧、怨恨、愤怒相混合的复杂心理。这就是所谓的嫉妒心理。嫉妒心理一般在幼年时即可因待遇不平等而萌生。如果我们把嫉妒者称为主体，被嫉妒者即应为客体。当客体优势明显时，处于劣势的主体就会对客体产生嫉妒。当处于劣势的客体明显向优势变化时，也会遭到处于优势的主体的嫉妒。

2. 嫉妒心理的特点

（1）潜隐性。一般嫉妒心理往往潜藏在主体的内心深处，虽然主体有时不经意地将其外现出来，但主体并不愿意承认此种心理的存在。

（2）对等性。一般来说，被嫉妒的客体大多产生于与主体资历、职务、地位相似而其境遇突然发生变化的人群。

（3）行为性。嫉妒心理一般会导致具体的行为，如怨恨、诋毁等。

（4）变异性。当客体的优势发生变化而转为明显劣势时，原持嫉妒心理的主体可能发生变异，对变化为劣势的客体感到怜悯或幸灾乐祸。

3. 嫉妒心理的调适

嫉妒是一种十分有害的不良心理，持有这种不良心理会明显妨碍社会交往，并且影响自身的心理健康。对这种不良心理的调适主要还从以下几个方面着手。

（1）当你嫉妒某人时，应多看自己比对方具有的长处，即主动把注意力引到自己的优势和对方的劣势上，通过注意力的调节产生一种平衡，以冲淡嫉妒心理。

（2）当你受到他人的嫉妒时，要主动与嫉妒自己的人进行交往，通过沟通，缓解对方的不满情绪。

（3）提高修养，开阔眼界，坦荡胸怀，正确面对他人的成绩与自己的不足。

（四）社交恐惧心理与调适

1. 社交恐惧心理及其形成

恐惧心理是指人面临危险而又难以立即摆脱时产生的情绪。社交恐惧心理是人在社交活动中产生的一种带有恐惧色彩的情感反应，如见到生人时脸红、害羞、说话紧张、怯于人际交往。社交恐惧心理有多种类型：一种为气质型恐惧。这种人生性孤僻，害怕与人交往，常怀有胆怯心理。另一种挫折型恐惧。在某次交往中受到重挫，自尊心受到较大刺激，由此产生社交恐惧心理。还有一种是怕在社交活动中暴露自己的弱点，受人歧视，从而产生的一种自我保护性恐惧。

2. 恐惧心理的调适

（1）要认真学习，深刻认识到在当今和未来的社会里，人际交往是个人在社会生活与职业工作中不可缺少、不可逾越的部分。而且这种交往需求会随着社会文化程度的提高而增加，所以应以一种积极、主动的心理去面对社会交往。

（2）弄清自己在社交活动中恐惧的对象，认真分析恐惧产生的原因，并在后续的社交活动中提前做好心理准备。

（3）正确认识、对待自己的缺点与弱点，积极努力克服自身弱点，增长才干，增强社交自信心。

（五）猜疑心理与调适

1. 猜疑心理及其形成

猜疑心理是由主观推测而产生不信任的一种复杂的不良心理。猜疑心理重的人常常疑心重重，总觉着别人在背后议论自己，看不起自己，算计自己。猜疑心理往往是心胸狭窄、爱计较个人得失的人易发生的不良心理。另外也有一些人产生猜疑心理是由于社交中发生误会或听信流言蜚语。

2. 猜疑心理的调适

（1）猜疑心理重的人首先应当改变自己为人处世的准则，逐渐开阔自己的胸襟，不过于拘泥于小事。在社交中要以诚信为基础，诚以待人，宽以待人。

（2）在社会交往中不轻信流言。如果产生问题的原因不明时，应能冷静地以合理的方法去调查了解，以找到真实的证据，促成正确的分析判断。已证实是误会的，应及时矫正自己的猜疑心理。即使一时找不出症结所在，也不要害怕，坚持走自己的路。

（3）出现猜疑时，应暗示或督促自己赶紧加强交流与沟通，去了解、理解他人。

（六）报复心理与调适

1. 报复心理及其形成

报复心理是人类行为动机之一，报复行为是指在社交活动中受到挫折的人主动攻击使自己遭受挫折的人，以发泄自己内心的怨恨与不满，可能是公开的，也可能是隐蔽的。报复心理往往存在于心胸狭窄或品质不佳的人身上。报复心理的产生与个人的性格也有一定的关系，一般性格暴躁、情绪易激动的人容易产生报复心理。

2. 报复心理的调适

（1）学会用辩证思维的方法分析矛盾，从动机与效果统一的角度去认识、衡量发生的事件，分辨对方的动机与出发点，应容忍在善良动机下发生的对自己的不利结果，谅解他人的不慎言行。

（2）注意修身养性，心气平和，遇事制怒，能以和善的心态处理身边的事。

（3）要多考虑冲动的报复心理变成行为可能产生的负面效果，增强法制观念，增强自控能力。

（七）异性交往困惑与调适

1. 异性交往困惑及其形成

异性交往困惑是指对于男女之间应该怎样交往还没有明确的认知，由于人们热衷于闲暇时议论男女之事，自己怕遭非议而在异性交往中困惑不前。异性交往困惑多存在于性格内向孤僻的人身上，他们出于对男女之情的好奇而希望交往，但慑于流言蜚语而害怕交往。持有此种困惑心理的人因不能正常交往而痛苦。

2. 异性交往困惑的调适

（1）应深入理解、正确认识男女间的交往。异性吸引是人类的自然属性，男女间的交往是社会生活的需要，是很自然的事，不要受中国传统观念中"男女授受不亲"的影响而回避男女交往。男女交往多了自然会产生一定的友情，但这种友情不一定会发展成爱情，勿把友情当爱情。

（2）在男女交往中要提高自身修养，保持高雅格调，既要大方热情，又要讲究分寸，发展健康的异性间友谊。

第二节　宿舍人际关系

一、宿舍人际关系的特点

1. 时空充分接近，矛盾相对集中

大学生的宿舍人际关系是时空充分接近的人际关系，也是纠纷、矛盾相对集中的人际关系。个体的行为习惯、人格特征在同室关系中彻底呈现出来，在这些方面存在较大差异的同学之间很可能发生矛盾，关系紧张。迟睡或早起的学生与入睡困难的学生之间，乱放杂物的学生与很爱整洁的学生之间，要午休与不午休的学生之间，喜欢热闹气氛的学生与喜欢安静环境的学生之间，说话幽默的学生与说话严肃的学生之间，均可能相互误解、讨厌、反感和敌视。住上下铺的同学之间更容易出现矛盾。有的学生不喜欢别人坐自己的床铺，有的学生不喜欢别人用自己的东西，如果某些同学注意不够，就容易引起不愉快。另外，与非本班、非本系学生合住的个体，也常常抱怨同室关系麻烦。

2. 细节决定关系

有的学生在宿舍中经常打开水、扫地，而其他学生很少做，自己做了以后别人也没有任何表示，好像是应该的，有的学生喜欢不打招呼就用别人的东西，还有些学生喜欢开着灯睡觉。诸如此类，虽然是小事，但日积月累就会产生矛盾和冲突。

3. 宿舍成员有极强的归属感

大多数学生会把宿舍比作"家"，进入大学远离了能给予他们情感满足的父母、亲戚，都希望"新家"如父母的家一样安宁、温馨，希望能得到尊重、理解和支持，希望宿舍成员能如兄弟姐妹一样相互照顾、互相帮助。

"远亲不如近邻"，但"近邻"不一定都和睦，因为个性和阅历的差异，生活习惯、行为方式的不同，再加上缺乏社会经验、不太懂为人处世，矛盾在所难免。

心理案例

一位俊秀的女生走进咨询室，眉宇间充满惆怅，惴惴不安地说："老师，我不想在宿舍里住了。"说完便低下了头。

"我看你是有心事，愿不愿意具体说一说？"老师耐心地问。

在老师关切的目光下，她敞开了心扉："我不喜欢我们宿舍的人，我和她们格格不入。我喜欢安静，可她们每天总是闹哄哄的，天天三人一群，两人一伙。晚上很晚才睡觉，还特别喜欢聊天，灯光和说话声音让我彻夜难眠。我不想把时间和精力放在处理人际关系上，只想做自己的事儿，但是我现在什么也做不成，她们总是在干扰我，我想搬出去算了。"

这位同学的问题为宿舍生活适应不良。同宿舍的学生在生活习惯、作息时间、个人卫生等方面不可避免会产生许多矛盾和冲突。于是交往机会越多，引发矛盾的机会也就越多，宿舍同学之间的交往在大学生交往中最为密切，所以也就成为大学生人际矛盾集中爆发的地方。北京师范大学心理咨询研究中心聂振伟教授说："当前很多大学新生不能处理好宿舍人际，产生郁闷感、孤寂感，甚至发展成宿舍焦虑症。"

二、宿舍人际关系的影响

宿舍人际关系不良会严重影响身心健康，表现如下。

1. 易使宿舍成员感到孤独

宿舍是一个全新的环境，宿舍人际关系对大学生来说，也是全新的人际关系。它不像中学时人际交往那么简单，同学之间不再什么话都说，从而使一些学生感到同学之间不像以前那么好了。

2. 易使宿舍成员产生心理障碍，患上心理疾病

因缺乏交往技巧或在交往中受过伤害的人易产生挫折和自卑心理，甚至患上社交恐惧症。严重的人际纠纷造成的持久精神痛苦还会导致反应性精神病，引发严重后果。

3. 易产生冲突甚至酿成悲剧

越是邻近的人交往的机会越多，宿舍成员之间的交往算是最"亲密"的了，这种近距离会带来各种误会、小摩擦及由此造成种种危害。

虽然不良宿舍人际关系严重影响大学生身心健康，但好的宿舍人际关系更会促进大学生身心健康发展。宿舍是大学生的"第一家庭，第二课堂"，是一个小型的社会，是学生的"新家"，是一个无形的课堂，教给大学生书本中没有但对身心健康至关重要的知识。

三、引发宿舍矛盾的"七宗罪"

1. 乱扔垃圾

地上铺满由瓜子壳、废纸制成的"地毯"，踩上去也许还会发出"吱吱"的声响；想要寻找一把扫帚，却发现它已在垃圾掩埋处；深呼吸一口，发觉空气中弥漫着一股异味。这样的场面也许有些极端，但也正是一部分大学宿舍卫生状态的真实写照。爱干净的学生一旦意识到自己已经成为宿舍唯一的"清洁工"，心头的不快就会逐渐堆积起来。

2. 制造噪声

一位新学期才搬入新宿舍的学生反映，他两个室友沉溺于无休止的电脑游戏中，"感觉宿舍就像战场"。爱学习的他不得不每晚去挤自修教室。如果游戏的快乐是建立在别人忍受噪声的痛苦上，宿舍生活的快乐就要打折扣了。此"罪状"也适用于开大音响音量，强迫室友听音乐者。

3. 计较小钱

要在关系密切的宿舍成员中，把互相的经济账精确到以角做单位的程度，几乎是一项"不可能完成的任务"。然而有一小部分学生还是"执着"于追求宿舍经济分配的"绝对公平"，早上我请你吃了一顿饭，心里就上了根弦，一定要尽快"吃回来"。到头来宿舍"财政"是理得一清二楚了，却忽视了由此带来的情感损失。

4. 随便吸烟

在宿舍内吸烟给同处一个屋檐下的人群带来的危害，绝不仅仅是尼古丁等有害物质的。不征询室友的意见就随便吸烟，实际上是对于室友健康权利的轻视。试想，谁又愿意和一个无视自己健康权益的人愉快相处呢？

5. 作息紊乱

晚睡的学生动静太大，影响了正常休息的同学。这样的矛盾在没有熄灯制度的寝室尤为突出。更有甚者，有些学生为了给自己头天晚上受到的"不公正待遇"讨回公道，第二天起床时故意将拿脸盆、搬凳子的声音翻倍。如此一来，形成恶性循环，寝室人际的温情也就在一日一夜的折腾中灰飞烟灭了。

6. 言论霸权

"我最讨厌的就是每次发生争论，不管什么话题，他总要把我彻底驳倒才罢休。"一位大一学生说。逼迫别人接受自己的意见容易激发他人的抗拒心理，同一寝室中不见得谁的观点就比别人高明多少，所以如果发现自己在"寝室辩论"中总是取得全胜的一方，小心寝室不和的种子也许已经在小圈子里播撒开了。

7. 亲密过分

凡事有"度"，亲密得太"不拘小节"了，好事也要变坏。例如，反正是好兄弟的东西，一包饼干不算什么，先吃了再说；下雨天不想买饭打水了，就请同寝室的姐妹代劳一次。一两次可以，长此以往，如果帮忙的机制得不到公平的补偿，再铁的兄弟、再亲的姐妹，也会心生反感。尤其是因为事情发生在朋友之间，同学大多会选择低调处理，如果心头的荫翳长久得不到消除，沉默也总有爆发的一天。

四、预防及化解冲突

1. 协商作息时间

一个宿舍的同学来自四面八方，生活习惯各异，由此引发的矛盾也不少，制定统一的作息时间，能够减少矛盾。

（1）宿舍全体成员应当尽量统一起居时间，减小作息差距。

（2）如果同宿舍的人爱彻夜长谈，影响大家休息，直接提意见难以奏效，那么可以相应调节自己的计划，如可以推迟上床的时间，或听听英语录音。

（3）给别人提意见，注意方式方法，不要过于生硬，以免让对方难以接受。

（4）如果有人违反了作息制度，可以安排他（她）打扫寝室卫生。

2. 协作搞好宿舍卫生

宿舍成员该做的不仅是自己的事，也包括集体的事。有些人住集体宿舍时间久了便"原形毕露"：从来不打开水，衣物不注重整理，对宿舍的公共卫生不闻不问，扫地、擦门窗等事都指望室友来完成。只有提前协商，共同搞好宿舍卫生，才能营造良好的人际环境。

我们必须尽力搞好属于自己的那份杂务，不要指望别人来"帮助"自己，要养成凡事亲力亲为的好习惯。对于没有履行值日义务的室友，我们也可以进行如下适当的"惩罚"。

（1）罚扫一个星期的地。

（2）交一定数额的罚款作为寝室费，以备买公共物品之需。

（3）在宿舍讨论会上对一个星期的卫生情况进行总结，大家公开说出不满和需要注意的地方并进行自我教育和反省。

3. 化解冲突

宿舍人际冲突的处理是否及时、妥当，不仅关系到高校学生管理工作的质量，而且对学生的学习生活和健康成长有着深远的影响。一些较为严重的心理问题的产生，如过分的自卑、抑郁、狂躁、攻击性甚至精神分裂，与大学生宿舍人际冲突没有及时妥善解决有一定的关系。云南大学马加爵杀人事件反映了妥善处理大学生宿舍人际冲突的重要性和紧迫性。因此，积极探索大学生宿舍人际冲突的对策，是高校学生管理工作者面临的新任务。这一问题的解决离不开学校和大学生的共同努力。

（1）学校应该通过多种形式和途径加强大学生心理健康教育，提高大学生心理健康水平和人际交往技能，具体做法如下：

① 开设大学生心理健康教育课程，将大学生心理健康教育作为选修课，通过开展心理健康教育来全面提高大学生心理素质，培养他们尊重、理解、宽容、信任等优良的个性心理品质。

② 开设人际关系学系列专题讲座，向大学生讲授人际交往的意义、人际交往的艺术、人际冲突的原因以及人际冲突的应对策略等相关知识，丰富大学生人际交往知识，提高大学生的人际关系认知和人际交往能力。

③ 针对新入学的大学新生进行宿舍人际关系学专题讲座，通过一些典型案例，引起大学新生对宿舍人际关系和人际冲突的重视，提前做好心理准备，并学会与室友和谐共处的技巧和方法，尽快融入宿舍集体生活。

（2）学校应该建立分级的人际冲突干预机构，及时发现并妥善解决宿舍中出现的人际冲突。学校对人际冲突干预可以分为3级。

① 宿舍内部干预。在安排宿舍时，每个宿舍指定一名综合素质尤其是人际协调能力较好的大学生，作为宿舍人际矛盾的调解员，其主要任务是润滑宿舍人际关系，及时发现宿舍成员之间的矛盾，通过自己的努力加以化解，对于比较复杂的、难以调解的矛盾冲突，应及时向辅导员反映。

② 辅导员干预。那些超出了宿舍调解员调解能力范围的人际冲突，被及时反映到辅导员处，辅导员要及时进行矛盾冲突的调解。辅导员在充分了解冲突的起因、经过等基本情况后，针对具体问题，对当事人进行必要的思想教育或心理疏导，或借助学校有

关方面的力量来妥善解决冲突。

③ 学校心理咨询中心干预。大学宿舍的人际冲突有相当一部分是由宿舍成员自身的心理问题引起的，此类冲突的解决，最根本的方法是要及时针对学生的心理问题进行咨询和治疗。心理咨询中心可以通过个别咨询、团体训练等方法，使有心理问题的大学生认清自身问题所在，及时纠正认知上和行为上的偏差，塑造健康的个性心理。对于已经产生严重心理障碍和心理疾病的大学生，学校心理咨询中心应该及时与专业的心理治疗机构联系，对其进行心理治疗。

（3）大学生应该积极主动地加强自身修养，养成积极健康的个性心理品质。人际冲突的预防和避免，根本上是要加强大学生自身的素质修养。大学生应该开阔视野，利用各种机会提高自身修养，学会客观地分析问题，提高自我控制能力，学会宽容、尊重、理解、信任和赏识他人，消除偏见、自私、敏感、嫉妒等不健康的心理，提倡公开公平的竞争。此外，大学生还应该努力学习人际交往知识技能，探索人际交往的艺术，学会与他人和谐共处。

良好的宿舍环境有赖于和谐人际关系的建立，而良好的宿舍环境又会促进和谐的人际关系的形成，同时二者会共同促进个人的发展。多年的宿舍生活，同学之间有团结合作也会有矛盾冲突，但是最终大家都要学会与他人共处，学会沟通，学会理解和宽容，学会适应环境。他们从宿舍开始学习认识社会和适应社会。学生置身于轻松愉快的宿舍环境下，可以增强进取心，开阔胸怀，因注意力转移而冲淡和忘却不愉快的心理因素，从而促进学生健康心理的形成。

第三节　班级人际关系

一、班级中的人际关系

班级中学生之间的人际关系，并不像人们想象的那样单纯，而是极为微妙和复杂的。学生之间除正式交往外，多表现为一种非正式的交往关系。学生之间非正式交往不是等距离进行的，而是相互之间有所选择的，这种相互选择的结果，便使班级形成了各种不同性质的非正式小群体。因此，经营班级人际关系不可忽视非正式小群体的作用与影响。

班级中的非正式小群体是以共同的爱好、共同的观点或共同的志愿为基础，自愿结合而成的学生群体。从我国情况看，非正式小群体在各级各类学校中的班级中普遍存在，这些小群体又可分为不同的性质和类型，有亲集体型的，有偏集体型的，也有反集体型的。

这些非正式小群体，不仅成为学生学习文化的组织，其本身也是学生学习的资源。研究班级学生人际关系，既要重视对非正式小群体的研究，还要重视对每个学生实际地位的分析。因为每个学生在班级中的地位不仅受到他所处的小群体的地位的影响，同时还与他在正式群体中所充当的角色有关。

美国社会心理学家莫雷诺曾于 20 世纪 30 年代发明了一种"人际关系测量法"，通过这种方法的测定，莫雷诺发现，在班级社会中，学生的地位取决于所属 3 种不同类型的人际关系，一为人缘型，二为嫌弃型，三为中间型。处于第一种人际关系的学生地位较高，处于第二种人际关系（即嫌弃型）的学生地位甚低，第三种中间型的则地位一般。

通过上述分析，可以看出班级学生人际关系所具有的复杂性，其对人的发展的影响亦可想而知。

心 理 案 例

进入大学以来，小涛能力出众，被老师委以重任……就在小涛暗自高兴时同学却慢慢疏远他了。每当小涛进到班级，同学们的谈话就戛然而止，问缘由，说："你是名人，我们哪能和你聊天啊？"小涛主动搭话，他们也总拿酸溜溜的话来刺激他。现在室友们无视他的存在，几乎不和他说话，对此，小涛痛苦不已。

小涛被孤立，一方面可能源于室友的嫉妒和不服气，不把他看作集体中的一员，排挤他；另一方面则由于小涛不能很好地融入这个集体，不能站在同学们的角度去考虑问题。

二、班级人际关系对学生个性发展的影响

处于大学时期的学生，随着自我意识的发展，对群体生活有强烈的需求，他们希望通过群体满足个人社交的需求；在学习中常常碰到一些个人能力不足以解决的问题和矛盾，迫切需要群体的支持和帮助；学生们兴趣广泛，求知欲旺盛，渴望有与他人交流切磋的机会。大学生的这些需要如果在班级正式群体中得不到满足，就必然要转向各种非正式小群体。这些非正式小群体的特征是：成员（学生）之间具有密切的情感联系并因此具有较强的凝聚力；有为成员共同遵守的不成文规范，有为成员公认的核心人物；有一条传递迅速的信息交流渠道。非正式小群体的上述特征，使其在班级中能起到重要的积极或消极作用，更对学生个体各方面的发展起着举足轻重的作用。

这些影响主要表现在以下几个方面。

1. 影响学生个体社会化的发展

在具有良好学生人际关系的班级里，亲集体型的非正式小群体与人缘型学生的人际关系居于支配地位，学生有着与社会期望一致的目标指引，观念的一致性，行动上的协调性，既是促成学生对班级目标认同的基本条件，也是产生集体舆论萌芽的必要环境。这样的环境对于个体社会化起着很大的推动作用。相反，学生若在偏集体或反集体的非正式小群体中，往往容易导致偏离集体目标甚至反抗教师的倾向，对抗集体或破坏社会

秩序，使学生个体正常的社会化受到影响，走向极端个人主义，甚至走上犯罪道路。

2. 影响学生个性的发展

在学生人际关系较为复杂的情况下，每个学生所处小群体的性质不同，在班级中的地位也时有变化，这不仅为学生的社会化提供了不同条件，也为个性的自由发展提供了丰富多彩的环境。许多学生的兴趣、爱好、志向、愿望、理想、价值观念与行为习惯等，就是他们在长期所处的非正式小群体中通过互相影响而逐渐形成的。这也是非正式小群体内学生之间关系往往非常亲密，相互了解和理解较多，在言行举止、为人处世等方面，彼此感染和熏陶的程度也深，所以对彼此的成长有重要的影响。但是，并非所有学生都属于某一非正式小群体。在一个班级里还有不少学生只属于班级正式群体，即只是班级的一个成员，不属于某非正式小群体。这些学生中有人缘型的，也有嫌弃型的，还有一些是中间型的。在这3种人际关系类型中，学生的发展是不一样的，由于他们各自所处人际关系的地位不同，各自的言行举止、为人处世、思想认识、内心感受、人生观及世界观也都是不同的。例如，人缘型的学生，其地位高，结交广，这种学生往往性格外向，做事充满信心，具有宏图大志；而处于嫌弃型的学生，则地位低下，落落寡合，被人嫌弃，这很容易导致其自卑、敏感，走向孤僻、封闭，或形成对抗、逆反的性格；而中间型的学生既不那么被人喜爱，也不怎么被人嫌弃，地位一般，这些学生有进步的可能，但又往往流于平庸无奇，安于现状。显而易见，由于学生在人际关系中的地位不同，班级人际关系对其个性的发展有着不同的影响，这种影响甚至会对学生一生的发展产生重要作用。

三、换个说法改变心态

大学班集体，少则几十个同学，多则几百个同学，由于个性、生活习惯、家庭背景等差异，难免产生各种不良心理。不满他人时，可以从另一个角度想一想（表5-1）。

表5-1 消极与积极的说法

消极的说法	积极的说法
班里同学没啥品位，难找知己啊	同学身上有好品质让我学习
他们这么热情是对我有所企图吧	无论有什么企图我都应该热情待人
同桌和身后的同学说笑，一定在笑我	肯定遇到开心事了，这么高兴
他的奖学金肯定是走后门得来的	恭喜你，兄弟，别忘请客哦
她算什么班花？不打扮丑死了	你今天好漂亮，头发在哪里做的啊
他好优秀，我才比不上他呢	只要我努力，就会有进步
我长得丑，同学们都不爱和我交朋友	心里美比外貌的美要持久得多
这人怎么不搭理我？有什么了不起	他可能忘了戴隐形眼镜，没有看清我
太没礼貌了，懂不懂怎么尊重人	也许他正在想问题呢

四、改善班级人际关系，促进大学生身心健康发展

班级人际关系对大学生成长的影响，可能是正面的，也可能是负面的，即班级人际关系有时能促使大学生健康成长，有时会阻碍他们的正常发展。这就需要加以引导，以形成良好的班级人际关系环境，从而对大学生完美个性的培养起到促进作用。为此就要求作为班级行动组织者的班主任作出不懈的努力，抓好以下几个方面的工作。

（1）教育学生确立正确的人际关系态度，提高学生对人际交往的认识，鼓励他们乐于交往、勇于交往和善于交往。

（2）培养学生进行人际交往的能力。一是开展多种形式的班级活动，培养学生合作共事的能力；二是让学生轮流承担班级的各种社会职责，培养他们的管理能力和交往能力；三是引导学生自己解决交往中的矛盾，培养自我调节的能力。

（3）因势利导做好非正式小群体的工作，引导这些小群体走上促进班级团结、增强班级凝聚力的正确轨道。另外，教育学生发挥自己的主观能动性，为建设团结、向上、健康的班级人际关系环境贡献自己的一分力量，这不仅有利于促进班级团结，更为每个学生的个性发展创造了有利的环境和良好的氛围。

心 理 案 例

B从大二开始担任班级团支书，与班长A一起管理班级。上任前两人是好朋友，上任后，团支书B发现班长A处处和自己过不去：班长A做事不尽责尽心，自己代他处理时他又不高兴，认为B抢了他的风头。一天班委开会，A和B因某事意见不合而发生争执，于是A向B动粗，多亏同学劝阻，"战争"才没有升级。班里同学私下里认为B的能力强于A，A知道后很不服气。大二下学期评选优秀班干部，B当选为优秀班干部，A却落选了，他觉得很没面子。顾及A的颜面，B私底下和其他班委商量给了A一个"三好学生"的称号。大三学期一开始，A和B同时竞选班长，票数一样，B退出了，A连任班长。B原以为A会向他表示感谢，可A没有任何表示。B很苦恼，为什么主动、热情、真诚、退让和妥协换来的是冷漠？

✎ 课堂自测

大学生人际关系综合诊断表

指导语：这是一份有关人际关系行为困扰的诊断量表，共28个问题，选"是"的打"√"，选"非"的打"×"。请你认真完成，然后看后面的评判标准和说明。

1. 关于自己的烦恼有口难言。 （   ）

2. 和生人见面感觉不自然。 （   ）

3. 过分地羡慕和妒忌别人。 （   ）

4．与异性交往太少。　　　　　　　　　　　　　　　（　　）

5．对连续不断的会谈感到困难。　　　　　　　　　　（　　）

6．在社交场合感到紧张。　　　　　　　　　　　　　（　　）

7．时常伤害别人。　　　　　　　　　　　　　　　　（　　）

8．与异性来往感觉不自然。　　　　　　　　　　　　（　　）

9．与一大群朋友在一起，常感到孤寂或失落。　　　　（　　）

10．极易受窘。　　　　　　　　　　　　　　　　　　（　　）

11．与别人不能和睦相处。　　　　　　　　　　　　　（　　）

12．不知道与异性相处如何适可而止。　　　　　　　　（　　）

13．当不熟悉的人对自己倾诉他的生平遭遇以求同情时，自己常感到不自在。
　　　　　　　　　　　　　　　　　　　　　　　　（　　）

14．担心别人对自己有什么坏印象。　　　　　　　　　（　　）

15．总是尽力使别人赏识自己。　　　　　　　　　　　（　　）

16．暗自思慕异性。　　　　　　　　　　　　　　　　（　　）

17．时常避免表达自己的感受。　　　　　　　　　　　（　　）

18．对自己的仪表（容貌）缺乏信心。　　　　　　　　（　　）

19．讨厌某人或被某人所讨厌。　　　　　　　　　　　（　　）

20．瞧不起异性。　　　　　　　　　　　　　　　　　（　　）

21．不能专注地倾听。　　　　　　　　　　　　　　　（　　）

22．自己的烦恼无人可申诉。　　　　　　　　　　　　（　　）

23．受别人排斥与冷漠。　　　　　　　　　　　　　　（　　）

24．被异性瞧不起。　　　　　　　　　　　　　　　　（　　）

25．不能广泛地听取各种意见、看法。　　　　　　　　（　　）

26．自己常因受伤害而暗自伤心。　　　　　　　　　　（　　）

27．常被别人谈论、愚弄。　　　　　　　　　　　　　（　　）

28．与异性交往不知如何更好地相处。　　　　　　　　（　　）

【说明】

良好的人际关系是大学生的人生财富。有了它，事业会顺利，生活会如意。但是，良好的人际关系不会从天上掉下来，而是需要我们的辛勤努力。北京师范大学郑日昌教授编制的人际关系综合诊断量表从交谈方面、交友方面、待人接物、同异性交往等角度全面评估大学生的人际状况，并给出人际改善建议。

【评判标准】

打"√"的给1分，打"×"的给0分。

如果你得到的总分是0～8分，那么说明你在与朋友相处上的困扰较少。你善于交谈，性格比较开朗，主动关心别人，你对周围的朋友都比较好，愿意和他们在一起，他们也都喜欢你，你们相处得不错。而且，你能够从与朋友相处中得到许多乐趣。你的生活是比较充实而且丰富多彩的，你与异性朋友也相处得很好。你不存在或较少存在交友方面的困扰，你善于与朋友相处，人缘很好，获得许多人的好感与赞同。

如果你得到的总分是 9～14 分，那么你与朋友相处存在一定程度的困扰。你的人缘很一般。换句话说，你和朋友的关系并不牢固，时好时坏，经常处在一种起伏波动的状态之中。

如果你得到的总分是 15～28 分，那就表明你在同朋友相处时困扰较严重；分数超过 20 分，则表明你的人际关系的困扰程度很严重而且在心理上出现较为明显的障碍。你可能不善于交谈，也可能是一个性格孤僻的人，不开朗，或者有明显的自高自大、讨人嫌的行为。

大学生在人际关系方面存在的一些心理障碍主要表现为自我中心、多疑、害羞、孤僻、自卑、嫉妒、社交恐惧症等。一些研究表明，人际关系不和谐的大学生，其个人的成才及其未来的成就会因此而受到严重的影响。及时诊断并采取必要的措施予以治疗，是消除大学生人际关系方面心理障碍的较好途径。

心理训练

心有千千结

心理游戏"心有千千结"是一个寓意丰富的游戏，蕴藏着很多人生哲理。通过团体小组的情感分享，使成员体验到当人生中遇到困扰时，只要用心，就一定可以解脱。

目的：

1．靠集体的力量解决困难，体会团体支持对个人的意义和重要性。

2．通过共同活动中的身体接触，增进团体成员之间的信任和情感融合。

操作：

1．时间约需 20 分钟。

2．10 人一组，手拉手围成一圈，拉着手转圈，在转圈的过程中熟悉旁边的人，所有人记清楚自己旁边的人是谁。

3．所有人交换位置，原则是自己的左右手边与刚才一定不能相同。交换完之后依然是一个圈。

4．站在原地伸出双手，拉住最初旁边人的手，左手和右手千万不要拉错了，形成"千千结"。

5．大家齐心将结打开，在这个过程中拉着的手不允许分开，看哪一组先解开"千千结"。

绘制社会关系亲疏图

目的：了解个人社会关系的现状，反思自己在人际交往中的不足。

操作：

1．思考：你身边的人际关系有哪些？

2．画出你的人际关系图（图 5-1）：用距离的远近代表彼此关系，并思考与不同的人交往的目的、感受和方式有什么不同。

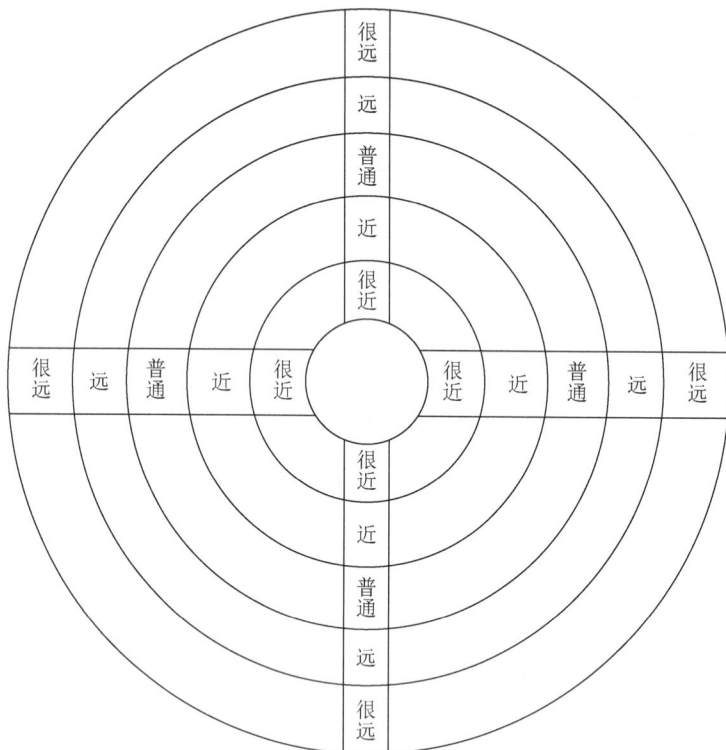

图 5-1　社会关系亲疏图

人生百宝箱

目的：通过回答问题，发现人生中对于自己最为宝贵的人际关系。

操作：回答以下问题：

（1）当你有好消息时，最想跟谁分享？（　　）

（2）当你要搬很重的东西时，你会找谁帮忙？（　　）

（3）当你生病的时候，希望谁陪你去医院？（　　）

（4）当你有烦恼困惑时，最想找谁倾诉？（　　）

（5）当你孤独时，最想找谁陪伴？（　　）

（6）当你经济出现问题时，最可能找谁帮忙？（　　）

（7）当你要去旅行时，最想谁与你同行？（　　）

（8）当你学习中遇到不懂的问题时，最想找谁解答疑惑？（　　）

（9）当你事业有成就时，最想跟谁分享成功的喜悦？（　　）

集体讨论：

（1）看着自己的百宝箱有什么感受？

（2）听了同学的百宝箱有什么启发？

第六章 玫瑰花园撷我所需——大学生恋爱与性心理

案例导入

小朋生性木讷、性格内向。高中只顾学习,没谈过恋爱。大学,看到一对对小情侣花前月下,甚是羡慕。于是选修课特意选了文科班老师的课,只为遇到意中人。果然,小朋在历史课上遇到一个漂亮女生。他走上去,故意坐到她旁边,由于太过紧张只问了句"你是哪个专业的"便语塞了。第二次上课,小朋又坐到了这位美女旁边,鼓了半天勇气终于开口问了句:"能借你的书看看吗?我忘记老师讲到哪了。"女生递过书来,小朋赶紧翻开扉页,上面醒目地写着"谢楚楚"。恐怕这世上再也没有什么事能够如此深刻迅速地刻入小朋的脑中了。小朋急急地把书还给她,却发现她正对着自己傻傻地笑,那微笑正如一朵茉莉花,氤氲地舒展开来。小朋不禁咧着嘴憨笑。

下课后,小朋一路哼着小曲,满足地回到了宿舍。回到宿舍他发现室友正在校内网上投票,一问才知,校内网是大学生最喜欢的网站之一,大部分同学都注册了。小朋不禁心头一热,立马在网上注册了,并迅速地查找到"谢楚楚"加为好友。不仅如此,他还发动了一个投票:你是什么时候开始谈恋爱的?(A.小学的时候;B.初中的时候;C.高中的时候;D.大学,正在恋爱中)。为保证收到结果还在后边加了句"欢迎大家尤其是新加的好友投票,真诚感谢"。

那以后,小朋整天魂不守舍,每天一下课就往宿舍跑,查看有没有回复。第六天,终于看到目标回复了,但对方投的是D。苦苦等待数日,却等来了这个结果,小朋伤心不已。

当天晚上小朋便买了零食和啤酒,请室友大吃一顿。他说是借酒消愁,还自言自语距离产生美,能留下一些回忆总是好的。

爱情是世界上最复杂的情感现象。几乎在所有的文化中,最美丽的故事和传说都与爱情有关,大学时代正是谈恋爱收获爱情的好时机。大学生该如何做才不会辜负美好的青春呢?

第一节　爱情的内涵、恋爱的准备

一、爱情概述

（一）爱情的含义

人们渴望得到爱情，甚至愿意为它生，为它死。

那么爱情到底是什么呢？狭义的爱情是指男女之间相互爱恋的感情。广义的爱情是指人与人之间相互爱恋的感情。心理学上对爱情的定义：爱情是一对男女之间基于一定客观物质基础和共同生活理想，在各自内心形成的最真挚的相互倾慕并渴望拥有对方，直至成为终身伴侣的强烈的、持久的、纯真的感情。

我们来看一下名人对爱情的看法。

马克思说："真正的爱情是表现恋人对他的偶像采取含蓄、谦恭甚至羞涩的态度，而绝不是表现在随意流露热情的过早的亲昵。"

瓦西列夫在《情爱论》中说："爱情是作为男女关系上的一种特殊的审美感而发展起来的，爱情创造了美，使人对美的领悟能力敏锐起来，促进对世界的艺术化认识。""爱情把人的自然本性和社会本质联结在一起，它是生物关系和社会关系、生理因素和心理因素的综合体，是物质和意识多方面的、深刻的、有生命的辩证体。"

苏霍姆林斯基说，"真正的爱情，这意味着不仅是欣赏美，而且要培植美，创造美"；"在生活中还有别的事情的时候，爱情才会是美好的，如果没有崇高的社会目标将人们联结在一起，爱情就会变成地狱"。

别林斯基说："爱情是生活中的诗歌和太阳，但是在我们这个时代，如果想把幸福大厦仅仅建立在爱情之上，并在内心指望自己的一切意愿都得到充分满足，他将是不幸的。"

马斯洛认为："爱的需要涉及给予和接受爱，我们必须懂得爱，必须能教会爱、创造爱、预测爱。"

心理学家弗里茨·海德说："爱是深度的喜爱。"

人类学家林菲尔德说："爱是一种可以观察到的、两个异性之间的、偶尔是同性之间的关系，这种关系反映了一种有模式的、重复的、标准的行为和特别是态度及情感状态，这实际上包括潜在的性行为。"

综上所述，爱情是富有浪漫色彩的高级情感，特征也多种多样。

（二）爱情的三角形理论

美国心理学家罗伯特·斯滕伯格认为爱情由3个基本成分组成：激情、亲密和承诺。激情是爱情中的性欲成分，是情绪上的着迷；亲密是指在爱情关系中能够引起的温暖体验；承诺指维持关系的决定期许或担保。这 3 种成分构成了喜欢式爱情、迷恋式爱情、空洞式爱情、浪漫式爱情、伴侣式爱情、愚蠢式爱情、完美式爱情 7 种类型。这就是爱情的三角形理论。

激情、亲密、承诺，被人们看作爱情的三要素，理想的爱情三者缺一不可。因为亲密是两人之间感觉亲近、温馨的一种体验，简单来说，就是一种能够给人带来温暖的情绪体验。亲密包含 10 个基本要素：①渴望促进被爱者的幸福；②跟被爱者在一起时感到幸福；③对对方高度关注；④尊重对方；⑤相爱两方互相理解；⑥与被爱方分享自我和自己的占有物；⑦从被爱方接受感情上的支持；⑧给被爱方以感情上的支持；⑨跟被爱方亲切沟通；⑩珍重被爱方。

激情是一种强烈地渴望与对方结合的状态。通俗地说，就是见了对方，会有一种怦然心动的感觉，和对方相处，有一种兴奋的体验。性的需要，是引起激情的主要因素，自尊、照顾、归属、支配、服从也是唤醒激情体验的因素。激情可以是积极的，也可以是消极的。积极的激情能激励人们克服艰险，攻克难关；消极的激情常常对正常活动具有抑制作用或引起冲动行为。

承诺就是相爱双方在内心或者口头上给予对方的对爱情的预期结果。承诺由两个方面组成：短期的和长期的。短期方面就是要作出爱不爱一个人的决定；长期方面则是作出维护这一爱情关系的承诺，包括对爱情的忠诚，责任心。也就是结婚誓词里说到的"我愿意！"，是一种患难与共、至死不渝的承诺。两者不一定同时具备。例如，决定爱一个人，但是不一定愿意承担责任，或者给出承诺；又或者决定一辈子只爱他（或她），但不一定会说出口。

（三）爱情的特征

爱情具有排他性、冲动性、直觉性、隐秘性等特征。

1. 排他性

排他性是爱情的最大特点。在其他各种爱当中，排他性都是不存在的，如果有也是不强烈的，人们可以忍受的，唯独爱情例外，所以才会有"情人眼里不容沙子"之说。父母子女、同事朋友之间的爱不会因为各自还有其他的人际关系而互相疏远，但爱情就不一样了。一旦两人成为恋人，双方都反对对方与其他异性发生恋情。这种特点对维持爱情的稳定长久很有必要，如果任由恋人与其他异性发展亲密关系，爱情就不可能稳固。

2. 冲动性

冲动性在其他一般人际关系中是不存在或不那么强烈的，大都能控制在适当水平，难以自制的情况较少出现，爆发强度和速度远远低于爱情。

3．直觉性

都说爱情是没道理可讲的，喜欢了就是喜欢，凭的是直觉。爱情具有明显的直觉性，一见钟情就是直觉性在起作用。有时，直觉的相悦甚至可以主宰爱情的步伐，直觉性使爱情从一开始就具有给人快乐的特殊性能，这也是一见钟情的心理基础。但直觉性毕竟是肤浅和外在的，由直觉主导的爱情带有明显的盲目性和片面性、冲动性。

4．隐秘性

血缘爱、友爱、敬爱等都是公开的，其流露都是很自然的。爱情则不然，尤其是在它的初始阶段，相爱双方的行为带有明显的隐秘性。即使在热恋阶段，恋人的亲昵行为也是不愿让人看到的，这使爱情的心理感觉在含蓄的体验中带有某种美好的诗意。

（四）爱情的本质

爱情是一种深刻的心灵体验，是一对男女基于一定的客观物质基础和共同的生活理想，在各自内心形成对对方的最真挚的仰慕，并渴望对方成为自己终身伴侣的强烈的、稳定的、专一的感情。爱情的本质，是人的社会属性与人的自然属性相结合的异性间的崇高感情。

二、大学生的恋爱心理

在大学阶段，许多大学生在承受学习压力的同时也被与恋爱和性有关的各类问题所困扰。大学生是否可以谈恋爱，大学生谈恋爱是利大于弊还是弊大于利，实际上是什么样的大学生才具有谈恋爱的资格的问题。从恋爱心理卫生的角度分析，人格不成熟的大学生匆忙接触爱情容易导致不成熟的恋爱，产生多种心理问题。

（一）大学生恋爱的特点

德国著名诗人歌德曾说："天下哪个倜傥少男不善钟情？天下哪个妙龄少女不善怀春？"

大学生的年龄一般在 18～22 岁，无论个体生理发育或心理发育，还是社会的认可和家长的鼓励，都存在恋爱的可能性。正所谓万事俱备，只欠东风，只要有合适的场合，成熟的时机，男女大学生就很容易产生感情，坠入爱河。因此，大学生恋爱的特点也发生了很大的变化。

1．恋爱行为公开化

随着时代的发展，人们对男女大学生之间的恋爱关系持宽容态度，大学也不禁止大学生结婚，所以大学生恋爱更加公开化，在大学校园到处可见成双成对的身影。当前大学生谈恋爱已不再顾忌他人的评价，已经逐渐从 20 世纪七八十年代的"地下"转到 90 年代的半公开，直至转为现在的完全公开。

2. 恋爱的目的多样化

调查显示，单纯因感情问题而谈恋爱的只占大学生情侣的49.4%，其他人则因为如"从众""孤独""空虚""寻求刺激""体现自我"等非感情因素驱动而谈恋爱。这使得当前大学生情感体验复杂化，恋爱心理多样化。许多大学生在恋爱中没有考虑到将来是否能够结婚，不是自觉地意识到应选择一个终身伴侣，他们恋爱，只是因为需要爱和被爱，或者只为找一个伴而已。

3. 恋爱年纪低龄化

大学生刚进入大学就谈恋爱的比例逐渐上升。现在大学后勤服务工作做得相当周到，每年新生入学，团委、学生会都会成立志愿者服务队，每个班级都有两个班主任助理。在交流中，这些高年级的学哥学姐或多或少会给学弟学妹们灌输一些恋爱观念，有些高年级大学生还没对象，正好等到了谈恋爱的大好的机会。现在谈恋爱的大学生中，一年级学生谈恋爱的比例比其他年级段都要高。

4. 恋爱关系脆弱化

在校大学生谈恋爱一般不考虑经济、地位、职业、家庭等社会性问题，浪漫色彩浓厚，表现为恋爱率高，范围广，巩固率低。很多同学是抱着玩玩儿的态度，他（她）们知道大学生的恋爱是不成功的多，最终能发展为婚姻关系的更是寥寥无几。

5. 恋爱过程信息化

现在大学生谈恋爱的沟通渠道多元化，约会不一定非得见面，电话、手机、电脑都成了谈恋爱的工具。

所以，当代大学生恋爱特点复杂，有人把大学恋爱比作青涩的果实，难以成熟，但初恋也往往因为纯真而更显得美丽难忘。

（二）大学生恋爱的动机

大文豪雨果曾在他的诗歌《来，一支看不见的笛子》中深情地赞美爱情："但愿你一心无挂，相爱吧！永远相爱吧！最迷人的歌儿，是爱情的歌儿。"但是大学校园里的恋曲并不都是快乐和幸福的，更多的是烦恼和苦涩，这主要是大学生恋爱的不良动机导致的。

1. 消遣性

一些大学生谈恋爱是为了消除寂寞，寻求慰藉。这些大学生在精神上不充实，同性朋友较少，时常感到孤独、烦闷，为了弥补精神上的空虚，急欲与异性朋友交往，于是"恋爱"成为一种很好的满足其精神需求的方式。当代大学生独生子女所占比例较高，有些还从来没有离开过家，离开过父母，突然从原来非常熟悉的环境来到陌生的学校，没有父母，没有朋友，更没有熟悉的同学，这时候如果有一个能关心自己、照顾自己、陪伴自己的异性同学，两人就很容易谈起恋爱。

心　理　案　例

某校 2011 级迎新活动在如火如荼地进行中。在汽车站，新生小王遇到前来迎接新生的 2010 级学姐小刘。在迎新的校车上，小王发现小刘和他居然是同乡，"老乡见老乡，两眼泪汪汪"，他们马上用家乡话聊了起来，临别时小王父母还把小王托付给小刘帮忙照顾。小刘也是热心人，不忘同乡的重托，对小王也比别的同学好。谁承想小王误读了小刘的好意，在后来的日子里对小刘展开了猛烈的追求，不分时间、不分地点、不分场合，其实小刘根本没有这个意思，就疏远了小王。但小王一定要小刘陪他吃饭，陪他干这干那。小刘怕了，对小王面都不敢见，电话也不接。小王的情绪像火山一样大爆发，闯女生寝室，在去教室的路上挡，不见着面绝不罢休，使得小刘连上课都不敢去，只得上报两人的班主任、辅导员、上级领导，但是收效甚微。小王"一哭二闹三上吊"，还把刚买的手机扔到了河里。

2. 从众性

很多大学生是为了赶潮流，为了寻求心理平衡而谈恋爱。这与从众心理有关。处在青年期的大学生，往往对自我缺乏全面的认识，在一个群体（如同一宿舍）中，如果大部分人在谈恋爱，剩下的人也会受到影响。他（她）会感到不谈恋爱非常没有面子，甚至有人会因为自己没有恋人而自卑。当恋爱成为一种"时尚"，一些男同学为了不使自己显得无能，一些女同学为了证明自己的魅力，也学别人的样子匆匆谈起了"恋爱"。

3. 体验性

一些大学生谈恋爱是为了满足好奇心，了解异性。大学生在性生理上已经成熟，家长对大学生恋爱的态度有了 180° 的转变，从把孩子谈恋爱看作毒蛇猛兽变为盼望孩子谈恋爱。大学生在性心理上由性疏远期发展到性接近期，自然而然进入了恋爱期。

4. 功利性

有的大学生谈恋爱是出于对毕业后的考虑，为自己找出路，以对方的门第、家产、地位、名誉、处所、职业、社交能力等为恋爱的前提条件。有些女大学生拿自己的青春作为赌注，被社会人员包养，使得美好的大学生恋爱变了色彩。

5. 性爱性

入学前后环境的变化，对大学生恋爱有着特别的影响。入学前，男女虽有对异性的向往，但由于学业的压力和学校、家庭的干涉，青春的骚动被压抑着，不敢释放。入学后，学校没有禁令，家长无法直接干涉，处在自由状态下的异性，在共同的学习生活中频繁交往，为了获得经验，满足自己的生理需求，纷纷谈起了恋爱。

6. 表现性

有些人非常需要他人的赞同，"有人爱"似乎是自身价值的体现，因此他们会寻求爱情。还有一些人，在童年时没有得到父母足够的关爱，成长期间经历欠缺或不完整，因此内心深处总有一种"我拥有的还不够"的感觉。这样的人往往怀疑自己是否有资格被爱，所以强迫性地追求爱。

第二节　择偶与婚姻准备

一、择偶

恋爱是理想的，婚姻是现实的。如果没有一定的经济基础，没有做好承担婚姻责任的心理准备，视婚姻为儿戏，那么婚姻终将会成为爱情的坟墓。

爱情是婚姻的前提条件，没有爱情的婚姻被看作是不道德的，如果把婚姻看作商品，在婚姻中附加太多的筹码，那么这样的婚姻是得不到幸福的。婚姻关系到我们一辈子的幸福，需要慎之又慎，理智对待。从爱情步入婚姻，需要经历漫长的考验，相爱容易相处难，步入婚姻的"围城"，要做好充分的准备。

（一）择偶的含义

择偶通常是指对择偶对象的情况，包括社会地位、政治立场、经济因素，如财产多寡与经济状况，以及其他诸如门第高低、家庭环境和背景、教育程度、文化修养、职业、年龄、性格、爱好、道德品质等诸多因素的选择。改革开放以来，我国经济体制转轨带来了社会的转型，西方的新思想、新观念大量传入中国，中国社会发生着前所未有、快速、深刻而广泛的变化，结婚率和生育率的下降、离婚率的上升、结婚年龄的推迟、"剩男剩女"的出现、性观念的进一步开放等变化正潜移默化地影响着大学生的择偶标准和婚姻观念。

（二）择偶观

择偶观是人们内心对配偶设定的一个标准，常常包括对方的外貌、身高、学历、个人修养、家庭状况等，但是也不完全取决于当事人的喜好和意志，而是更多地受家庭制度、社会价值和风俗习惯的制约。它从来都是社会价值取向的折射，是一种重要的心理、社会、文化现象。社会的成员的择偶观势必会受到一定社会历史、文化的制约，从而带有一定的社会性与时代性。

对于当代大学生来说，爱情是永恒的话题，是他们非常关注和敏感的问题。由于生理、心理的差异和中国传统文化、社会环境等因素的影响，男女大学生的择偶观相对于其他群体具有明显的差异。大学生游离在校园与社会、传统与现代的"边际"，是一个备受关注的特殊群体。面对急剧的社会变迁，他们的择偶观也发生了温和而又深刻的变化。男大学生的择偶观与女大学生的择偶观还是有很大的差别的，下面就将女大学生的择偶观的特点做简单的说明。

1. 自主性显著提高

女大学生可以说是女性群体中的佼佼者，正因为这样，她们的择偶标准一般较同等条件而没有学历的其他女性高，也就是说她们在对配偶的选择上有很大的优势，更具有主动性。20世纪80年代前出生的女大学生在择偶时虽然倾向于自主决定，但父母的意见仍然很重要。但现在的女大学生却是完全自主，她们敢想敢做，思想独立，结婚对她们来说是"两个人的事"。

2. "急婚族"视婚姻为就业捷径

大学校园本来是求知识、求进步的神圣殿堂，但是现在出现了一种不好的风潮：一些女大学生的家长认为女孩子学得好不如嫁得好，从女儿一进入大学，就开始为她安排相亲。一些女大学生前脚刚刚迈出校门，后脚就急于迈进婚姻的"围城"；她们一手高举毕业证，一手又捧着结婚证。"急婚族"成了这些女大学生的代名词。这种情况有愈演愈烈的趋势。

3. 出现了"闪婚"现象

顾名思义，"闪婚"是指快结快离的闪电式婚姻。近年来社会上出现了一股快餐式的爱情和婚姻的潮流，那些选择快餐式爱情和婚姻的群体被称为"闪婚族"，其成员主要是年龄为20～33岁的青年人。这种闪电式的结婚方式给婚姻稳定性带来了挑战。

综上所述，当代中国女大学生择偶观既是传统的延续，也具有独特的时代性。

（三）择偶条件

择偶从表面上看似乎是个人的选择，但实际上受到很多方面因素的影响，如政治、经济、文化、生活环境等因素。新中国成立初期（1949～1966年），择偶条件中最关键的是本人成分、政治面貌及家庭出身。1966～1976年青年人的择偶条件中最关键的是政治条件与家庭出身。20世纪80年代，女性的择偶偏好是知识分子和万元户，那些学历高、经济条件好的男性成为女性理想的择偶对象。《中国新闻周刊》对"80后"女性择偶偏好曾有这样的描述：一张文凭，二国语言（精通英文），三房一厅，四季名牌，五官端正，六六（落落）大方，七千月薪，八面玲珑，九（酒）烟不沾，十分老实。"90后"女性的择偶偏好呈多元化的发展趋势，有些女性根本不按常规出牌。

无论择偶条件如何随着时代的进步而改变，但是以爱为基础的婚姻不会改变。经营爱情需要讲究方式，经营婚姻更需要一辈子的付出。

二、婚姻准备

列夫·托尔斯泰说过，"幸福的家庭都是一样的，不幸的家庭却各有各的不幸"。

（一）不断完善自己

首先要加强对个人魅力的培养，大学与中学在学习方式、教学管理等方面是完全不一样的，整体环境很宽松，大学生要多学习专业以外的知识，拓宽自己的知识面，但学必须有专长。大学还是锻炼个人能力的最好场所，能参加的社团、学生组织都要参加，有能力参加的比赛也绝对不要落下，更不能错过学校举办的专题讲座，那是你一睹大师风采的最好的机会。只有不断地努力，才能使自己成为一个成熟的人、充满魅力的人。我们不但要将自己打造成一个优秀的人，还应使自己成为一个让异性喜爱的男人（或女人）。曾有人调查男女各自喜欢的异性特点，女性喜爱男性：负责、忠诚、敬业、刚毅、豁达、进取、幽默、勤奋、深沉、挺拔。男性喜爱女性：温柔、善良、聪明、丰富、活泼、勤劳、坚韧、浪漫、苗条、漂亮。异性相吸的心理需求，从这些词汇可以略见一斑。

（二）结交异性朋友

如何与异性交往，虽然不在考试范围之内，但却是人生的一门必修课。在大学阶段我们不仅要读好书，而且要全面成长，其中学会与人交往，包括与异性的交往，也是个人成长不可或缺的内容。一个人在学生时代如果没有建立异性友谊，等走上社会后才开始学习与异性交往，就会因缺乏经验而变得非常困难。大学里可以没有恋爱，但不能没有异性友谊。多参加集体活动，同多个异性交往，可以使我们更容易表达、展现自己，消除与单个异性交往的紧张与羞怯；可以有更多的机会了解不同的异性，从他们身上学到更多的优点，学会和不同的异性交往的方法，为恋爱和婚姻做好能力和心理上的准备。

（三）心理准备

大学生在生理上已经趋于成熟，但是由于我国教育制度等多方面的原因，大多数大学生长期处在单一的校园环境中，与参加工作、走向社会的人相比，他们缺少和社会的直接接触，还不是完全独立的社会人，他们的爱情观、择偶观、婚姻观等都还处在萌芽阶段，还不成熟，对社会和婚姻、家庭存在诸多不切合实际的幻想，往往把爱情视同浪漫，把恋爱视同婚姻，有时甚至简单地将性理解为婚姻。总之，大学生的心智还不成熟，心理与社会承受能力差，对校园爱情缺少理性分析，自我控制能力不强，情绪波动较大，有时面对出现的心理矛盾束手无策，对婚姻的复杂性认识不足。事实上，婚姻即生活，面临着衣食住行等家庭生活问题；同时，在校大学生还将面临经济、生活、生育、学习、就业等现实问题。而家庭就是责任，婚姻家庭中很多事情的发生和处理绝不是具有浪漫色彩的大学生所能预料的，如住房、子女教育、赡养老人等。

（四）经济准备

目前一对青年男女由恋爱、结婚到组建小家庭，所耗费的精力和财力都是十分惊人的，在校大学生结婚也不例外。在市场经济条件下，在校大学生每年要支出很大一笔费用，正常的包括学费、住宿费、书本费、生活费（暂且统称基本费用）等，每年都要 2 万元左右。有人通过调查发现，大学生的生活费来源比较单一。其中，75.5%的大学生选择了父母；60%的大学生通过勤工俭学补贴日常开销；16.8%的大学生的生活费部分家庭供给，部分勤工俭学获得；0.6%的大学生靠亲友资助；0.9%的大学生依靠困难补助获得；0.2%的大学生还有其他经济来源。这就是说大学生的主要经济来源是别人而不是自己，对于大学生来说自己的经济都不能自立，如何有能力去养活别人。建立家庭后任何一方面都要用钱，万一有了孩子，经济上处于依附状态的大学生来说根本无力面对和承载。在缺乏足够的社会生活经验和独立经济能力的条件下，大学生根本无法承担对于婚姻家庭的责任和义务。所以，在校大学生结婚，经济方面的准备是必不可少的。

（五）学习间接经验

列宁说过："婚姻牵涉到两个人的生活，并且会产生第三个生命，一个新的生命。这一情况使婚姻具有社会关系，并产生对社会的责任。"婚姻一旦缔结，家庭一经形成，就产生了对配偶、对子女、对社会的责任和义务。因此，每个人都必须对婚姻家庭持严肃慎重的态度。要通过父母亲友，通过报刊、书籍、网络等各种渠道，学习如何恋爱、如何走入婚姻生活，以少走弯路。婚姻关系是人际关系中最复杂、最微妙的一种，若要经营好，需要付出爱心、耐性，需要智慧与技巧。据统计，改革开放以后，特别是最近几年，我国的离婚率在逐年攀升，这是为什么？经济发达了，生活水平提高了，离婚率也要相应地提高了吗？显然不是，是有些人还没有学会两人如何在一起生活就走进了婚姻，结果草率结婚后又迅速离婚，给双方带来很多烦恼和痛苦。

总之，大学生在大学期间为婚姻做的最好的准备，主要还是学习，学习如何打造好内在形象和外在形象，积累社会经验和生活经验，掌握创造幸福生活的能力。

第三节　大学生性行为及其调适

一、大学生的性观念

性观念指对性的总的认识和看法，包括对性生理、性心理、性行为、性道德、性规范和性文化等的认识和看法。

性观念不仅会有时代的差异，也会有人群的差异和个人的差异、地域的差异。随着社会的进步，人们的性观念也在不断地发展变化，性观念的发展变化常常与整个社会意识形态的变化相关联。随着我国社会经济的不断发展，外国开放的性观念、性文化不断传入我国，人们对性的认识也发生了很大的变化。在这方面，大学生更是走在时代的前列，成为时代的风向标。

在一份对大学生性观念的问卷调查中，大学生被问及是否认为"性是肮脏的、羞耻的，是见不得人的"，70%以上的大学生持否定的态度，20%的大学生抱不确定的态度，只有不到 10%的大学生表示赞成。对于婚前性行为，50%的大学生认为"慎重为好"，另有 50%的大学生对婚前性行为持肯定的态度，但是前提条件是"将来双方能够结婚""不让别人知道或不怀孕"或"只要双方是自愿的也行"。对于婚前同居，有35%的大学生认为"同居而暂时不结婚，更适合现代社会的生活方式"，但是也有45%的大学生持反对态度。总体而言，目前大学生性观念千变万化，他（她）所面临的主要问题已经不是冲破禁区的问题，不是解放不够的问题，而是如何进一步科学化、合理化和人性化的问题，主要是社会、学校、家庭如何引导的问题。

二、大学生爱的困惑

心 理 案 例

某高校的图书馆自习室非常安静，这时候一个男生当着众多同学的面强吻了同班一位女生，该女生极力反抗却没能挣脱。边上一起学习的同学发现情况不对，赶紧上前阻止，用了很大的力气才把该男生拉开。但事情并没有结束，该男生不依不饶，一边挣扎一边对拉扯他的同学说："我爱她，我不能没有她，你们别管我。"还要女生说爱他，不然没完，气得女生一直在哭，怎么劝也没用。

这个男生没有学会谈恋爱，更不知道该如何表达自己的感情。

感情的世界是精彩的，让人流连忘返。在恋爱过程中，总有一些情景让你难以忘怀，总有希望让人期待，总有一些话语让你怦然心动。但是大学生的感情，大学生的恋爱，并不都是甜蜜的，也会有苦涩。我爱的人不爱我，爱我的人我不爱——单相思。恋爱的结果有两个：成功—结婚，失败—失恋。两个或多个男生爱上同一个女生——感情纠葛；当代，社会在进步，科技在发达，知识改变命运，科技改变感情——网恋。

1. 单相思

"关关雎鸠，在河之洲。窈窕淑女，君子好逑。参差荇菜，左右流之。窈窕淑女，寤寐求之。求之不得，寤寐思服。悠哉游哉，辗转反侧。参差荇菜，左右采之。窈窕淑女，琴瑟友之。参差荇菜，左右芼之。窈窕淑女，钟鼓乐之。"《关雎》是《风》之始篇，也是《诗经》第一篇。诗歌描写小伙子见到一位漂亮的姑娘，从而引起的爱慕的感情和求婚的愿望。单相思只是单方面的倾慕，并不是双方互动，所以不是恋爱。但由于倾慕者大部分是默默地表现着，又迫切希望自己能够被对方接受，所以这种情感往往十分强烈，容易受到伤害。大学生心理尚未完全成熟，单恋现象比较常见，而且较多地出现在性格内向、敏感、富于幻想、自卑感强的大学生身上。首先是自己爱上了对方，于是也希望得到对方的爱，在这种具有弥散作用的心理支配下，就会把对方的亲切和蔼、热情大方等当作是爱的表示，并坚信不已，从而陷入单恋的深渊而不能自拔。深刻的单相思是一种难以矫正的心理障碍，会使人一度丧失自尊，不顾人格尊严地乞求于所恋对象，严重影响人的知觉判断和理性选择，同时也干扰了所恋对象的学习和生活，有时会走向极端，以伤人的方式终结单恋。

单相思可以分明恋和暗恋。明恋是"落花有意，流水无情"。对方知道或已经向对方表达了自己的追求之意，对方装傻不回应或遭到对方拒绝，自己放不下还是一味地追求、纠缠。暗恋是自己热恋对方又不敢表白，而对方却全然不知。不管哪一种单相思，对大学生的健康成长都非常不利。仅仅是爱慕对方而没有发展成恋爱，即一方的感情射线发出去没有得到对方的回应，从而使得这种感情变得深沉而无望，常常使人陷入极其难堪、苦闷和烦恼的境地，不仅影响学业、事业，而且影响身心健康。在单相思状态下，人们心情烦躁，情绪低落，敏感多疑，注意力下降，学习、工作效率低，失眠厌食，严重的可能会患上忧郁症。还有的人可能因此对爱情失去兴趣和信心，不相信任何人，更有甚者对异性产生仇视态度等。

如果是明恋，对方没有反应，这时要克服爱情错觉。不要过分自信，要仔细地观察所恋对象的言行举止，认真分析对方对自己的态度和行为与对待其他异性的态度和行为是否有所不同，即判断对方是否也像你爱他（她）一样地爱你。当然，当局者迷，如果一时难以分别，可以将你的心事告诉自己信得过的人，让局外人作客观正确的分析判断。如果不幸真是你的错觉，就应停止单相思，否则发展下去对谁都没有好处。

如果是暗恋，可以用适当的方式传递自己的愿望。要敢于和自己所恋的对象进行接触，时机成熟不妨鼓起勇气，直接向对方表白。这样做的好处是：一是可以全面地了解对方，有助于矫正认知偏差；二是让对方多了解自己，并且可以在接触交往中传递自己的感情意向。如果对方无意于这段感情或另有所属，应该果断及时地作出自己正确的选择。

📖 美文欣赏

苏格拉底与失恋者对话

苏（苏格拉底）：孩子，为什么悲伤？

失（失恋者）：我失恋了。

苏：哦，这很正常。如果失恋了没有悲伤，恋爱大概就没有什么味道。可是，年轻人，我怎么发现你对失恋的投入甚至比对恋爱的投入还要倾心呢？

失：到手的葡萄给丢了，这份遗憾，这份失落，您非个中人，怎知其中的酸楚啊。

苏：丢了就是丢了，何不继续向前走去，鲜美的葡萄还有很多。

失：等待，等到海枯石烂，直到她回心转意向我走来。

苏：但这一天也许永远不会到来。你最后会眼睁睁地看着她和另一个人走了去的。

失：那我就用自杀来表示我的诚心。

苏：但如果这样，你不但失去了你的恋人，同时还失去了你自己，你会蒙受双倍的损失。

失：踩上她一脚如何？我得不到的别人也别想得到。

苏：可这只能使你离她更远，而你本来是想与她更接近的。

失：您说我该怎么办？我可真的很爱她。

苏：真的很爱？

失：是的。

苏：那你当然希望你所爱的人幸福？

失：那是自然。

苏：如果她认为离开你是一种幸福呢？

失：不会的！她曾经跟我说，只有跟我在一起的时候她才感到幸福！

苏：那是曾经，是过去，可她现在并不这么认为。

失：这就是说，她一直在骗我？

苏：不，她一直对你很忠诚。当她爱你的时候，她和你在一起，现在她不爱你，她就离去了，世界上再没有比这更大的忠诚。如果她不再爱你，却还装的对你很有情谊，甚至跟你结婚，生子，那才是真正的欺骗呢。

失：可我为她所投入的感情不是白白浪费了吗？谁来补偿我？

苏：不，你的感情从来没有浪费，根本不存在补偿的问题，因为在你付出感情的同时，她也对你付出了感情，在你给她快乐的时候，她也给了你快乐。

失：可是，她现在不爱我了，我却还苦苦地爱着她，这多不公平啊！

苏：的确不公平，我是说你对所爱的那个人不公平。本来，爱她是你的权利，但爱不爱你则是她的权利，而你却想在自己行使权利的时候剥夺别人行使权利的自由。这是何等的不公平！

失：可是您看得明明白白，现在痛苦的是我而不是她，是我在为她痛苦。

苏：为她而痛苦？她的日子可能过得很好，不如说是你为自己而痛苦吧。明明是为自己，却还打着别人的旗号。年轻人，德行可不能丢哟。

失：依您的说法，这一切倒成了我的错？

苏：是的，从一开始你就犯了错。如果你能给她带来幸福，她是不会从你的生活中离开的，要知道，没有人会逃避幸福。

失：可她连机会都不给我，您说可恶不可恶？

苏：当然可恶。好在你现在已经摆脱了这个可恶的人，你应该感到高兴，孩子。

失：高兴？怎么可能呢，不管怎么说，我是被人给抛弃了这总是叫人感到自卑的。

苏：不，年轻人的身上只能有自豪，不可自卑。要记住，被抛弃的并不是就是不好的。

失：此话怎讲？

苏：有一次，我在商店看中一套高贵的西服，可谓爱不释手，营业员问我要不要。你猜我怎么说，我说质地太差，不要！其实，我口袋里没有钱。年轻人，也许你就是这件被遗弃的西服。

失：您真会安慰人，可惜您还是不能把我从失恋的痛苦中引出。

苏：是的，我很遗憾自己没有这个能力。但，可以向你推荐一位有能力的朋友。

失：谁？

苏：时间，时间是人最伟大的导师，我见过无数被失恋折磨得死去活来的人，是时间帮助他们抚平了心灵的创伤，并重新为他们选择了梦中情人，最后他们都享受到了本该属于自己的那份快乐。

失：但愿我也有这一天，可我的第一步该从哪里做起呢？

苏：去感谢那个抛弃你的人，为她祝福。

失：为什么？

苏：因为她给了你份忠诚，给了你寻找幸福的新的机会。

说完，苏格拉底走了。

大学生在失恋时必须学会自我调整、自我安抚、自我拯救。

（1）正视失恋的事实，摆正爱情的位置。失恋之苦源于一个"恋"字，爱情是双向的互动，以双方的爱情为基础，失去任何一方，爱情就会失去平衡，恋爱即告结束。大学生应该正视这一事实。既然对方觉得继续发展这种爱情关系对双方都不好，那就应该理智地同意分手。

（2）让爱情升华。爱情的挫折是对人生价值的考验，是人格走向成熟的阶梯。培根有一句名言：一切真正伟大的人物没有一个是因爱情而发狂的人。失恋者积极的态度会使爱情得到升华，全身心投入学习中去，变失恋的挫折为奋斗的动力，从而创造出辉煌的成就。例如，音乐巨匠贝多芬、著名的物理学家居里夫人等许多历史上的名人也都曾经饱受失恋的痛苦，但他们运用积极的方法转移失恋的痛苦，成就了一番伟业。

（3）合理宣泄。任何人都不能否认失恋是痛苦的，所以不要过分地隐藏或压抑失恋带来的痛苦，要找适当的方式进行宣泄。①眼泪法，找个没人的地方，当然也可以对着好朋友或家人，悲痛欲绝地大哭一场，哭过了，你会感觉好多，这时候你才能冷静地思考问题。②运动法，剧烈的运动有助于释放激动情绪带来的能量。③转移法，人是有感情的动物，失恋之后总是会想起以前和恋人在一起的点点滴滴，这时可以主动置身于欢乐、开阔的环境，或有意识地潜心于自己感兴趣的事情，用新的乐趣来冲淡、抵消旧的郁闷。

（4）学会自我安慰。失恋者为了缓解内心痛苦，应当学会自我安慰。首先，采用"酸葡萄效应"，多想想以前恋人的缺点，不想或者少想对方的优点，这可以使自己更容易忘记对方。其次，可以采用"甜柠檬效应"，把自己的各项优点罗列出来，找出自己的美好之处，相信自己有这么多的优点不怕找不到好伴侣。这样有利于恢复自信，从而减轻自己的痛苦。

（5）倾诉。可以向自己信任的同学、朋友、老师、家长等诉说自己心中的烦恼，也可以写日记或写信。如果感觉心中的积郁实在太深，无法排解，也可以找心理咨询师进行心理咨询。另外，宣泄要有"度"，无休止地唠叨，反而会沉溺于消极的情绪之中。

2. 感情纠葛

著名文学家叶圣陶曾说："爱之酒，甜而苦。两人喝，是甘露。三人喝，酸如醋。随便喝，毒中毒。"爱情是专一的，具有很强的排他性，不允许第三者、第四者共同分享。有些大学生的恋爱动机不纯，不是出于爱情本身，而是出于内心的空虚、孤独，或是从众心理。这类人在择偶时很少把恋爱行为与婚姻结合起来考虑，缺乏责任感。还有极少数大学生为了显示自己的魅力，同时和几位异性交往，搞多角恋爱。这样的人和谁都不会确定恋爱关系，极易发生冲突，酿造悲剧，最终是对所有当事人都产生不良后果。

恋爱过程中的感情纠葛还包括父母的反对，周围人的非议，恋人双方之间的各种各样矛盾、误解和猜疑等。

3. 网恋

我国已成为全球信息通信业发展最快的国家之一。截至 2016 年 12 月，我国互联网上网人数达到 7.31 亿，网民规模已经相当于欧洲人口总量。我国手机网民规模达 6.95 亿，智能手机普及率达 58%。在科技发达的今天，生活节奏不断加快，人们的生活、工作压力不断加大，网络在给我们提供倾诉对象的同时，也会带来网密这一事物。

网络恋爱，指男女双方通过现代社会先进的网络媒介进行交往并恋爱。有人说，网恋是虚幻的，看不见，摸不着，不过是望梅止渴，画饼充饥，自欺欺人。那么，网恋好不好？网恋该不该？我们该如何看待网恋？我们看看网上摘录的几段文字吧！

美好的未来等着你——女孩曾经有一个父母包办的男友，他们性格不合，准备分手。这时男孩和女友刚刚分手，女孩听着痴情男孩的故事，并被男孩的真情感动，暗暗地爱上了男孩，后来他们网恋了。现在他们正在计划着将来，他们要结婚，要相守一辈子，要彼此照顾对方，不论生活怎样改变。

悲惨网恋——香泪，一个 22 岁的女孩，为了网络爱情，从遥远的东北来到浙江，然而等待她的，却是三次堕胎和恋人的无情抛弃。

网络情缘，不可思议的自己——我是一个不喜欢和陌生人聊天，不相信网络的人，竟然也会遇到网络情缘。连我自己都觉得不可思议。现在的我们已经交往两个月了，虽然时间很短，却觉得如此熟悉，是不是热恋中的人都是如此啊？

我们的爱就这样结束了吗——4月12日是我既郁闷又特别高兴的日子，郁闷的是我网恋失败了，高兴的是我认识了现实中的她，开始一段实实在在的恋爱。

大学生网恋很容易上瘾，而且一旦上瘾就会沉湎其中而不能自拔，把网上的爱情视为生活的唯一追求。调查表明，已有一些大学生中午、晚上不休息，加班加点在网上谈恋爱，上课时却无精打采，甚至有的大学生为了上网谈恋爱而逃课。网恋不仅严重地影响了学习，而且容易使他们减少与老师、同学之间的交流，不愿意参加集体活动，性格变得孤僻，甚至造成人格分裂。另外，还有些大学生因为网恋失意，不得不到精神卫生中心求治，问题严重的甚至出现精神崩溃。网恋的欺骗性对一些大学生更是一个沉重打击。一些受到沉重打击的学生，由于得不到及时正确的引导，甚至断送了前程。沉迷于网络总不是好事，网恋也一样。

三、性心理失常

何为性——左为心，右为生。性是生理，也是心理，不以人们的意志为转移。

人，生于性，心动也是性。性是美，性是花，性是力量，性是生命的源泉。

但是，在现实生活中，总是会出现一些不和谐的音符。

1. 恋物癖

恋物癖指在强烈的性欲望与性兴奋的驱使下，反复收集异性使用过的物品的特殊癖好。所恋物品均为直接与异性身体接触的东西，如女性的内裤、胸罩、丝袜、鞋子、皮带、装饰品等，恋物癖者抚摸嗅闻这类物品伴以手淫，或在性交时由自己或要求性对象持此物品，可获得性满足。恋物癖通常开始于青春期，多见于男性，因为获取异性内裤、胸罩、丝袜、鞋子、皮带、装饰品等物品都是不能公开的，所以患者在内力的驱使下，会不惜采用一些非法手段，如偷窃、抢劫等。恋物癖者获得性满足的方法有两种：比较简单的一种主要指通过接触异性穿戴和使用过的服装、饰品来唤起性的兴奋，获得性的满足；比较复杂一种是不仅包括异性穿戴过的那些无生命的物品，而且包括异性身体的某一部分。通过接触异性身体的某一部位获得性满足，他们对异性本身或异性的性器官没有兴趣，反而用异性的头发、手、足、臀部等部位来取代正常的性活动以激起性兴奋，获得性满足。恋物癖往往会影响正常性爱的质量，恋物癖者甚至对正常性爱不感兴趣，同时可能造成不良的社会认知，所以需要治疗。

2. 窥阴癖

人到了一定的年纪，会对异性的性器官产生好奇，产生兴趣，并产生偷窥、抚摸的冲动，这都是属于在正常的心理范围，但受理智的控制，一般不会去实施。而窥阴癖者就不一样了。窥阴癖是一种千方百计窥视妇女阴部来获得性满足的性心理变态行为。这种人可以不顾肮脏，藏身于粪窟内，或在女厕所墙上挖洞，或用反光镜在男厕所里进行窥视。有的则是在浴室或寝室窥视妇女脱衣、裸浴。窥视时产生性兴奋，如阴茎勃起，并常伴手淫。这是一种严重的性心理疾病。发病者一般是成年男性,本病病因尚未完全阐明,可能与幼年时受到不良视觉诱惑或不良的性经历、性方面的压抑、色情文化等影响有关。

3. 异装癖

异装癖是指通过穿着异性服装而得到性兴奋一种性变态形式。这种性变态患者也以男性见多,因为女性着男装现在非常常见,故并不视为异常行为。刚开始时患者所穿内衣裤为异性服装,并且是偷偷穿戴,如男性戴胸罩、穿连袜裤等,外套仍为符合自己性别的服装;之后穿戴的异性服装逐渐增多,以致全身上下、内外都是异性服装,而且患者还喜欢跑到人多的地方,以获得性兴奋。

异装癖的成因有以下几种:①心理因素;②生理因素;③家庭环境的影响;④教育引导不当;⑤迷信思想的影响。

4. 同性恋

同性恋一词是由德国医生本克特于1869年提出的。同性恋者对异性人士不能产生性反应,却被自己同性别的人所吸引。

2001年4月,《中国精神障碍分类与诊断标准(第三版)》正式出版。该书对同性恋的诊断标准部分有了重大的改变。诊断标准认为同性恋性指向从性爱本身来说,不一定是异常的,也就是说同性恋本身并不意味着判断能力、稳定性、可信赖性或一般社会或职业能力的损害。现在人们认为同性恋就是与同性别的个体发生性接触,事实上这种想法或看法并不完整。同性恋者是指"他最初的性、心理、情感以及社会方面的兴趣在同性的人身上,即使这些兴趣或许并不能被完全地表达出来"。为什么会产生这种性取向的问题,大量的理论试图解释性倾向尤其是同性恋是如何产生的,但是没有得到很令人们信服的答案。

个体在身体生长发育成熟的过程中,也伴随着性心理的发育过程。有关性心理的发育过程有不少学说,其中弗洛伊德的性心理发育理论的影响最大。弗洛伊德认为个体的发展伴随着性的发展,性不仅指两性关系,而且包括一切使身体产生快感的情感。

儿童早期的经历在弗洛伊德看来,对一个人日后的心理发展是至关重要的。

(1)口欲阶段(0~1岁):此期中婴儿的主要活动为口腔的活动,快感来源为唇、口、吸吮、吃、吃手指,长牙后,快感来自咬牙、咬东西。

(2)肛欲阶段(2~3岁):此期中婴儿要接受排泄大小便方面的训练,主要为肌紧张的控制,快感表现为忍受和排便。

(3)性器欲阶段(4~6岁):此期中儿童能分辨两性了,产生对异性双亲的爱恋和对同性双亲的嫉妒。此外,生殖器部位的刺激也是快感来源之一。

(4)潜伏期阶段(7~12岁):此期中儿童性欲倾向受到压抑,快感来源主要是对外部世界的兴趣。

（5）青春期阶段（3～18岁）：兴趣逐渐转向异性，幼年的性冲动复活，开始有两性生活的理想，性心理日益成熟。

弗洛伊德认为，个体与父亲或母亲的关系是同性恋产生的重要因素之一。他认为在"正常"的发育过程中，人们都经历了一个"同性恋"的阶段，他认为如果男孩子与他们的父亲关系恶劣而与母亲非常亲近，他们会固定在这个同性恋阶段；也有弗洛伊德派学者将同性恋归因于儿童时期的压力，特别是一个强势、过度保护的母亲加之一个软弱、无力而又有敌意的父亲，会使得男孩缺乏对男性形象的适当认同。总之，早年的家庭生活对同性恋的影响相当巨大。

目前，全世界对同性恋的看法都在改变，同性恋现象是一种客观存在，尽管原因未明。同性恋不是当事人故意所为，也不是习得的，因此同性恋者对自己的性取向本身不负责任，与不道德或罪错无关。

四、树立正确的恋爱观与性心理

（一）树立正确的恋爱观念

爱情，从古至今，都是令人向往的天堂，要不然，怎么会有"问世间，情为何物，直教生死相许"的缠绵悱恻？又怎么会有罗密欧与朱丽叶的催人泪下，梁山伯与祝英台的化蝶双飞？爱情是人类永恒的主题，从古到今，多少诗词歌赋在歌颂爱情。从"关关雎鸠，在河之洲，窈窕淑女，君子好逑"的古老情话，到"山无陵，江水为竭，冬雷震震，夏雨雪，天地合，乃敢与君绝"的信誓旦旦；从王宝钏苦守寒窑十八载的坚贞不渝到《孔雀东南飞》的凄美绝唱……这些都见证了爱情的伟大力量，也诠释了亘古不变的坚贞爱情观。

美好的爱情，谁都想拥有。谈一场轰轰烈烈的恋爱，更是大学生向往的。那么，作为当今的天之骄子、国家的栋梁、社会的未来、家庭的希望的大学生该怎么做呢？

建筑学家、诗人林徽因是建筑学家梁思成的夫人，哲学家金岳霖是他们的朋友。一次林徽因哭丧着脸对梁思成说，她苦恼极了，因为自己同时爱上了两个人，不知如何是好。林徽因对梁思成毫不隐讳，坦诚得如同小妹求兄长指点迷津一般。梁思成痛苦至极，苦思一夜，比较了金岳霖优于自己的地方，他告诉妻子：她是自由的，如果她选择金岳霖，祝他们永远幸福。林徽因又原原本本把一切告诉了金岳霖。金岳霖的回答更是率直坦诚得令凡人惊异："看来思成是真正爱你的。我不能去伤害一个真正爱你的人。我应该退出。"为此，金岳霖终身未娶，林徽因死后金岳霖仍旧独身。金岳霖自始至终都以最高的理智驾驭自己的感情，显出一种超脱凡俗的襟怀与品格，这印证了柏拉图的那句话："理性是灵魂中最高贵的因素。"通过上面的例子我们不难看出真正的爱情是什么样的。

当前大学对学生谈恋爱的态度是默认，既不提倡也不反对，所以大学的恋爱机会是很多的，大学生既然不想浪费，那就要充分利用，认真对待，最好是能在大学里找到自己的另一半，找不到也没关系，但不能儿戏。从来也没有法律规定大学生在什么时间开始恋爱，以及如何恋爱，面对种种爱情问题也没有评判的标准。任何人也不可能给大学生一个关于恋爱的正确模式以及关于爱情问题的解决方法。但是大学生要无愧于社会赋予的荣耀，要对得起时代的期望，给自己更高的要求，正确对待爱情，对待恋爱。

（1）恋爱可谈，但要严格要求自己，严肃对待对方，不要过早亲密。特别对女生来说，千万别以为用你的身体可以绑住他的心，如果没有了神秘感，那就什么都没有了。如果对方本来就不爱你或者根本就为了能得到你身体，你给了他"你自己"，最后总是以痛苦告终，因为他已经得到了，所以往往也就不再珍惜了。

（2）不要勉强。第一种情况：虽然现在大学生不严肃谈恋爱的不是个别现象，但也有许多大学生认真投入、无私付出过，这时如果真的被对方抛弃，心有不甘的大有人在。失恋是痛苦的，但是对于感情我们还是不要勉强。第二种情况：如果两人观念、个性相去甚远，还不如早点分手，勉强对方接受你的感情，只可能勉强一时，无法勉强一辈子。

（3）必须双方互相爱慕。恋爱必须是男女双方互相爱慕，自然结合，如果只是你的一厢情愿，那么最后不会有好的结果。

（4）不要经常考验对方。大学生谈恋爱，特别是女生，总是喜欢用各种方法考验男生的真心。但是真心不是考验出来的，人性脆弱经不起太多考验。猜忌是爱情最大的破坏者，那只会让对方对你的感觉越来越差，你千万别以为他"变了"，他不再爱你了，而是因为你的考验起了反作用了。唯有互相体谅，两个人才会有未来。

（5）保持距离。个别女生，当然也不乏男生，认为在谈恋爱的时候，双方就不分彼此，你就是我，我就是你，时时刻刻要在一起，甚至觉得对方就是自己的私有财产，绝对不能与其他异性有联系，更别说参加其他活动了。这是恋爱的大忌。男女相处，质重于量，质若不佳，量多更糟。给彼此适当的个人空间，不要让自己占据对方的全部生活。正所谓距离产生美，适当保持距离会让感情更好、更融洽。排他性虽然是爱情的一个重要特征，但是如果发展到反面，就会引起对恋人行动的猜疑，造成严重的心理问题。大学生较同龄人具有更高的敏感性，能更好地捕捉人的心理活动轨迹，这也增加了发生猜疑的可能性。过度猜疑、干涉恋人自由必然给自己带来烦恼，可能导致爱情的破裂，甚至使某些恋人承受不了心理负担而轻生。对恋人产生怀疑、不相信他（她）的忠诚在很大程度上是自私的表现。自私地把恋人看成自己的私有财产，是一种病态的爱情心理。自私心过强的人不允许恋人与其他异性有任何接触，认为恋人只属于自己。自私心理也含有自卑，真正自信的人很少会有这种怯懦的表现。将自私、猜疑和嫉妒控制在一定范围里是正常的，不能要求人不去嫉妒与自己的爱慕对象关系密切的异性。但过分的猜忌则会影响爱情发展，影响心理健康。当一个人觉得自己的猜疑、嫉妒已无法控制，自己难以应对时，最好去寻求心理咨询老师的帮助。

（6）彼此尊重。学会谈恋爱，千万不要恃宠而骄，恋爱中的男女都希望被宠，可惜被宠之人常被宠坏，不知珍惜。千万别认为对方"一定"要对你好，必须对你俯首帖耳。

爱情是双方面的付出，不是单方的享受，双方彼此尊重、彼此体谅，才不会对双方造成伤害。

（7）诚恳稳定。有些大学生认为大学里的男（女）生比较多，总要挑一个最好的，所以就脚踩两只船或者好几只船，态度忽冷忽热，把恋爱当作游戏。千万不可率性而为，若真的爱对方就不要伤害对方，若不爱对方就应该及早放手，以免给对方造成伤害。有的人表面上说是交往，但是连打电话给对方都觉得麻烦，都觉得别扭，这绝对不是真的爱情。

（8）欣赏与接纳。大学生都很有思想，谈恋爱也不例外，都追求完美。女生都希望找到自己的"白马王子"，男生也希望找到自己的"白雪公主"。试想一下，人世间哪来那么多的白马王子和白雪公主，那些都是童话故事里的人。花欲开而未开，月欲圆而未圆，是人生最美的境界。不要要求对方完美无瑕，那只会给他（她）造成压力，导致不可预期的结果。爱他就去欣赏他，接纳他。

学会恋爱，学问很深，如何学会正确的恋爱，更是大学生必修的一门人生功课。例如，男女生谈恋爱是两个人之间的事，要尊重对方的隐私权，别在别人面前谈论你们的私密情事。分手之后还要歇斯底里地要回自己曾经付出的一切，是最幼稚的行为。尊重对方，就是尊重自己的感情，会给双方留下一段美好的回忆。

（二）培养健康的性心理与性道德

1. 性心理

性生理的发育是性心理发展的基础和前提，性心理活动是人最重要的心理活动，对一个人从幼年到成年甚至老年的生理健康、心理健康、社会能力都有非常重要的意义。

心理学家弗洛伊德认为，性的发展在人的一生中经历3个主要时期：

第一时期：0～5岁。这是最重要的时期，因为它打下往后一切性的发展的基础和方向。弗洛伊德说：幼儿性欲的特征有两个：①他是自体享乐的（即在自己身上寻找性对象，如吸吮大拇指、初期手淫等）；②他的每一个冲动，通常各自为政，互不相干，但皆致力于快感的获得。弗洛伊德认为，在性发展诸阶段中，第一阶段，即幼儿时期是最重要的，它凝聚成为潜意识的主要成分。由于幼儿性欲从社会、意识的标准来看是不适当的，所以，在人类心理发展中，它们总是要遭受压制和潜抑。

第二时期：6～12岁。在这一时期，儿童的性欲进入潜伏期，即现在所谓的"异性疏远期"。

第三时期：13～18岁。这时，幼年时期的性冲动全面复活了，但是这一时期对异性的好感也仅仅是对性的一种朦胧的自然表现，一方面非常渴望接近异性，另一方面感觉到许多的困惑，附带着不安，即现在所谓的"异性亲近期"。

到了两性恋爱期，男女性意识发展成熟，出现异性相爱的行为，这时候进行健康恋爱心理的学习具有现实意义。

（1）能够正确全面认识自我，愉快地接纳自己的性别。一个性心理健康的大学生，能够正视自己性生理的发育和性心理的变化，能客观地评价自己性要求，并乐于承担相应的性别角色的责任。

（2）大学生已经进入青春后期或成年期，具有正常的性欲望，性欲是能够获得性爱和性生活的前提条件。一个人如果没有性欲望，就不会有性爱和和谐的性生活，性心理健康就无从谈起。但是有性欲望并非就有正常的性欲望，我们在这里强调"正常"二字，正常的性欲望是指性欲望的对象是指向成熟的异性而不是其他。

（3）正确对待性知识。在不同的年龄阶段，个体的心理发展表现出不同的特征，性心理的发展同样呈现出阶段性的特点，性心理特点和性行为符合相应的性心理发展年龄特征，符合当时社会时代的发展背景。以开放的态度对待性生理知识、了解性知识，这是一种成熟的表现。

（4）在大学，男女学生之间能很快地产生友情，双方应该像兄弟姐妹一样友爱，才能和异性保持和谐的人际关系。随着性生理和性心理的发展与成熟，希望与异性交往，并能保持良好的关系，是人体自然而正常的性要求。

2. 性道德

（1）必须建立在双方自愿的基础上，以不违反社会公德为前提。

（2）必须做到不伤害自己，不伤害对方，不损害社会风气，不贻害后代。

（3）必须坚持双方有爱，做到心理、生理、精神感受的有机融合。

（4）必须坚持以婚姻为前提，性行为必须符合人道。

（三）提升爱的能力与责任

1. 识别爱

大学的学习环境特殊，男女学生一起学习，一起工作，一起生活，同时随着性心理和性生理的成熟，在没有各方面压力下，在充满美丽幻想的大学校园里，大学生们开始了属于自己的爱情序曲。但在大学阶段，大学生的人生阅历较浅，生活的圈子较小，生活经历比较简单，恋爱观、人生观、价值观都尚未成熟。因此，在恋爱的过程中容易出现这样那样的问题，有很多大学生会感叹"相爱容易相处难"。种种原因影响着两个人的感情发展，甚至引发许多不愉快事件。

在产生爱情的时候，在恋爱的过程中，恋人的智商几乎为"零"。大学生在谈恋爱时应思考以下问题：

（1）你们之间是男女之情吗？是否只是同学间的友情，或者只是如兄弟姐妹般的情感，或者只是你的一厢情愿的单相思？

（2）你对对方是真感情，对方是不是也对你存在这份感情？是不是在利用你的感情，以达到不可告人的目的？

　　透过鲜花、美言，恋爱双方要看清所爱的人的"真伪"是相当困难的。有许多人利用优美的外表、优雅的动作、高贵的气质、渊博的学识、丰厚的财富欺骗着无数无辜少男少女的心。面对动机不纯的恋爱，尤其是女大学生更应该注意，不管你的恋爱动机是什么，有一点是毋庸置疑的："贞操"不能栓住你爱的他。这个世界也没有不劳而获的东西，一切都需要自己的努力，需要辛勤地付出。如果真有幸运落在你的身上，你一定要识别它的"真伪"，不要成为虚假爱情的牺牲品。恋爱中的两个人最需要的是真情实感，只有这样，爱情才会生根、开花、结果。

　　2. 表达爱

　　大学生如果心中有了爱，在经过理智分析判断之后，要敢于表达、善于表达，要大声把爱说出来，这也是一种爱的能力。在大学谈恋爱是很正常的事情，不要把谈恋爱看作另类。

　　3. 接受爱

　　如果别人向你示爱，你该怎么办？面对他人的示爱要懂得取舍，不能觉得"有人追求我感觉真好"，不接受也不拒绝，将此作为一种炫耀的资本，满足自己的虚荣心，或者"脚踩多只船"。如果对对方也心存爱意可以大方接受，并承担起爱的责任。

　　4. 拒绝爱

　　如果不是自己理想的爱情，对方不是自己钟爱的对象，你不愿意接受这份情感，那么你也可以大方地拒绝。但是，拒绝爱也是一门艺术。

　　首先，如果不希望爱情到来，拒绝的语气要果断坚决，容不得半点优柔寡断，否则对双方造成的将是更大的伤害，是不负责任的行为。爱情关系到一个人一生的幸福，来不得半点勉强和将就，所谓"强扭的瓜不甜"。不要因一时的勉强和将就，错爱一生，造成终生遗憾。

　　其次，要掌握恰当的方式，选择合适地点。每个人都有爱和被爱的权利，有接受爱和拒绝爱的权利，千万不能轻视对方的感情。要尊重每一份感情，珍重感情是对他人的尊重，也是对自己的尊重，要学会用充满关切、尊重、机智的方式来维护他人和自己的尊严。

　　5. 发展爱

　　爱是一门艺术，从古至今，是人类世世代代都演绎不完的艺术。爱绝对不只是花前月下、羊肠小道、卿卿我我就能获得。爱与被爱是人类正常的情感需要，我们要培养自己爱的能力，也要培养自己发展爱的能力，不要以为恋爱了就万事大吉。具备爱的能力才能发展爱，它会引导我们去正确地爱他人，也正确地爱自己，体验到爱给人带来的快乐和幸福。要使爱情天长地久，不能只是播种，还要施肥，进行长期的管理。爱主要是给予而不是接受，使对方也成为给予者，彼此分享欢乐、志趣、理解、情感。爱包含着关心，是对对方的尊重及责任感。

6. 升华爱

爱情是人类永恒的话题，如：

在天愿作比翼鸟，在地愿为连理枝。
自古多情空余恨，此恨绵绵无绝期。
相见时难别亦难，东风无力百花残。
此情可待成追忆，只是当时已惘然。
两情若是久长时，又岂在朝朝暮暮。
天若有情天亦老，月若无恨月常圆。
问世间情为何物？直教人生死相许。

我们要学会去爱，爱我们的父母，爱我们的兄弟姐妹，爱我们的同学朋友。恋爱就是我们学习爱的知识，培养爱的能力的实践过程。通过恋爱，学会去爱，并在爱的探索中超越爱、超越自我、超越人生、升华爱情。爱情是人生的重要内容，但又不是人生的全部。正确地认识爱情的本质特征，认识爱情在人生中的位置，是建立正确恋爱观的基础，也是青年大学生谨慎驾驶爱情之舟的前提。

课堂自测

恋爱观自测量表

指导语：恋爱观自测量表共分 16 个问题，每个问题都有 4 个答案，你可以选择最符合自己心理状态的答案。然后，根据后面的评分方法，算出自己的得分，从而大致判定自己的恋爱观是否符合时代和社会的要求。

1. 你对恋爱的幻想是（　　）。
   A. 具有令人神往的浪漫色彩　　　B. 能满足自己的情欲
   C. 使人振奋向上　　　D. 没想过
2. 你希望同你恋人的结识是（　　）开始的。
   A. 在工作和学习中逐渐产生感情　　　B. 从小青梅竹马
   C. 一见钟情，卿我难分　　　D. 随便
3. 你对未来妻子的主要要求是（　　）。
   A. 善于理家　　　B. 别人都称赞她的美貌
   C. 顺从你的意见　　　D. 能在多方面帮助自己
4. 你对未来丈夫的主要要求是（　　）。
   A. 有钱或有地位　　　B. 为人正直，有上进心
   C. 不嗜烟酒，体贴自己　　　D. 英俊、有风度

5. 你认为巩固爱情的最好途径是（　　　）。

　　A．满足对方的物质要求　　　　　　　B．用甜言蜜语讨好对方

　　C．对恋人言听计从　　　　　　　　　D．努力使自己变得更完美

6. 在下列爱情格言中你最喜欢（　　　）。

　　A．生命诚可贵，爱情价更高

　　B．爱情的意义在于帮助对方提高，同时也提高自己

　　C．有福共享，有难同当

　　D．爱情可以使我牺牲一切

7. 你希望爱人同你在兴趣爱好上（　　　）。

　　A．完全一致　　　　　　　　　　　　B．虽不一致，但能互相照应

　　C．服从自己的兴趣　　　　　　　　　D．没想过

8. 对于恋爱中的意外曲折，你的看法是（　　　）。

　　A．最好不要出现　　　　　　　　　　B．自认倒霉

　　C．想办法分手　　　　　　　　　　　D．把它作为对爱情的考验

9. 当你发现恋人的缺点时，你是（　　　）。

　　A．无所谓　　　　　　　　　　　　　B．嫌弃对方

　　C．内心十分痛苦　　　　　　　　　　D．帮助对方改进

10. 你对家庭的向往是（　　　）。

　　A．能同爱人天天在一起　　　　　　　B．人生有个归宿

　　C．能享受天伦之乐　　　　　　　　　D．激励对生活的追求

11. 自己有一位异性朋友时，你是（　　　）。

　　A．告诉恋人，并在对方同意下才继续同异性朋友交往

　　B．让对方知道，但不允许对方干涉自己

　　C．不告诉对方，因为这是自己的权利

　　D．可以告诉，也可以不告诉，要看恋人的态度

12. 看到一位比恋人条件更好的异性对自己有好感时，你是（　　　）。

　　A．讨好对方

　　B．保持友谊，但在必要时向对方说明真相

　　C．十分冷淡

　　D．听之任之

13. 当你迟迟找不到理想的恋人时，你是（　　　）。

　　A．反省自己的择恋标准是否切合实际　　B．一如既往

　　C．心灰意懒，对婚姻问题感到绝望　　　D．随便找一个算了

14. 当你所爱的人不爱你时，你是（　　　）。

　　A．愉快地同对方分手　　　　　　　　B．毁坏对方的名誉

　　C．千方百计缠住对方　　　　　　　　D．不知所措

15．你的恋人对你不道德的变心时，你是（　　　）。

　　A．采取"你不仁，我不义"的报复措施

　　B．到处诉说对方的不是

　　C．只当自己瞎了眼

　　D．从中吸取择恋交友的教训

16．你认为理想的婚礼是（　　　）。

　　A．能留下美好而有意义的回忆　　　　B．有排场，为别人所羡慕

　　C．亲朋满座，热闹非凡　　　　　　　D．双方父母满意

【说明】

古人云："以利交者，利尽则散；以色交者，色衰则疏。"因此，树立健康的恋爱观、婚姻观是幸福婚姻的重要保障。它需要通过不断加强思想意识修养、陶冶情操来促成。那么，怎样判断自己的恋爱观是否正确？这就需要使用恋爱观的测量表。

【评判标准】

每题各选项的分数如表 6-1 所示。

表 6-1　分数

序号	A	B	C	D	序号	A	B	C	D
1	2	1	3	0	9	1	0	2	3
2	3	2	1	1	10	2	1	1	3
3	2	1	1	3	11	3	2	1	1
4	0	3	2	1	12	0	3	2	1
5	1	0	2	3	13	3	1	0	1
6	2	3	2	1	14	3	1	0	1
7	2	3	1	0	15	0	1	2	3
8	1	2	0	3	16	3	0	1	1

如果你的总得分在 40 分以上，说明你的恋爱观是基本正确的；如果你的总得分在 32 分以上说明你的恋爱观尚可；如果总得分在 32 分以下，说明你的恋爱观不够正确了，该注意改进。如果这 16 个问题中有一半左右你不知道怎么回答，则表示你的恋爱观还游移不定，需要尽早确定。

心理训练

座位的安排

目的：准确识别自己心中的理想伴侣。

操作：假设你要召开一个派对，已经安排好了晚餐。你可以邀请 5 位异性来参加这个特别的聚会。不管现实的情形如何，写下你要请的 5 位异性的名字。你坐在"主人"的位置，那么 A、B、C、D、E 一共 5 个位置，你会如何安排？

A：应该是你的梦中情人，或者可能不是你现实中的伴侣，但你会希望自己找到这样一个人。

B：在这 5 个人中，你和他（她）关系一般，有的时候你也会不喜欢他（她）。

C：你和他（她）有许多共同语言，但你们之间仅限于精神层面的交流，成为伴侣的希望不大。

D：说实话，你可能不喜欢他（她），这 5 个人中最后才想到的他（她）。你可能还会想过，这样的场合他（她）来也许并不合适。

E：他（她）也是你特别看重的人，如果没有 A，那么你和他（她）结合的可能性最大。

异性特质星级表

目的： 得出理想伴侣的物质。

操作： 针对表 6-2 列出的男（女）生特质，根据自己的真实想法作出评价，从 1 星到 5 星，从而可以得出自己最看重的异性特质。

表 6-2　男（女）生特质

男生特质	星级	女生特质	星级
有个性		善良体贴	
体贴		文静清秀	
坦诚可靠		善解人意	
有责任感		真诚	
果断自信		通情达理	
英俊		活泼开朗	
有思想		有内涵	
有经济基础		不唠叨	
开朗大方		孝顺	
幽默风趣		有智慧	
孝顺		健康	
随和，有人缘		风度气质	
有才气		美丽	
聪明		善理家	
会烹饪		会烹饪	

第七章 积极面对,乐观向上——
大学生的情绪管理

案例导入

　　小莫是某高职院校的大学二年级男生。平时爱发脾气,宿舍里的同学不讲究卫生,他会生气地指责对方。宿舍同学用了他的东西,他会大声怒吼,责怪对方。有一次他在食堂买饭时看到有同学插队,便和插队的同学发生了争执,还差点打起来。考试成绩不理想,他也会埋怨老师,骂老师出题太难。他上课玩手机受到老师批评,竟然与老师发生了争吵。

　　每次发过脾气之后,小莫都很后悔,感觉没有必要那么冲动,甚至恨自己的这种行为。但遇到不顺心的事时,他仍然无法控制自己的情绪,仍会发脾气。渐渐地同学们都不愿意接近他了,人际关系越来越糟,小莫渐渐变成了"孤家寡人"。为此,小莫感到非常苦恼,他来到学校心理咨询中心求助:"我很想改掉自己的坏脾气,我究竟该怎么办呢?"

　　真正决定人类智能的并非传统智商,而是感情。善于处理情绪并能觉察别人情绪的人,即能用理性控制冲动的人,在社会上较易于获得成功;反之,易受情绪摆布、任性而难与人相处者,即使有知识、有能力,也会陷于孤立,有怀才不遇、有志难伸之感。

第一节　情绪、情感理论及其特点

一、情绪与情感的概念

　　情绪是人对客观事物是否符合自己的需要而产生的主观态度体验。人非草木,孰能无情。生活中,我们总会被各种情绪左右,有时开心、喜悦,有时焦虑、烦躁,有时孤独、恐惧,有时气愤、憎恶,有时又羡慕甚至嫉妒……所有这些都是情绪的不同表现形式。

一般认为，快乐、愤怒、恐惧和悲哀是 4 种最基本的情绪。快乐是个人达到目标、解除紧张后的情绪体验，其程度取决于愿望满足的程度和结果出乎意料的程度；愤怒是个人目标不能实现或一再受挫而产生的情绪，其程度取决于受干扰的程度及违背愿望的程度，同时也受个性的影响；恐惧是个人企图摆脱或逃避某种情境而又无能为力时所产生的情绪，引起恐惧的关键因素是人们缺乏处理可怕情境的力量，缺乏认识和经验；悲哀是个人在失去所盼望、所追求的东西或有价值的东西所产生的情绪，其程度取决于所失去的事物的价值，失去的事物价值越大，引起的悲哀就越强烈。以上 4 种情绪通常称为原始情绪。在此基础上，每种情绪又会分化出其他情绪或与其他情绪结合形成复合情绪，如妒忌与厌恶、骄傲与羞耻、内疚与悔恨、爱与恨等。

情绪有积极和消极之分，当客观事物满足人的需要时，就会产生积极的情绪体验，如高兴、喜悦、满意等；反之，则会产生消极的情绪体验，如悲痛、愤怒、生气等。人类的需要是多种多样的，既有物质需要又有精神需要，涉及方方面面，因而也会产生复杂多样的情绪。

生活中，情绪和情感常常交互使用，大多数时候我们会统称为"感情"，但在心理学上，情绪和情感是两个不同的概念。情感与人的社会需要相关，人的社会需要是否得到满足而产生的内心体验称为情感。

二、情绪与情感的区别与联系

情绪与情感是十分复杂的心理过程，是从不同角度来表达感情这种复杂的心理现象的。

1. 区别

情绪与情感的区别主要表现在以下几个方面：①情绪通常是指与生理需要是否得到满足相关的体验，如由饮食引起的满意或不满意的体验，由危险引起的恐惧体验等；②情感是指与人的社会性需要是否得到满足相关的体验，如因长期的艺术熏陶而产生的对待特定艺术作品的美的体验等。

情绪是人和动物所共有的，动物也有喜、怒、哀、乐等情绪；情感则是人类所特有的心理现象，它是在人类社会历史发展过程中产生的，具有社会历史性。

此外，情绪具有较强的情境性、短暂性和起伏性；情感则有较强的稳定性、深刻性和持久性。喜、怒、哀、乐这些情绪只有在一定情况刺激下才会产生，而且起伏程度较大，持续时间一般较短，并多以外显的形式表现出来，如手舞足蹈、顿足捶胸、面红耳赤等；但如民族自豪感、责任感等则是长期的、稳定的，带有明显的内隐性，多以内在的体验形式存在。

2. 联系

情绪和情感的联系主要表现在：它们都是因需要是否得到满足而产生的体验，是同一类型的心理活动。从某种意义上讲，情绪是情感的外部表现，情感是情绪的本质内容。一般来说，情感的产生会伴随情绪的反应，情绪的变化又常常受情感的支配。

三、情绪的种类

情绪的多种表现形式是从儿童到成人逐渐形成的。心理学中对情绪的分类很多。

加拿大心理学家布利兹斯认为婴儿的原始情绪是一般性的激动或称为未分化的兴奋。到出生后 3 个月，出现了快乐和痛苦两种一般性的积极和消极情绪反应，以后又分化出愤怒、厌恶、惧怕、高兴和亲爱。

《礼记》记载，人的情绪有"七情"分法，即喜、怒、哀、惧、爱、恶、欲；《白虎通》记载，情绪可分为"六情"，即喜、怒、哀、乐、爱、恶；近代的心理学研究中，常把快乐、愤怒、悲哀、恐惧列为情绪的基本形式。

根据情绪发生的强度、持续性和紧张度，情绪状态可分为心境、激情和应激 3 种。

（1）心境，是指比较微弱、持久地影响人整个精神活动的情绪状态，具有弥散性的特点。心境有积极和消极之分，如当一个人心情舒畅时，他看什么都会觉得乐观积极；而当一个人郁郁寡欢时，则对许多事都会感到没有兴趣。"忧者见之而忧，喜者见之而喜"，就是心境的表现。

（2）激情，是一种强烈的、短暂的、有爆发性的情绪状态，如狂喜、愤怒、绝望等都属于这种情绪状态。在激情状态下，人的理解力、自制力等都有可能降低。激情也有积极和消极之分。积极的激情能增强人的敢为性和魄力，激励人克服艰险，攻克难关；消极的激情则会导致理智的暂时丧失，情绪和行为的失控。

（3）应激，是在出乎意料的紧迫情况下产生的高度紧张的情绪状态，人们在遇到突如其来的紧急故事时就会出现应激状态，如地震、火灾等。

四、情绪的功能

（一）自我保护的功能

每一种情绪都是有其功能的，即使是生气、痛苦等负性的情绪也有其重要作用。例如，当人处于危险的境地，恐惧的情绪反应能促使人在行为上更快地脱离险境；当人在工作或学习中承担的负荷超出了自身的承受能力时，疲惫的情绪状态会使人不得不放弃一些工作，而获得休息；在面对侵害时，愤怒的情绪会促使人奋起反抗，自我保护。

（二）人际沟通的功能

情绪在人际沟通中起着非常重要的调节作用，微笑、轻松、热情、喜悦、宽容和善意的情绪表达，会促进人际沟通和理解；而冷漠、猜疑、排斥、偏执、嫉妒、轻视的情绪反应，则会构成人际沟通的障碍。

（三）信息传递的功能

情绪还能起到信息传递的功能。例如，知己之间的一个动作、一个表情，就能使对方心领神会；考场中，监考老师威严的目光，就足以使那些想投机取巧的人望而却步。情绪还可以相互影响和传播，当一个人兴高采烈时，这种情绪会感染周围的人；而当一个人沮丧、愤怒时，这种情绪也会在周围传播开来，并且转移到其他人身上。

五、情绪与心理健康

中医理论认为，喜伤心、怒伤肝、思伤脾、恐伤肾、惊伤胆、忧伤肺。医学研究表明，不良情绪对人的身体健康有很大危害。长期持焦虑、悲伤、悲观、紧张、敌意、妒忌等情绪的人容易患气喘、关节炎、偏头痛、十二指肠溃疡、心脏病等疾病；而沮丧、抑郁、愤怒等情绪对人的身体危害更大。

美国斯坦福大学医学院曾对 1012 名有心脏病史的病人做了 8 年追踪调查，发现暴躁易怒的人死于心脏病的比率比温和的人高出 3 倍。抑郁、沮丧情绪同样使人体健康受到损害。美国一项针对 122 名心脏病患者的追踪研究发现：几年后，最悲观的 25 人中死亡的有 21 人，而最乐观的 25 人中只有 6 人死亡。

从心理健康的角度来讲，快乐最有利于身心健康，但如果高兴过度，如狂喜，则会加重心脏负荷，对心脏病患者来说极为不利，中医上讲的"喜伤心"就是这个道理。1981年 11 月 16 日，中国女排在东京世界杯排球比赛中一举夺得冠军。电视机前的观众一片沸腾，但北京友谊医院的病人观众中却有 9 人因狂喜而病情恶化，其中两人医治无效而死亡。

情绪除影响生理外，对人的心理健康也有重要影响，很多心理疾病都和情绪有关，如抑郁症、焦虑症、恐惧症、疑心症、神经衰弱症、躁狂症等。从某种意义上讲，心理障碍就是情绪障碍，因而保持积极的情绪、情感对增进心理健康有着重大意义。

知识链接

美国生理学家艾尔玛为了研究情绪对健康的影响，设计了一项实验：他把一只只玻璃管插入正好是 0℃ 的冰水混合物容器中，他将收集的人们在不同情况下的"气水"，即悲痛、悔恨、生气和心平气和时呼出的"气水"注入其中做对比实验。结果证明，生气对人体危害极大。他把心平气和时呼出的"气水"放入有关化验水中沉淀后，无杂无色，清澈透明，悲痛时呼出的"气水"沉淀后呈白色，悔恨时呼出的"气水"沉淀后则为蛋白色，而生气时呼出的"生气水"沉淀后为紫色。他把"生气水"注射在大白鼠身上，几分钟后，大白鼠死了。对此，艾尔玛分析：人生气（10 分钟）会耗费大量精力，其程度不亚于参加一次 3000 米赛跑；生气时的生理反应十分剧烈，分泌物比任何情绪的都复杂，都更具破坏性。

可见，动辄生气的人很难健康、长寿，很多人其实是"气死的"。

第二节　大学生情绪管理

心 理 案 例

我是一名女大学生，来自偏僻的山村。而寝室的室友，她们有的家庭非常有钱，有的来自城市，有的人长得漂亮，有的多才多艺，唯有我家在农村，又不漂亮，同时又笨嘴笨舌。我常常感到她们瞧不起我，甚至还会在背后议论我。我感到非常难过，我为什么要到这里来读书？我为什么样样都不如人？我甚至恨命运为什么对我这么不公平，既然我来到这个世界，为什么又什么都不给我？老师，您能帮帮我吗？您能回答我吗？

这位同学的"为什么"真不少，短短一段话中就有五个"为什么"。那么是什么原因导致她有这样多的"为什么"呢？让我们一起来帮助她解惑吧！

一、大学生情绪发展的特点

大学生处于青春期向青年期过渡的时期，这一时期是情绪成熟和发展的重要阶段，他们非常关注自我，注重个性发展，敏感性强，自尊心强，情绪体验丰富，波动较大。总体来讲，大学生的情绪带有以下鲜明的特征。

1. 情绪内容丰富多彩

大学生活丰富多彩，使得大学生的情绪活动对象扩大，产生许多前所未有的情绪体验。他们兴趣爱好广泛，参加各种各样的社团活动。他们积极参与人际交往，交际领域比中学时期有很大的拓展。大学时期又面临着如学业、就业、情感等重大选择，对自己的社会角色、社会地位、价值取向等问题产生更为深入的思考。在这一过程中他们会遇到各种各样的问题而产生丰富多样的情绪体验。

2. 情绪容易起伏波动

大学生的年龄一般为 17～25 岁，身心发展处在走向成熟而又未完全成熟的阶段，情绪反应不稳定，有时易走极端。大学生情绪起伏波动的主要原因，是其生理发展、社会发展和心理发展的不平衡。另外，大学生的辩证思维的发展水平不是很高，处理矛盾比较偏激，从而引起情绪上的两极反应。例如，考试失败、受到批评、要求没被满足等，都可能使大学生懊悔、惆怅多时；当受到表扬、学习取得优异成绩、某项工作得到肯定时，则可能会兴高采烈，甚至"大摆宴席"。随着时间的推移，大学生外部动作的表现会减少，如愤怒时有的会采取沉默以示对抗等。同时，由于大学生的自尊心强，对一些事过于敏感，也增加了情绪的波动性。例如，学习成绩的优劣、同学关系的好坏、恋爱的成败，甚至同学间衣着、饮食的不同，都会引起大学生情绪的较大波动。

3. 情绪外显性与内隐性共存

大学生思维敏捷，反应灵活，对外界刺激敏感，常喜怒哀乐形于色，呈现情绪外显性特点。但由于大学生的社会意识和自我意识的进一步发展，始发于青少年早期的心境化情绪得到继续发展，出现比较微弱而持续时间较长的情绪状态——心境，避免了猛烈而短暂的激情现象的过多出现。同时，大学生在特定场合和特定问题上，情绪并不总是直接外露，而是通过文饰方式，隐藏自己内心真实的体验，用自己认为适当的形式表达自己的情绪，表现出隐蔽性。例如，在对待异性的态度上，明明对某异性很爱慕，却偏偏表现出无所谓、回避的态度；明明讨厌某人，却强装笑脸等。这样，既可保持自己在他人心目中良好的形象，又逐渐具有了情绪的自我控制能力，使强烈的情绪反应得到一定的调节。大学生的情绪也就表现为外显性与内隐性共存。

4. 在激情中走向成熟

大学生活是丰富多彩的，大学生的情绪充满了激情。如听到感人的英模事迹报告会后激情澎湃、热血沸腾；看世界杯足球赛而废寝忘食、激动不已；当自己钟爱的足球队最终败北时，会扼腕叹息，气愤不已。大学生情绪的激情化，使得他们常表现出"书生意气"，感情用事，遇事武断、头脑发热、行为固执，甚至出现打架斗殴、偷盗钱物等违法行为，事后又追悔莫及。

大学生活也有对大学生社会性需要的满足，如毕业生离校时来自学校、教师和同学的情感关怀、理解和尊重，特困生生活困难的解决和同学的理解、关心和帮助，使毕业生通过捐资助学、树碑留念、赠锦旗给校母、举行毕业升国旗仪式等文明离校方式表达了对母校的留恋和敬重之情；一些特困生同学由过去的易生敌意，不被人理解时好激动、易生怒，转变为表达对学校和同学的感激和谢意，并以满腔的热情投身学习，自强不息，取得了不错的成绩。

❤心❤理❤案❤例

情 绪 伤 口

从前，有一个坏脾气的小男孩，常常跟小朋友发脾气，以致没有人愿意做他的好朋友。他很苦恼，向他的父亲求助。

他父亲给了他一袋钉子，告诉他，每次发脾气或者跟人吵架的时候，就在院子的篱笆上钉一根钉子。第一天，男孩钉了37根钉子。后面的几天他学会了控制自己的脾气，每天钉的钉子也逐渐减少了。他发现，控制自己的脾气，实际上比钉钉子要容易得多。

终于有一天，他一根钉子都没有钉，他高兴地把这件事告诉了父亲。

父亲说："从今以后，如果你一天都没有发脾气，就可以在这天拔掉一根钉子。"日子一天一天过去，最后，钉子被拔光了。父亲带他来到篱笆边上，对他说："儿子，你做得很好，可是看看篱笆上的钉子洞，这些洞永远也不可能恢复了。你生气时对别人的伤害，就像这些钉子洞一样，会留下永久的疤痕。如果你无法控制坏脾气而捅了别人一刀，即使你说多少句'对不起'，那个伤口都永远存在。"

语言对人的伤害也像身体上的伤口一样难以恢复。这个故事让我们看到负性情绪会在人际交往中刻下的"伤口"，小男孩的改变也告诉我们，人是可以控制、调整自己的情绪的。

二、大学生情绪管理的方法

"莫名我就喜欢你，深深地爱上你，没有理由没有原因"，在生活中，很多人也常常会莫名地烦躁，莫名地失落，莫名地发脾气，说不清道不明。但是，如果我们不能觉察自己处于什么情绪之中，又怎能奢谈管理情绪呢？对情绪的觉知，也是个体对内心世界的认知。一个人能自如察觉自己的各种复杂情绪。也是在启动自己的理性成分，即潜在地找到了如何应对的方法。所以，大学生首先应该发展对情绪的觉知能力。

当一个人被某种情绪笼罩时，首先应该停下来，细细体会这种情绪的内容，然后为自己的情绪状态命名，及时辨别出一些不良的情绪状态，这是情绪调节的基础（表7-1）。

表7-1　常见情绪词汇表

快乐	悲哀	害怕	无奈	恐惧	惭愧
失望	担心	紧张	嫉妒	羡慕	迷惑
敬畏	释然	狂喜	欣慰	骄傲	欢欣
感激	不满	愤怒	屈辱	兴奋	希望
惊讶	感动	难为情	焦躁	嫌恶	绝望
焦虑	为难	挫败	恐怖	轻蔑	鄙视
震撼	尴尬	懊悔	恐慌	羞耻	恐怖
厌恶	沮丧	反感	愤慨	怨恨	自责

1. 从认知角度管理情绪

情绪调节 ABC 理论是 20 世纪 50 年代美国心理学家艾尔伯特·艾里斯提出的。该理论认为，情绪不是由某一诱发事件所引起的，而是由经历这一事件的主体对此事件的解释和评价所引起的。也就是说，事件 A（activating event）和其引发的情绪或行为后果 C（consequence）之间有一个中间变量，即个体对诱发事件的解释和评价 B（belief）。也就是说，一个人对一件事的信念和认知是引起情绪反应的直接原因。

心理案例

进京赶考举人的梦

话说明朝有位举人第三次进京赶考，住在一个经常住的店里。考试前两天他做了3个梦，第一个梦梦到自己在墙上种白菜；第二个梦梦到下雨天，他戴了斗笠还打伞；第三个梦梦到跟自己心爱的姑娘躺在一起，但是背靠着背。

这3个梦似乎有些深意，举人第二天就赶紧去找算命先生解梦。算命先生一听，连拍大腿说："你还是回家吧。你想想，高墙上种菜不是白费劲吗？戴斗笠打雨伞不是多此一举吗？跟喜欢的姑娘躺在一张床上却什么都没做，背靠着背，不是没戏吗？"

举人一听，心灰意冷，回店收拾包袱准备回家。店老板非常奇怪，问："不是明天才考试吗？今天你怎么就回乡了？"举人把算命先生解梦时所说的话向店老板讲了一遍，店老板乐了："哟，我也会解梦的。我倒觉得，你这次一定要留下来。你想想，墙上种菜不是高种（高中）吗？戴斗笠打伞不是说明你这次有备无患、双保险吗？跟自己心爱的姑娘背靠背躺在床上，那更是好得不得了啊！这就叫：此时不翻身，更待何时啊？"

举人一听，更有道理，于是精神振奋地参加考试，居然中了个探花。

我们可以从这个举人的故事中得到一种启发：要相信积极的、乐观向上的人的指点，不要听信消极的、悲观的人的误导。乐观的人，像太阳，照到哪里哪里亮；悲观的人，像月亮，初一十五不一样。思维决定成败，想法决定结果。正如案例中举人的3个梦，因为不同的解释，举人产生了完全不同的情绪体验，从而决定了他采取完全不同的行动。艾里斯认为，要想改变情绪只需要改变自己的信念和认知。

如表7-2所示，从情绪调节ABC理论出发，当遭遇到不良情绪时（如"当众发言"），先试着省察产生这种情绪的不合理信念（B），然后尝试反驳自己的不合理信念（D），从而产生合理客观的行为后果和情绪反应（E）。

表7-2　从认知角度调节情绪

问题情境（A）	当众发言
不合理观念（B）	我一定要表现得很好，否则会被人笑话的
情绪/行为反应（C）	紧张、焦虑、浑身发抖，无法集中注意力
反驳不合理观念（D）	① 如果我没表现好，结果真的有那么糟糕吗？别人会整天无事可干，天天评论我吗 ② 我想表现好，就一定能表现得好吗？有些结果怎样并不完全由我控制 ③ 我为什么非要表现那么好呢？难道敢于尝试不是一种勇气吗？别人难道就一定比我强吗
处理问题的态度（E）	① 如果我继续坚持这个信念，我会更焦虑，而且会更糟 ② 你想紧张就紧张吧，你想脸红就使劲红吧，爱怎样怎样吧

例如，有两个人面对桌子上的半瓶酒，一个人说："唉，真倒霉，只剩半瓶酒了。"另一个人则说："运气不错，还有半瓶酒，如果再来晚一点，恐怕连半瓶酒都没有了。"于是他就美美地享受起美酒来了。可见改变非理性认知就会有"退一步海阔天空"之感。

2. 用行动调节情绪

"人生不如意事，十之八九"，人生路途中，总会遇到痛苦、失望、悲哀、恐惧等负性情绪。这些负性情绪就像杯子里的旧水，如果不能被倾倒出来，那么内心又怎能腾出空间接纳幸福、快乐、满足等正性情绪呢？所以，当人体验到负性情绪的时候，不应该一味地否认和压抑，而是要找到合理、合适的途径让它们从心里流淌出来，这样才能留出更多的空间盛放那些让自己感觉美好幸福的情绪。

1）静下来

人在体验强烈情绪状态时通常都是处于紧张状态的，尤其是负性情绪。所以，如果能让自己恢复到一个比较平衡的情绪状态，可以尝试让自己的身体和内心都"静下来"。静下来的方法因人而异，常用的有冥想放松、深呼吸、听舒缓的音乐等。

2）动起来

运动能促使大脑产生更多让人兴奋和快乐的物质——内啡肽，所以是对抗焦虑和抑郁的良药。同时，运动还可以宣泄内心积压的很多负性情绪如愤怒。总之，运动是释放内心情绪的有效方法。

"动起来"不仅仅是指"运动起来"，也包括行动起来，去做一些积极有效的事情，防止自己完全沉溺于某一种情绪的深渊里面。

第三节　大学生情商的有效发展

心理案例

林则徐和"急性判官"的故事

林则徐自幼好学、好强，从少年时代起就满怀爱国之情，一心想报效祖国。但他脾气急躁，遇事易怒，以致常常把好事办坏。为此，他父亲曾再三提醒他，后来在给他的家书中专门讲了一个"急性判官"的故事。

有一个判官，好孝，恶忤逆，每每遇到不孝犯人，判刑格外严厉。一天，两个外乡人抬着一个年轻人，要求判官严惩，说这个年轻人在家里动手打老娘，被他们发现抬来后，一路上还不停地骂老娘。判官闻说，怒火中烧，也顾不得听那年轻人申辩，就令杖吏对其重打五十大板，年轻人被打得皮开肉绽，死去活来。正当此时，堂外传来一个老太婆的哭喊声。老太婆见了判官，跪倒在地，哭诉她家遇到两个盗贼，独子与他们搏斗，却被他们捆走。判官听后，心中一愣，莫非盗贼就是那两个外乡人？他急忙派人传唤，不料那两人早已逃之夭夭。正当判官后悔不迭之时，昏死在地上的年轻人一阵呻吟，老太婆见那人正是自己的独子，失声痛哭。

林则徐读完家书，感触很深，他深知父亲用心良苦，决心改掉自己暴躁的坏脾气。他写了"制怒"两字，制成横匾，悬于自己书房正面的墙上，以后他不管走到哪里，横匾就带到哪里。即使后来做了大官，他仍然常同人讲起那个"急性判官"的故事，以此自警自策。火急性子的林则徐，终于改掉了暴躁的脾气。

一、情商

美国心理学家丹尼尔·戈尔曼在其《情感智力》一书中，第一次提出"情商"（emotional quotient，EQ）这一概念。戈尔曼认为情商是人类最重要的生存能力。情商究竟是什么呢？

情商是指个人对情绪的把握和控制、对他人情绪的揣摩和驾驭，以及对人生的乐观程度和对挫折的承受能力。它反映了个体的适应性。如果说智商可以用来预测一个人的学业成就，那么情商则被认为是可以用来预测一个人能否取得事业成功的最有效的指数。一般来讲，情商包括以下5个方面的内容。

1. 认识自身情绪的能力

认识自身情绪的能力包括从自己的生理现状、情感体验和思想中辨认自身情绪的能力；通过语言、声音、仪表和行为从他人、艺术作品、各种设计中辨认自身情绪的能力；准确表达情绪以及表达与这些情绪有关的需要的能力；区分情绪表达中的准确性和真实性能力。

2. 妥善管理情绪的能力

妥善管理情绪的能力包括自我安慰，摆脱焦虑、烦恼或不安的能力，以及控制自身情绪的能力。

3. 理解、分析情绪的能力

理解、分析情绪的能力包括给情绪贴上标签，认识情绪本身与语言表达之间关系的能力；理解情绪所表达意义的能力；认识和分析情绪产生原因的能力；理解复杂情绪的能力。

4. 认识他人情绪的能力

认识他人情绪的能力包括以开放的心态接受各种情绪的能力；根据所获得的信息判断他人情绪的能力。

5. 人际关系管理的能力

人际关系管理能力是指能体谅他人，与他人有效沟通，建立正面良好的人际关系的能力。

心 理 案 例

被苍蝇击败的世界冠军

1965 年 9 月 7 日，世界台球冠军争夺赛在美国纽约举行。路易斯·福克斯的得分一路遥遥领先，只要再得几分便可稳拿冠军了，然而正当他全力以赴就要拿下比赛时，发生了意料不到的事：一只苍蝇落在主球上，福克斯没有在意，一挥手将苍蝇赶走了，俯下身准备击球。可是，不一会儿那只苍蝇又飞回到主球上来了，在观众的笑声中，福克斯又去驱赶苍蝇，情绪也受到影响。更为糟糕的是，苍蝇好像是有意跟他作对，他一回到球台，苍蝇就又飞回到主球上来，引得周围的观众哈哈大笑。福克斯情绪恶劣到极点，终于失去了冷静和理智，愤怒地用球杆去击打苍蝇，不小心球杆碰到台球，被裁判判为击球，从而失去了一轮机会。本以为败局已定的竞争对手约翰·迪瑞见状勇气大增，最终赶上并超过了福克斯，最后夺走了桂冠。福克斯沮丧地离开了，从此一蹶不振。一天早上，人们在河里发现福克斯的尸体，他投河自杀了！

二、学会调节与控制情绪

1. 正确地表达自己的情绪

在有些人看来，调节和控制情绪就是克制和约束某些情绪的表达，这样就造成了一些大学生一味地压抑自己。实际上，比学会克制、约束某些情绪更重要的，是以恰当的方式和方法正确地表达自己的情绪，这也是情绪健康最根本的要求。那么怎样才算正确地表达自己的情绪呢？

（1）适当的原因和对象，引发与之相适应的情绪反应。也就是说，当事人能明确知道产生喜、怒、哀、惧等情绪的原因和产生相应的情绪类型。如在一般情况下，考试成绩优秀、获得奖励、作品发表等会产生喜悦的情绪。当事人应该知道是什么导致了喜悦情绪的产生和为什么喜悦而不是愤怒，不是出现莫名其妙、不明原因的情绪反应。

（2）情绪反应与情境刺激相一致。这里的一致性主要是指刺激强度和反应强度的一致性。高考落榜无论对谁都是一个沉重的打击，但如果有人因此日不思食、夜不能寐，甚至轻生，就是反应过分强烈了；如果有人因落榜而欣喜若狂，也是不正常的情绪反应。通常，人们把能抑制情绪反应看成是理性的胜利，但从心理健康的角度看，情绪反应过弱也是不正常的。一旦出现笑不敢张口、哭不能流泪、怒不敢言的情绪反应，对人的健康也是有危害的。

（3）情绪反应有一定的作用时间限度。情绪的产生是一定的客观环境和个体认知状况共同作用的结果。情绪反应随着环境和认知水平的变化而变化。如果环境变化没有引起相应的情绪变化，则情绪可能会有非正常反应。例如，与某人的一点摩擦导致人际关系紧张，心里感到很懊悔，但如果过了许多年后仍然为此而耿耿于怀就是不正常的。再如，亲人亡故、恋人失和等情绪反应可能既强烈，持续时间又较长，但如果因此而无止境地陷于某种情绪之中不能自拔，就不利于身心健康了。

2. 克服不良情绪

消极的、不良的情绪对人的身心健康的危害是显而易见的，怎样才能克服不良的情绪呢？

（1）宣泄。宣泄是指采用一定的方法和方式，把人体的情绪体验充分表达出来。情绪的宣泄是平衡身心的重要方法。如果情绪得不到适当的宣泄，则会积压于身心，使身心健康受到影响。从心理健康的角度看，不仅不良情绪需要宣泄，愉快的情绪也需要宣泄。

情绪宣泄可分为身体和心理两个方面。身体方面的宣泄，如哭、笑、参加体育运动或文艺活动等。例如，当生气和愤怒时，可以到空旷的地方去大喊几声，或者参加一些重体力劳动，也可以进行比较剧烈的体育活动，跑两圈，扔几个铅球，把怒气变为体力释放出来，气也就顺些了。俄国大文豪屠格涅夫曾告诫人们：当你暴怒的时候，在开口前把舌头在嘴里转上10圈，怒气也就减少了一半。百岁老人苏局仙的经验：一是把烦恼的事坚决丢开，不去想它；二是最好和孩子们玩一玩，他们的童真会给人带来快乐，消除烦恼；三是照一照镜子，看看自己暴怒的脸有多丑，不如笑笑。心理方面的宣泄，指借助于与他人谈话来调整认知与改变一些不合理信念的过程。

（2）转移。转移是从主观上努力把注意力从消极或不良的情绪状态转移到其他事物的一种自我调节方法。通过转移能对不良情绪起到控制和克服作用，这有其生理和心理的内在机理。一些研究表明，在发生情绪反应时，大脑中心有一个较强的兴奋灶，此时如果另外建立一个或几个新的兴奋灶，便可抵消或冲淡原来的中心优势。如感到苦恼、压抑时去参加一些娱乐活动，便可使不良情绪有所缓解；心情不佳时，可以到户外欣赏大自然的美丽风景，转移被压抑的心情。大自然的景色，能扩大胸怀，愉悦身心，陶冶情操。到大自然中去走一走，对于调节人的心理活动有很好的效果。心绪不好或感到心理压力大、闷闷不乐时，千万不要一个人关在屋子里生闷气，而应该走出去，到环境优美、空气宜人的花园、郊外，甚至是农村的田园小路上走一走，舒缓身心，去除烦恼。

长期处于紧张工作状态的人，定期到大自然中去放松一下，对于保持身体健康、调节紧张情绪大有益处。当然，转移的方式是看电影、下棋、打球，还是去跳舞、散步，应根据个人的具体情况而定。

（3）自我安慰。对于每个人来说，不可能所有的需要都能得到满足，为了消除挫败感和由此而带来的不良情绪反应，要学会找出合乎情理的原因来为自己辩解和开脱。如考试不理想，可用"胜败乃兵家常事"进行自我安慰。自我安慰是自欺欺人的行为，偶尔用一下对于缓解紧张情绪有积极的作用，但经常使用，可导致当事人不能正确认清现实、评价自我。

（4）积极的自我暗示。自我暗示是运动内部语言或书面语言以隐含的方式来调节和控制情绪的方法。语言暗示对人的心理乃至行为都有奇妙的作用。当不良情绪要爆发或感到心中十分压抑的时候，可以通过语言的暗示作用来调整和放松紧张情绪，使不良情绪得到缓解，如："别做蠢事，发怒是无能的表现。发怒既伤自己，又伤别人，还于事无补。"达尔文说过："人要是发脾气就等于在人类进步的阶段倒退了一步。愤怒是以愚蠢开始，以后悔告终。"另外，"不能恼火"，"不要紧张"，默读"1、2、3、4、5、6、7"等，都是与某些不良情绪相对应的内部语言；日记中的自我激励、自我安慰等对情绪也能起到控制和调节作用。

（5）调整认知结构。认识是人对刺激作出反应的中介，对情绪、行为有决定作用。在这个意义上，若认识过程发生错误，就可能导致错误观念，继而产生不适当的行为和情绪。由于心理发展还没有完全成熟，许多大学生对于周围事物的想法或观点容易出现偏差，继而带来情绪困扰。因此，对于心智发展水平较高的大学生来讲，通过调整认知结构，客观、合理地分析和评价引起情绪变化的主客观原因，不失为调节和控制情绪的好方法。

3. 保持和创造快乐情绪

人不仅具有改变不良情绪的能力，更具备创造快乐情绪的能力。以下方法可以帮助大学生保持和创造快乐情绪。

（1）知足常乐。知足常乐的秘诀在于把理想和需要定得切合实际，增加获得成功的体验的机会。

（2）增强自信心。只有自信的人，才是快乐的。增强自信心是活得愉快情绪的基本条件。

（3）创造快乐。快乐离每个人都不远，但有人善于发掘它，有人却任其从身边悄悄溜走。善于创造快乐的人，一是善于用微笑迎接困难，从战胜困难的努力中寻找自己的乐趣；二是善于从身边平凡的琐事中发掘乐趣，积极参与生活，体验生活乐趣。

（4）多点宽容，少些责备。这里的宽容对象既包括自己也包括他人。对处于成长关键时期的大学生来说，对自己严格要求，为自己设立一定的目标并为之努力，是力求上进的表现。但若目标过高，对自己要求过严甚至苛刻，就会给自己的身心带来不良影响。

对他人也是如此。多点宽容、少些责备，有助于保持乐观情绪。

（5）多交朋友。培根说：如果你把快乐告诉一个朋友，你将得到两份快乐；如果把忧愁向一个朋友倾诉，你将被分掉一半忧愁。多交朋友具有减缓痛苦、增加快乐的作用。

（6）自我激励。自我激励是人类精神活动的动力之一，也是保持心理健康的一种方法。在遇到困难、挫折、打击、逆境、不幸而痛苦时，大学生要善于用坚定的信念、为人的言行、生活的榜样、生活的哲理来安慰自己，使自己产生同痛苦作斗争的勇气和力量。张海迪在她的人生奋斗历程中，所承受的痛苦与压力是常人难以忍受的，当困难压顶的时候，她总是用保尔·柯察金、吴运铎等英雄的事迹激励自己，与病魔抗争，勇敢地面对生活的挑战。

（7）幽默风趣。幽默风趣是一种引发喜悦、愉快的娱人方式和生活态度。幽默风趣的人，总是乐天愉快的，他们更容易赢得朋友，更容易享受生活的欢乐。富于幽默风趣的人，往往注意从困境中寻求转机，从别人看来没有希望的地方捕捉希望。一位急于寻找工作的大学生，来到一家报社，对经理说："你们需要一个好编辑吗？""不需要。""那么记者呢？""不需要。""那么排字工人呢？""不，我们现在什么空缺也没有。""那你们一定需要这个东西。"这个大学生从包里拿出一块精致的牌子，上面写着"额满，暂不雇用"。经理笑了，并立刻录用了他。随后，这个大学生成了报社广告发行部的雇员。

心理案例

萧伯纳的故事

据说，著名剧作家幽默大师萧伯纳一天正在街上散步，一辆自行车冲来，双方躲闪不开，都跌倒了。

萧伯纳笑着对骑车人说："先生，您比我更不幸，要是您再加点儿劲，那您可就作为撞死萧伯纳的好汉而名垂史册啦！"

萧伯纳的诙谐幽默缓和了当场的气氛，俩人握手道别，没有丝毫难堪。

课堂自测

焦虑自评量表

指导语：表 7-3 有 20 道测试题，每一题有 4 个选项（没有或很少有时间、小部分时间、相当多时间、绝大部分或全部时间）。请根据你最近一个星期的实际感受，在适当的地方画上"√"。

表7-3　焦虑自评量表

问题	没有或很少有时间	小部分时间	相当多时间	绝大部分或全部时间
1. 觉得比平常容易紧张和着急	1	2	3	4
2. 无缘无故地感到害怕	1	2	3	4
3. 容易心烦意乱或感到惊恐	1	2	3	4
4. 觉得可能将要发疯	1	2	3	4
5. 觉得一切都很好，也不会发生什么不幸	4	3	2	1
6. 手脚发抖打战	1	2	3	4
7. 为头疼、颈痛和背痛而苦恼	1	2	3	4
8. 感觉容易乏力和疲惫	1	2	3	4
9. 觉得心平气和，并且容易安静地坐着	1	2	3	4
10. 觉得心跳得很快	1	2	3	4
11. 为一阵阵头晕而苦恼	1	2	3	4
12. 有晕倒发作，或觉得要晕倒	1	2	3	4
13. 呼气吸气都感到很轻松	4	3	2	1
14. 手脚麻利和刺激	1	2	3	4
15. 为胃疼和消化不良而苦恼	1	2	3	4
16. 尿频	1	2	3	4
17. 手常常是干燥温暖的	4	3	2	1
18. 脸红发热	1	2	3	4
19. 容易入睡并且一夜睡得好	4	3	2	1
20. 做噩梦	1	2	3	4

【说明】

在使用焦虑自评量表（self-rating anxiety scale，SAS）时，要注意：首先，由于焦虑是神经症的共同症状，故焦虑自评量表在各类神经症鉴别中作用不大；其次，关于焦虑症状的临床分级，除参考量表分值外，主要还应根据临床症状，特别是要害症状的程度来划分，量表总分值仅能作为一项参考指标而非绝对标准。

【评判标准】

评定采用 1～4 分制，评定时限为过去一周。主要统计指标为总分。把 20 题得分相加为初步得分，把初步得分乘以 1.25，四舍五入取整数，即得到标准分。焦虑评定的分界值越高，焦虑倾向越明显。

按照中国常模结果，焦虑自评量表标准分的分界值为 50 分，其中 50～59 分为轻度焦虑，60～69 分为中度焦虑，70 分以上为重度焦虑。

心理训练

情　绪　比　萨

目的： 了解自己的情绪状态，思考这些情绪的来源以及情绪对自身的影响。

操作： 画一个大圆代表自己近两周的情绪内容，分别用小圈面积的大小来表示以下8种情绪所占的比例（图7-1）：1——快乐，2——痛苦或悲伤，3——愤怒，4——恐惧，5——爱，6——焦虑，7——害羞，8——其他。

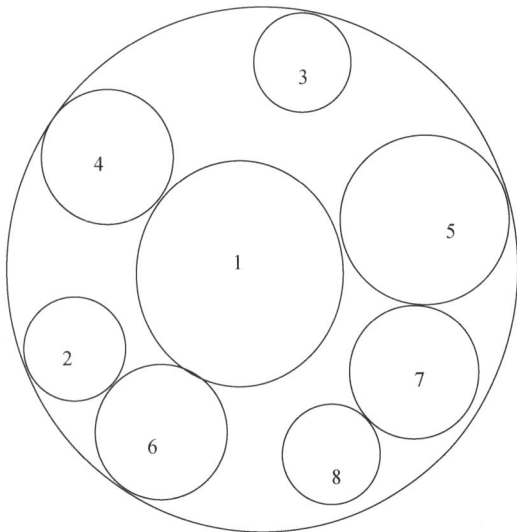

图7-1　情绪比萨

分小组讨论：

1. 为什么产生这些情绪？

2. 这些情绪对自己有什么影响？

ABCDE 技术

目的： 尝试利用 ABCDE 技术解决个人的心理问题。

操作： ABCDE 技术是一套通过认识不合理信念到改变不合理信念，进而调整情绪和行为的步骤和阶段，它始终强调现在，重视人的理性力量，相信人最终通过自我调节而顺应环境，把人的主动性提高到一个重要位置。

问题情境（A）：

不合理信念（B）：

情绪/行为反应（C）：

反驳不合理观念（D）：

处理问题的态度（E）：

第八章 此时不搏,更待何时——大学生挫折应对与压力管理

小李是某大学三年级学生,在英语四级考试失利、恋爱受挫的双重打击下,内心十分痛苦,情绪波动很大。他开始整日以酒精麻醉自己,几乎天天旷课,拒绝与他人交往,不接听任何人的电话。当酒精失去作用的时候他又不断以各种消极方式回避内心的冲突与压力。时间一天一天过去,小李越来越失去生活的目标,也更打不起精神从失利的阴影中走出来。

小李受到的这些精神上的苦闷痛苦便是所谓的挫折,之后颓废的表现是对挫折的消极应对。

由于种种主、客观因素的影响和制约,大学生不可避免地会遇到挫折,这在大学新生适应期尤为突出,本章将从介绍挫折及其防御理论入手,探讨挫折对大学生造成的心理影响,以及大学生在挫折面前应采取何种态度和方法,以提高大学生应对挫折的能力,培养良好的心理素质。

第一节 挫折与压力概述

一、挫折的含义

挫折就是我们平常所说的失败或"碰钉子",如军队攻城不克、学生高考不理想。心理学上,挫折指人们在从事有目的的活动时,遇到无法克服的障碍或干扰,致使动机或目标不能达到时的情绪状态。它强调的是主体遭受失败后的情绪反应,如因高考成绩不理想而表现出来的沮丧、悲观、抑郁、懊恼等情绪。因此,心理学上的挫折与我们生活中的挫折含义不尽相同，它更强调主观感受性。因为面对同一种挫折状况，每个人的感受不同，一些人眼中的成功可能是另一些人眼中的失败，所以挫折情景并不一定能导致挫折反应，关键在于对挫折的认识和感受。正如巴尔扎克所说："世上的事情，永远不是绝对的，结果完全因人而异。苦难对于天才来说是一块垫脚石，对于能干的人是一笔财富，而对于弱者是一个万丈深渊。"

挫折有大有小，如学习上的困难、工作中的不顺、同事间的摩擦，这些都属于不经意的小事，但积累起来却会消磨人的锐气。失去亲人往往会对一个人的生活产生重大影响，甚至摧毁其精神支柱，引发人生危机。

挫折包括以下 3 层含义。

1. 挫折情境

挫折情境是指个体在有目的的活动中遇到的，使需要不能得到满足的内外障碍或干扰等情境因素，如考试不及格、人际关系冲突、恋爱失败、求职不成等。

2. 挫折认知

挫折认知是指个体对挫折情境的知觉、认识和评价。挫折情境能否构成挫折，在很大程度上取决于挫折认知。挫折认知既可以是对实际遭遇的挫折情境的认识，如某人在背后说甲的坏话，甲听到后心里感到很生气；也可以是对想象中可能出现的挫折情境的认知，如有的人总是怀疑别人在背后议论自己，虽然事实并非如此，但在他心里却因此产生对他人的不满。挫折认知是产生挫折的关键。

3. 挫折反应

挫折反应是指伴随着挫折认知而产生的情绪、行为反应及自我防御反应。由于引起挫折的情境有暂时性和持久性之分，因而挫折反应也有状态性和特质性之分。在特定干扰条件和具体情境下产生的挫折，一般都是暂时的。随着干扰条件和具体情境的改变，所感受的紧张状态也会自然消失，这类挫折反应称为状态性反应。但人们在生活中往往会经历连续的挫折，这是因为导致挫折的条件和情境可能具有相对稳定性，因而会使人感受到持续的紧张状态，由此产生的情绪反应、行为方式会固定下来，形成相应的行为习惯，这类挫折反应称为特质性反应。

挫折通常既包括挫折情境，又包括挫折感受，两者关系密切。一般来说，挫折情境导致挫折感受，挫折情境越严重，所引起的挫折感受可能越强烈。但是，它们并不总是呈正比的，有时挫折感受会大于实际的挫折（情境）。因为从挫折情境到挫折感受，并不是简单的刺激—反应过程，而是受到个体实际状况的诸多制约，它包括个体的生理状态和心理状态等，其核心是个体的认识方式和挫折承受力。心理健康水平高的大学生，心理承受力强，即使面临较严峻挫折情境，挫折感受也并不大；心理健康水平低的大学生，尽管挫折情境并不严峻，但引起的挫折感受却可能很强。

二、常见的挫折类型

（一）挫折的一般分类

人世间的挫折有无数种：无法拥有自己所爱、失去原来拥有的东西、现状和目标相差甚远等。挫折可从不同的角度进行分类，如按挫折的程度可将其分为一般性挫折和严重性挫折；按挫折的现实性可将其分为实质性挫折和想象性挫折；按挫折的原因可将其分为外部挫折和内部挫折等。通常情况下，我们把挫折分为缺乏性挫折、损失性挫折、阻碍性挫折。

1. 缺乏性挫折

缺乏性挫折主要是指人们无法拥有自己认为非常重要的东西时产生的心理挫折。由于缺乏物质、能力、经验、感情及生理条件等所产生的挫折都属于缺乏性挫折。例如，由于缺乏基本的生活费用而为衣食发愁；由于缺乏知心朋友而感到孤独；由于色盲而不能就读自己喜爱的美术专业等。

2. 损失性挫折

损失性挫折主要指失去了原来拥有的重要东西而引起的心理挫折。由于名誉、地位、财产的丧失及家庭解体、亲人亡故、恋人分手等所导致的挫折都属于损失性挫折。例如，有的大学生在中学时是出类拔萃的"尖子生"，但进入大学以后，人才荟萃，强手如林，失去学业上的优势，从原来中学里的"尖子生"变成了现在的"一般生"，内心非常失落，这就是损失性挫折。

3. 阻碍性挫折

阻碍性挫折主要是指那些在需要和目标之间出现阻碍所导致的挫折。由于自然的障碍、人为的障碍、客观的障碍、想象的障碍所造成的挫折都属于阻碍性挫折。例如，想念亲人，但因路途遥远而不能相见；明明达到了本科录取分数线，却因为志愿填报不合理而被专科学校录取等。

（二）大学生活中常见的挫折

大学生在追求自我实现的过程中，遇到困境、压力、挫折、失败等在所难免。大学生经常遇到的挫折有学习性挫折、心身性挫折、发展性挫折、生活性挫折、人际性挫折等。

1. 学习性挫折

学习性挫折是指大学生在学习过程中所遇到的挫折。进入大学后，学生随着自身知识结构的变化和生活环境的改变，心理上产生了大量的新的需要。他们敬佩有成就的专家教授，希望自己能博览群书，学业有成。但大学生在由中学向大学阶段的转变中，心理上短期内很难适应大学的教学模式和学习方法，导致学业成绩不理想。当感到自己能力低，觉得理想与现实差距太大，对前途失去信心时，就会产生挫折感。

2. 心身性挫折

心身性挫折是指个体因对自己身体的某些外在条件、人格特点及心身缺陷不能接受而产生的心理体验。相当多的学生对自己的身材、长相和性格不满意，尤其身材较矮的男生和长相较差的女生，由于过分在意身材和容貌，心理压力较大，自卑感很强，总感到自己不受人欢迎，长时间不能适应大学生活中频繁的人际交往，产生挫折感。

3. 发展性挫折

发展性挫折主要是指大学生在追求自我实现过程中所遇到的挫折。大学生正处在人生的黄金时期，他们潜心追求美好的未来，渴望在学校演绎自己未来的人生，希望自己既能当好生活上的"导演"，也能当好大学舞台上的优秀"演员"，同时还能在校园里做一个称职的"观众"。然而，在这三种角色的转换中，他们往往难以做到"三位一体"，总是容易出现顾此失彼的局面。一旦驾驭不了，大学生的自我意识发展中存在的理想自我与现实自我、独立意向与依赖心理、自尊心与自卑感、情感与理智等就会发生心理冲突，影响对大学生活的正确认识，心理上产生强烈的挫折感。

4. 生活性挫折

生活性挫折主要是指大学生在追求生活时尚过程中所遇到的挫折。受社会风气的影响，在大学生群体中，盲目追求高消费、赶时髦、比阔气的现象日显突出。名牌手机、笔记本电脑、名牌服装、生日宴会等都会成为他们向同学炫耀的资本。他们中有不少人来自偏远的农村或经济欠发达地区，家庭经济条件不很富裕，甚至需要贷款求学，与家庭经济条件好的同学相比，他们容易产生自卑心理，各方面的需求得不到满足，便容易产生挫折感。

5. 人际性挫折

人际性挫折包括人际交往受挫以及异性交往中的误区两种情况。人际交往是大学生活的重要方面之一，但是在现实的人际交往中，一些大学生可能会陷入以下误区：只注重自己的感受，不体谅他人的苦衷；既不愿意将自己的想法告诉别人，又希望别人能够了解自己；希望找到知心朋友，又不情愿把别人当作知心朋友。正是这种特殊的矛盾心理，使一些大学生不能顺利与别人交往，进而把自己封闭起来，产生孤独感。再者，大学生的性意识处于觉醒和发展阶段，他们强烈希望与异性接触，但又不知如何与异性建立良好的关系，加上不健康的恋爱观和社会多元价值观的影响，导致他们对异性交往缺乏正确认识，陷入异性交往的误区，处理不好爱情与友情的关系，产生严重的心理挫折，甚至会付出生命的代价。

三、受挫折时的情绪与行为反应

个体在受到挫折后，情绪反应非常复杂，它包括自尊心的损伤、自信心的丧失、失败感和愧疚感的增强，进而形成一种紧张、不安、焦躁、抑郁、恐惧等感受所交织在一起的复杂心情，陷入茫然失措的痛苦状态。

人们在遭遇挫折时常常会产生强烈的紧张、愤怒、焦虑等情绪反应，并伴随着一系列的行为反应，其最大特点是盲目性和冲动性。

（一）攻击

大学生遭遇挫折后，内心紧张，情绪激动，一旦失去控制，便可能出现攻击性行为。从表现形式看，这种攻击反应可分为直接攻击和间接攻击。直接攻击是指受到挫折后，直接将愤怒的情绪导向造成其受挫的人和物，可表现为对人采取嘲笑、谩骂、诽谤、殴打、行凶杀人和损坏财物等行为，以发泄自己内心的不满。间接攻击是指由于无法对引发受挫的对象直接加以攻击，而将其他人或物作为发泄对象的转向攻击，如背后抱怨、发牢骚、摔物、向别人发泄怨气、制造破坏事件等。不难发现，受到挫折后之所以出现转向攻击，有的是慑于对方的权势，有的是由于自己的身份，不便于直接攻击。例如，有的大学生在社会实践中受了气后回寝室与同学过不去。

（二）焦虑

焦虑是大学生遭受挫折后最常见的一种情绪反应，它对个体的学习、工作和适应环境有积极和消极两个方面的作用。适度的焦虑可以使个体发挥潜能，增强个体随机应变的能力，如考试前适度紧张，对提高效率、激发潜能有一定的积极作用。但过度焦虑或焦虑持续时间较长则会导致情绪失调，使人变得焦虑不安、困惑、苦闷不已，情绪不稳定，甚至出现了头昏、冒冷汗、心悸和脸色苍白等生理反应，不仅损害身体健康，严重者会发展成焦虑症。

（三）冷漠

冷漠是指个体遭受挫折后表现出来的对于挫折情境漠不关心与无动于衷等情绪反应。当个体遭受挫折时，失去了正常的喜怒哀乐等情绪反应，表现出对人对事冷淡麻木、意志消沉、无动于衷、漠不关心的态度。冷漠通常在个体长期遭受挫折而无法对引起挫折的对象进行攻击，又找不到适当的替罪羊来发泄，而且看不到改变处境的希望时发生。研究发现，一些处境艰难的人，开始表现为愤怒、攻击、反抗。但当其屡遭失败，发现一切都毫无希望时，便不再激动、反抗，而以无动于衷的态度来应对。这种冷漠反应只是暂时的、表面的，当情境改变时，冷漠反应会发生改变。即使在冷漠反应期间，也不能排除个体心理上攻击与压抑之间的冲突。

（四）固执

当个体遭遇挫折时，会重复某种无效刻板的方式和动作，称为固执。尽管这种动作对目标的实现、需要的满足并无帮助，但在重复碰到类似的困境后，有的大学生依旧用先前的方法，盲目地解决已变化了的问题，对同学、老师的忠告置之不理，不仅不吸取教训、调整策略，反而我行我素、一意孤行。固执反应通常是由于挫折降低了人的判断是非、调整方法和学习新问题的能力所致。固执的行为方式呆板，具有强制性特点，因此往往不能被更适当的行为所取代。行为方式凝固化，使效率大为降低，这往往会使个体遭受更大的失败和挫折。例如，有的大学生整日坐在教室里看书，但没有看进去，所以成绩经常不及格。越是不及格，就越是坐在教室里用功。问其阅读效果，总是坐了半天看不了几行字，明知这种学习方法不对劲，但仍固执地实施这种刻板行为。

心 理 案 例

胡萝卜、鸡蛋和咖啡豆

一个女儿对父亲抱怨自己的生活，抱怨事事都那么艰难。她不知该如何应付生活，想要自暴自弃了。她已厌倦抗争和奋斗，好像一个问题刚解决，新的问题就出现了。

她的父亲是位厨师，父亲把她带进厨房。父亲先往三只锅里倒入一些水，然后把它们放在旺火上烧，不一会锅里的水烧开了。他往一只锅里放些胡萝卜，往第二只锅里放鸡蛋，最后一只锅里放入碾成粉末状的咖啡。父亲一句话也没有说。

女儿咂咂嘴，不耐烦地等待着，纳闷父亲在做什么。过了大约 20 分钟，父亲把火关了，把胡萝卜捞出来放入一个碗内，把鸡蛋捞出来放入另一个碗内，然后又把咖啡舀到一个杯子里。做完这些后，父亲才转过身问女儿："亲爱的，你看到什么了？""胡萝卜，鸡蛋，咖啡。"女儿回答。

父亲让女儿靠近些并让她用手摸摸胡萝卜。女儿摸了摸，注意到它们变软了。父亲又让女儿拿一只鸡蛋并打破它。将壳剥开后，女儿看到的是只煮熟的鸡蛋。最后父亲让女儿喝了咖啡。品尝到香浓的咖啡，女儿笑了。女儿怯生生地问道："父亲，这意味着什么？"父亲解释说，这三样东西面临同样的逆境——煮沸的开水，但其反应各不相同。胡萝卜入锅之前是强壮的、结实的，毫不示弱，但进入开水之后，它变软了，变弱了。鸡蛋原来是易碎的，薄薄的外壳保护着液体的内脏，但是经开水一煮，它的内脏变硬了。而咖啡很独特，进入沸水之后，它们倒改变了水。"哪个是你呢？"父亲问女儿。

当逆境找上门来时，你该如何反应？你是胡萝卜，是鸡蛋，还是咖啡？

四、压力的含义

压力是一个物理学概念，指作用在物体上的力，这样的力是有形的。还有一种压力是无形的，不属于物理学范畴，这就是心理压力。心理压力是一个特殊的概念，每个人都知道这个概念，并体会过压力，但是要对心理压力下一个全面、准确的定义却很难。在当代研究中，心理压力这个概念至少有 3 种不同的含义。第一，心理压力是一种刺激，是指那些使人感到紧张的事件或环境刺激。环境的重大改变影响个人的生活，日常生活的困扰都是重要的压力源。第二，心理压力是一种主观反应，它是人体内出现的解释性、情感性、防御性的应对过程。第三，心理压力是个体对需要或伤害侵入的一种生理反应。

五、压力的作用

压力是造成身心疾病的主要原因之一，是影响人们心理健康的重要因素。但压力也是生活中不可缺少的一股力量，适度的压力可以催人奋进，转而变成动力。

1. 压力的积极作用

在日常生活中，我们每个人都会感受到不同程度压力的存在。生活中若没有压力，人们会感到空虚、无聊，甚至痛苦。我们平时完成任务也有类似的体会，不受到催促，是不会抓紧时间的；催得越急，完成任务的速度就越快。就像大家在校期间要通过各种考试，时间不临近，就总觉得来得及复习，可是考试时间真的到来了，又会后悔自己当初没有好好利用时间。有压力，才会有动力，适当的压力可以增强身体的能量，促进肾上腺素分泌，血糖升高，兴奋性增强，速度和效率提高，使人们的智力活动处于较高的水平，甚至超常发挥，产生意想不到的效果。

2. 压力的消极作用

长期承受超负荷的压力，人感到不堪重负，身心健康就会受到影响。压力的消极作用表现在以下几个方面。

（1）引起高血压、偏头痛、消化道溃疡或者持续性腹泻。

（2）引起不良情绪，如郁症、焦虑症、适应困难等应激性心理障碍，重者诱发精神疾病。

（3）过度压力会使人们思考认知能力下降，注意力不集中，目光短浅，决定草率。

（4）出现逃学、破坏、攻击、向周围人情绪发泄、酗酒、暴力倾向，甚至犯罪。

一些恶性事件的发生也与压力有关。曾经有这样一个案件：2009 年，南宁市的三姐妹被自己的邻居——一个 24 岁刚毕业的大学生残忍杀害。事后，这个杀人犯写下万言忏悔书，说到自己因为承受不了生活中的工作压力、情感压力，还有来自父母的压力而导致犯罪。现实生活中，真正由于性格凶残而专门杀人的案件十分少见，多数恶性案件的起因都是些很琐碎的纠纷，而促使当事人最终动手，除了脾气暴躁、性格冲动等因素，很多都与现实的压力有关，如经济问题、感情纠纷、人际关系等。

上述情况的出现是压力消极作用的体现，是对我们身心健康发出的警示，意味着我们需在身心方面进行调整。

第二节　大学生常见挫折与压力源

一、大学生常见挫折源

唯物辩证法认为，事物产生和变化的原因分为内因和外因，即主观原因和客观原因，内因是变化的条件，外因是变化的根据，要了解和掌握大学生受挫的发展过程，就必须把握其发展的内因和外因。

（一）客观因素

客观原因是指个体因素以外的自然、社会、学校等外部环境。这些客观因素给人带来阻碍与限制，致使个体的需要得不到满足而产生挫折感。其中包括以下几个方面。

（1）自然因素。例如，学习环境恶劣、遭受突如其来的地震灾害等，这只是大学生产生挫折感的一小部分原因。

（2）社会因素。人的行为要受到政治、经济、法律等诸多社会因素的制约，如大学生所读专业使他没法找到称心如意的工作，从而使大学生产生挫折感。

（3）家庭因素。人不可能选择自己的出生条件，不能选择自己的父母以及家庭。家庭环境是人产生挫折感的第一温床，家长的过分溺爱、家庭经济困难、家庭成员关系紧张、家庭遭遇不幸是当代大学生产生挫折感的部分原因。

（4）学校因素。我国大中小学校长期以来实行应试教育而非素质教育，如重视智力训练，而不重视非智力因素的培养，过分强调理想教育而忽视现实教育。这使得学生步入社会容易出现不适应感和失落感。

（5）生理发育与心理发展不平衡。大学生的生理成熟与心理成熟并不是同步的，在生理上，他们已是成人，但在心理上，仍带有许多少年时期的痕迹，如幼稚、脆弱、依附性强等。加之他们的社会阅历太浅，面对各种社会矛盾，幼稚脆弱的心理难以调适，"挫折心理"障碍也会随之而来。处于青春期的大学生，其性生理发育已经成熟，性心理有所发展，由此而出现了性的困扰。"失恋"和"单相思"常使某些大学生神魂颠倒，在情感上难以自拔，造成心理失调，甚至导致精神崩溃。

心 理 案 例

艾森豪威尔年轻的时候，有一次晚饭后跟家人一起玩纸牌游戏，连续几次他都抓了很坏的牌，于是就变得很不高兴，老是抱怨。他的妈妈停下来，正色地对他说道："如果你要玩，就必须用你手中的牌玩下去，不管那些牌怎么样。"

他一愣，听见母亲又说："人生也是如此，发牌的是上帝，不管怎样的牌你都必须拿着，你能做的就是尽你全力，求得最好的结果。"

很多年过去了，艾森豪威尔一直牢记着母亲的这句话，未再对生活有过任何抱怨。相反他总是以积极乐观的态度去迎接命运的每一次挑战，尽力地做好每一件事。他从一个默默无闻的平民家庭走出，一步一步地成为盟军统帅，最终成为美国历史上第 34 任总统。

（二）个体主观因素

主观原因是指由于个体生理、心理以及知识、能力等因素的阻碍和限制，使人的需要得不到满足，从而产生挫折感。

（1）自我形象评价偏差。这是指个体因生理素质、体力、外貌以及某些生理缺陷所带来的自卑、抱怨等情绪，导致活动的失败，无法实现既定目标。美国《当代心理学》杂志进行了一项关于身体形象的大型调查，结果表明，在过去的 20 年，人们对自己的身体不满意的程度在不断增加。1972 年，25%的妇女和 15%的男子表示他们对自己的身体不满意；到了 1996 年，这一数字比例分别增加到 56%和 43%。据调查，对自己的容貌、身材等方面不满意的大学生占有一定的比例，这种身体形象评价偏差有时候使大学生产生挫折感。

（2）动机冲突。在有目的的行为活动中，个体常常会因一个或几个目标而同时产生两个或两个以上的动机。但由于条件所限，这些并存的动机不可能同时实现，必须作出取舍，于是动机冲突便产生了。如果这种矛盾激烈，持续时间长，就可能引起挫折感。

（3）自我评估与抱负水平过高，而又缺乏相应的行之有效的行为。一个人自我评估和抱负水平过高，就容易产生一些按自己目前条件与实际能力根本无法实现的需要与动机，因而即使再努力，需要也很难得到满足，于是挫折感便产生了。这种挫折感的存在，往往使自我评估过高者怨天尤人，一味埋怨别人或客观条件，而不从自身方面去找原因。

（4）生活观念和态度问题。有些挫折感的产生，可能与客观环境关系不大，也就是说，一些个体无论身在何处，心中都充满挫折感，或稍遇不顺即产生挫折感。这是个体的认知态度和生活态度不健康导致的结果。

（5）个性心理品质不良。虽说人的个性心理品质没有绝对的好坏之分，但这些因素会对挫折的认知和应对产生影响。性格孤僻压抑，过于内向、自谦、被动、冲动、固执、多疑、感情脆弱等个性心理品质，虽然它们本身并不直接产生挫折，但却是加重挫折感和臆造挫折的温床。有些大学生稍遇挫折就对生活丧失信心，甚至自杀，往往与上述这些不良的个性心理品质有着密切的关系。

二、挫折对大学生心理的影响

挫折对大学生心理具有积极和消极两个方面的影响。

（一）积极影响的主要表现

1. 有利于磨炼大学生的性格和意志

坚强的性格和意志往往是长期磨炼的结果。挫折能给人压力，人所经历的挫折越多，承受挫折的能力就越强，性格也就变得越坚强。

2. 有利于增强大学生的情绪反应能力和解决实际问题的能力

当大学生面临困难时，其神经中枢受到强烈的刺激会引起情绪激奋、精力集中，使整个神经系统兴奋水平提高，情绪反应能力大大增强。同时，在解决困难和应对挫折的过程中，大学生可以总结经验与方法，提高分析问题和解决问题的能力。

3. 有利于大学生正确地认识自我

许多大学生对社会、对自己有一些不切实际的想法，当他们用这些想法来指导自己的行动时，就容易遭受挫折。挫折的产生让他们吃下了一粒"清醒丸"，使他们对自己作出合乎实际的评价，同时也使他们对生活、对社会有了较为客观的认识，从而增强其适应现实生活的能力。

（二）消极影响的主要表现

1. 有可能降低大学生的学习效率

学习是一种积极的思维活动，学习效率除了受个体的智力水平和知识水平的制约外，还与学习者的情绪状态、自信心等因素密切相关。大学生遭受挫折后，自信心降低，情绪状态长期处于焦虑不安之中，使原有的思维能力受到影响，从而会极大地降低学习效率。

2. 有可能降低大学生的思维创造力与生活适应力

大学生受挫后，容易引起情绪波动，如果持续遭受挫折，则可能导致神经系统的紊乱。这样不但会大大地降低大学生的思维创造力，而且会使他们的生活适应能力大打折扣。

3. 有可能损害大学生的身心健康

大学生受挫后，整个身心都处于一种紧张、压抑和焦虑不安的状态。这种消极的心理能量如果长期得不到释放，就会损害身心健康，有时可能成为精神病的诱因。

4. 有可能导致大学生性格改变与出现行为偏差

当大学生遭到重大挫折或持续挫折而又无法作出相应的调整时，就会使某些行为反应形成相应的习惯模式或个性特征。例如，一位对爱情充满憧憬、热情开朗的女大学生，多次的恋爱失败会使其个性产生变化，她可能由外向热情变得深沉世故。同时，受挫的大学生感情容易冲动，自控能力较差，不能正确评价自己的行为及后果，可能会作出违反社会规范的事。

三、常见的压力源及其划分

一个人在一定社会环境中生活，总会受到各种各样的刺激。当刺激事件打破了人的平衡和负荷能力，或者超过了人的能力所及，人就会感受到压力。这些刺激事件包括各种外界和内部的情形，称为压力源。

压力源基本可以分为 3 种：生活事件、日常烦扰、心理困扰。

1. 生活事件

生活事件是指那些非连续性的、有清晰起止点的、可以探测到的明显的生活改变。生活方面的突然变动是主要的压力源，如家人突然生病或去世等。因为变动比较突然，人们一般很难应付。生活事件变动包括消极的变动和积极的变动，通常消极的变动会对人的心理产生影响，但积极变动也可能给人带来压力，如期盼已久的职位升迁对有些人来说也是一种压力。

2. 日常烦扰

日常烦扰主要是指慢性压力源。日常烦扰可以分为生活小困扰和长期社会事件带来的烦扰。生活小困扰不足以使人产生很大的压力，但是累积压力会对个人身心造成不良的影响；长期的社会事件，如交通拥挤、环境污染、升学竞争等，会给人带来心理压力。日常烦扰带来的压力持续时间一般较长。

3. 心理困扰

心理困扰也称为心理性压力源，如个人心理冲突、行为的挫折、个人期望值过高、过于追求完美、对过去经历的不满以及人际关系的紧张。在心理困扰中，道德痛苦比其他痛苦都深刻而剧烈。当一个人陷于自责、自卑的痛苦中时，他就处于极大的压力下。道德痛苦作为一种压力源，有时能够破坏一个人的价值观和人格，使人作出疯狂的举动，如轻生甚至犯罪。例如，性道德观念的冲突可能使人产生严重的焦虑和抑郁。心理困扰和上述两类压力源不同，生活事件和日常烦扰主要涉及外在因素，而心理困扰是个人的内在心理因素，是内在压力。

四、大学生常见的压力源

大学生是一个特殊群体,正处于由青春后期向成人期的转变阶段。这一阶段标志着他们逐渐走向独立和成熟。在这一阶段中大学生不仅要面对自身的生理发育的变化,而且要面对来自各方面的压力。

1. 时代压力

当今世界正处于知识爆炸的信息时代。不论是什么人,稍不留神,就会落后于汹涌澎湃的信息潮流。大学生是处于成熟与不成熟、独立与不独立之间的特殊群体,特定的时代背景使他们承受着更加尖锐的挑战:他们既必须努力完成在校学业,还要关心所学知识能否适应未来需要;既必须掌握最基本的专业知识,还要具备信息时代获取新知识的基本素质;既必须拥有创新意识和创新能力,还必须塑造能够融入和谐社会的健全人格。诸如此类的高期望值,必然给他们带来心理的紧张和压力。

2. 生活压力

所谓生活压力,主要来自以下两个方面。

(1)经济压力。大学生上学的费用一般来自家庭。由于近年来社会的发展和物价水平的变化,大学所需费用明显提高,对于来自贫困地区的学生影响较大,在一些贫困地区甚至出现了"高中生拖累全家,大学生拖垮全家"的现象。这会给尚未自食其力的贫困生带来较大压力。

(2)自理自律压力。目前大学生多数是独生子女,从小受到"高考"指挥棒的无形影响,学习就是一切,长期忽视一般人应该具备的基本生活技能。因此,不少大学生缺乏自理和自律能力,很多不会或不善于独立生活和为人处世。面对挫折和新的环境,一些人缺乏相应的自我调节能力,因而形成了压力源。

3. 学习压力

学习是大学生群体最基本的任务,尽管这一压力的强度有张有弛,并非永恒不变,但由于持续时间很长,其影响不可低估。尤其是很多大学生为了适应社会激烈的竞争,或是拼搏于考研、考硕博连读的行列,或是参加各种技能的培训班,目的在于努力获取各种"证书"和更高的学历。过多的学习头绪、过重的学习任务,都给大学生带来巨大的压力。

4. 就业压力

当今时代的一个重要特征便是竞争加剧:竞争择业,竞争上岗,适者生存,不适者淘汰,整个社会处于激烈竞争之中。在这一背景下,连续多年的扩招本来已经加大了大学生竞争就业的难度,加之大量农村剩余劳动力涌入城市,使得就业问题变得更加突出。

尤其在大学生、研究生就业相对集中的单位（三资企业、大专院校、科研单位、党政机关），以及就业相对集中的地区（北京、上海、沿海发达地区），已经逐渐出现"千军万马过独木桥"的严峻局面。就业已经成为大学生普遍关注的话题，也是大学生诸多压力中最重要的一个。

5. 人际交往压力

现代大学生交往的困难主要表现为不会独立生活，不知道怎样与人沟通，不懂得基本的交往技巧与原则。大学生人际交往的压力还来源于日常生活中与老师、同学关系的处理上。一些大学生对人际交往和自我缺乏正确认识，唯我独尊，不注意尊重他人和理解他人，事事处处都希望符合自己的心愿，不顾及他人感受。一些大学生谨小慎微，生怕与同学发生分歧或矛盾，所以一再忍让，宁可自己不舒服也不愿意表达真实感受，一旦同学之间发生不愉快，就束手无策，不知如何处理。还有一些大学生封闭自己，心里很想与别人交往，但不知道如何交往，不知道说什么、做什么。更有一些大学生则完全缺乏与他人交往的意识，远离人群，整日生活在自己的小圈子里。

6. 恋爱压力

大学生处在由青春后期向成人期的转变阶段，对异性有强烈的兴趣、好感是正常的，有恋爱的要求也是自然的。火热的恋爱过程最让大学生心动，也最令大学生心烦。大学生在追求异性的过程中会面临诸多压力，处于这种状态的大学生情绪波动比较明显，时而兴奋不已，时而心情沮丧。处在恋爱中的大学生面临的压力主要是如何保持和发展这段感情，如何处理恋爱与学业的关系，以及如何处理恋人与同学之间的关系等。而最大的压力是由失恋带来的。通常，这时的大学生心理状况是十分复杂和敏感的，很容易因失恋而全盘否定自己，如不能及时排除对爱的绝望，则会出现一系列的负面情绪，造成巨大的心理压力。

7. 社会压力

我们目前所处的社会是一个高变化性的社会，在这里一切具有短暂性、多样性和新奇性，知识迅速产生又迅速老化。市场经济、知识经济、可持续发展战略、经济全球化等新概念所倡导的人才模式描述这样一幅前景：不仅要有丰富的知识，更要掌握获取知识的途径和方法；不仅要有解决常规问题的能力，更要有创新能力；不仅要有一定的知识储备、能力水平，更要有自主、和谐健全的人格特征和素养；不仅要懂专业，而且还要善于人际交往。

面对如此多的压力，许多大学生产生了各种生理、心理疾病以及行为失常，如精神失常、自杀、心理变态……在近几年，大学生的心理压力呈上升的趋势，大学生承受不住压力自杀、残杀他人、精神失常的事件更是频繁发生，这已引起了政府、学校和社会大众的广泛关注，所以缓解大学生心理压力已经是迫在眉睫的工作。

第三节　应对挫折与承受适度压力

一、挫折与压力防御机制

1. 认同

认同是指大学生在遇到挫折之后，自觉地模仿他人的成功经验，使自我的思想言行更加适应环境、社会的要求。例如，有的大学生把历史名人、科学家，以及当代社会中自强不息的模范人物作为自己认同的对象，客观分析自己的困难，然后凭借自信和努力走出困境，继续向既定目标前进。带着妹妹上学 12 年的洪战辉是典型代表。洪战辉从小就一边照顾生病的双亲，一边照顾妹妹，几经辗转最终也没有放弃学业，其间的艰难困苦只有他自己才能体会，但他没有选择放弃，因为他有坚定的信念：妹妹必须照顾，自己必须上学，困难终会被克服。正是永不服输的意志和坚强的挫折承受能力使他成为当代大学生学习的榜样。

2. 升华

所谓升华，就是把受各种因素制约而无法实现的目标或不能为社会所接受的目标进行改变，用更高尚的、富有建设性和更具社会价值的目标取而代之，以此来减轻挫折带来的精神痛苦。例如，"化悲痛为力量"就是升华的体现。

3. 补偿

在社会生活中，由于主客观条件的限制，常常会使个人的某一目标无法实现，行为主体往往以新的目标代替原来的目标，从而以获得的成功体验去弥补失败的痛苦，即所谓"失之东隅，收之桑榆"。

4. 攻击

攻击是指大学生在遭遇挫折后，极为愤怒，为了发泄，对引起自己挫折感的人、物进行报复（直接攻击），或将愤怒发泄在别人身上，以宣泄、消除来自挫折的痛苦。攻击是一种非常消极的破坏性行为，应加以引导和控制。

5. 固执

当个体反复遭到挫折，或经受过多严厉的惩罚和指责，就会慢慢失去信心，失去随机应变的能力，以刻板的反应方式面对挫折，固执盲目地重复同样无效的行为。例如，一些学生因屡次努力失败，经常受到父母的批评、教师的打击、同学的嘲笑，使这些学生从此不愿意努力，形成了"破罐子破摔"的固执心理，学习成绩更是一落千丈。正是由于这个原因，在对内向、倔强、看问题片面的学生进行教育时，应谨慎使用惩罚方式，防止因方法不当而导致的更为强烈的固执行为。

6. 退化

退化是指个体在受到挫折后，表现出的与自己的年龄、身份很不相称的幼稚行为。表现出这种行为方式的大学生往往对自己缺乏信心，看不到自己的力量，像孩子一样依赖他人。

7. 逃避

逃避是指个体躲避使自己受到挫折的现实，不敢面对，不能正视。例如，有的大学生在面对适应性问题时，不主动寻求解决问题的办法，而是选择以沉溺网络的方式逃避现实，或靠幻想使自己挣脱挫折感。

8. 反向

通常，个体内心希望实现的目标，很自然地在行为上表现出来。在遭受挫折以后，个体会表现出截然相反的态度或者行为，产生不符合社会规范或难以为他人接受或容忍的行为，用以掩饰自己的本意，减轻内心的压力，这种行为就是反向，又称矫枉过正。例如，非常自卑的同学往往表现出自傲自大，内心生怕别人看不起而故意装出不屑一顾的样子等。

9. 冷漠

冷漠是指个体遭受挫折后，变得漠不关心或无动于衷。大学生对引起挫折的对象无法攻击且没有适当宣泄渠道时，便将其愤怒的情绪压抑下去，表现出冷漠、无动于衷，行动上表现为茫然不知所措、妥协退让。例如，某大学生同一些不良现象做斗争，却受到一些同学的非议、讽刺、打击，转而对不良现象采取冷淡态度，漠然视之。

10. 逆反

个体在遭受挫折后，不去总结经验教训，而是根据自己的情绪对正确的方面盲目地反抗、抵制与排斥，这种行为反应称为逆反。

11. 否定

个体对已发生的挫折事实加以否认，认为它根本没发生过，以此减轻由此事实造成的痛苦与内疚，这种行为反应称为否定。

12. 轻生

轻生是个体遭受挫折后表现得最为消极的行为反应，是个体在遭受挫折后，对生活失去信心，对现实感到绝望，万念俱灰而采取的唯一的、最后的、无奈的"自我保护"的手段。正如弗洛伊德所言，人类生而具有生存与爱的本能以及死亡与破坏的本能。

13. 文饰

文饰又称自我安慰或合理化，指个体无法达到追求的目标时，为避免精神上的痛苦与不安，给自己一个好的借口来解释，但用来解释的借口往往是不真实的、不合逻辑的，甚至是自欺欺人的，但防御者却能借此说服自己，感到心安理得。例如，"酸葡萄""甜柠檬"反应都属于这种反应行为。

14. 推诿

推诿是指个体把自己的不良品质、愿望、冲动、思想观点或造成失败的原因强加给别人，归咎于客观因素，以推卸自己的责任，借此减轻自己的焦虑和不安。

总之，无论是受挫后的积极反应还是消极反应，实际都是个体为避免再次遭受挫折而采取的自我防卫措施。其中，积极的行为反应有助于个体适应挫折，化解困境，促进个人发展；消极的行为反应虽然能暂时缓解个体心理矛盾，减轻痛苦、焦虑、不安，但问题并未真正解决，对个体未来的发展带来不利影响。

二、应对挫折的策略

（一）冷静面对，客观评估

大学生在遭受挫折以后，应进行客观而冷静的分析评估。

首先，分析挫折原因。是什么原因导致挫折的？是环境方面的因素，还是个人方面的因素？是基于某种客观的障碍，还是源于主观的态度或观念？了解了挫折的原因，就可以谋求补救，避免重蹈覆辙，降低情绪方面的反应。

其次，分析挫折后果。它究竟将对自己产生怎样的影响？会造成何种损失？多大的损失？这一层分析尤为重要，因为有些挫折骤然看去似乎很严重，好像会引起重大的损失，而事实上却未必如此。如果能客观评估挫折的后果和影响，心理负担将大为减轻，降低消极的挫折反应及其对心理的不良影响。

美国心理学家伯纳德·韦纳对人们失败和挫折的归因方式进行了研究。他认为，一般情况下，挫折与失败感由客观因素（包括任务难度和机遇）和主观因素（人的能力与努力）造成。人们的归因方式对挫折与失败感及以后的活动有很大影响：把失败归因于主观因素，会使人感到内疚和无助，因而抱怨自己，过多地责备自己；把失败归因于客观因素，会产生气愤与敌意，而不努力去克服困难和改变失败的处境。这两种习惯性归因，都不可能找出造成挫折的真实原因，无助于战胜挫折。

所以，大学生在遭受挫折以后，应当冷静、客观地分析失败的原因，找出造成挫折的真实原因，对挫折作出客观、准确、符合实际的归因，从而有效战胜挫折。

（二）积极应对，谋求补救

挫折和失败固然是日常生活中不可避免的现象，但是遭受挫折之后，要积极应对，谋求补救措施。

（1）修订自己的目标。在很多挫折事件中，目标定得不妥当是较普遍的现象，而且常常是将目标定得太高。目标定的高，可以激发个体的潜能，为目标的实现不断努力，但是常常会因为达不到目标而产生挫折感。

（2）增进对于情境的了解。对情境的了解越清晰，遭遇的困难越少。再者，明确了当时的情境，对发生的事件会有更深入的体察，能有更合理的解释。这样既可以减少情绪性的反应，也能心平气和地去处理问题。

（3）制订有效的应对措施。在遭受挫折之后，是否就该放弃原来的目标呢？这是该慎重考虑的问题。在经过分析以后，觉得自己制定的目标是合理的，就不应放弃。我们要寻求一个有效的途径来应对面临的困难。这里强调"有效"这两个字，就是要针对所遇到的障碍去研究解决方案。前面提到的攻击反应和防卫性行为，都不是"有效"的措施，因为这些行为都于事无补，不能真正解决问题。

（4）尝试其他可能成功的途径。"条条大路通罗马"，通向成功的路有很多条。"成功"对各人的意义是不完全一致的。一个人在遭遇挫折时，并不意味他全盘失败，或是所有的路都走不通，而只是在方法、路径或目标上有问题。所以，不应立刻就放弃努力，而应在通盘检讨之后，寻求补偿之道。所谓补偿，就是利用自己的长处，去弥补或掩盖自己的短处。古语说"尺有所短，寸有所长"，人不是各方面均衡发展的，而是在一些方面有优势，在另一些方面比较短拙。每个人应设法发挥自己的优点和长处，而避免在自己不擅长的领域与人争短长。

（5）选择积极的应对方式。人人都会遇到挫折，有的人在挫折面前一蹶不振，退缩，幻想奇迹发生，等待，结果是被淘汰。要想克服就得积极想办法，改变现状。

（三）建立"失败"的正确观念

大家都不喜欢"失败"，但是在平日生活中，这两个字用得太多了。没有成功或没有达到目的，就算失败。这种将事情简单地划分为"成功"和"失败"两种针锋相对的形态，并不符合事实。很多工作需要多次努力，才有机会获得成功。失败能促使个体掌握更多的知识和经验，经过调整，再次努力，更加接近成功。以前有两种治疗梅毒的药，分别叫作"606"和"914"，用数字来命名，这两个数字有其特殊的意义，代表它们在成功之前所经过的实验次数。从开始到成功的几百次实验中，你能说哪一次是失败的吗？严格地说，都没有失败，每一次都有一点点成就，都对最终的成功有贡献，没有一次是浪费的。一次"失败"激发一次尝试。

世界上很少有十全十美的事情，任何事情，只要我们确实尽了最大的努力，就不必过分计较其成功或失败，因为还有许多因素不是我们能够控制的。我们更应该看重过程，因为我们可以从中学到很多有益的东西。我国一向不赞成"以成败论英雄"，就是这个缘故。挫折经验，人人有之，不必也不应当让自己永远背负着失败的重担。我们要利用失败的经验去发现通往成功的大道，而不应该被它压垮。

（四）学会积极适应

某地区有一条河，两岸都有鹿群活动，人们发现，北岸的鹿强壮，并且奔跑及生殖能力都很强，而南岸的鹿远远比不上北岸的同类。同一个品种，差别为何如此大呢？人们通过考察分析得知，原来河北岸有狼而南岸没有。

没有鹿希望与狼共处，而事实却是狼的存在促进了鹿的强壮，正是环境中的危险因素焕发了鹿的斗志。

也许你正在抱怨环境如何不好，也许你正面临危机而焦虑不安，看了这则故事是不是有所启发？心理应激理论认为，危机是一种催化剂，可以打破个体原有的定式或习惯，促使个体寻求解决问题的方法。只要你积极去适应，就会增强抵抗挫折的能力，提高适应环境的能力。

适应有多种方式，消极的适应是不健康的适应，它以牺牲发展为代价，逆来顺受，久而久之，会导致精神疾病。积极的适应是健康的适应，它有两层含义：一是改变自己，顺应环境或顺应环境中的某些变量；二是不断地抗争和选择，以积极的态度提高自己各方面的能力，从一个目标走向另一个目标。没有人愿意面对危机，但危机一旦降临，躲是躲不过的，我们别无选择，只有去积极适应。

心理学家曾做过这样的实验：他们把一只活蹦乱跳的青蛙丢进沸水锅里，这只青蛙在千钧一发之际突然蹦出了水面，死里逃生。半小时以后，他们又把这只逃跑的青蛙放进盛冷水的锅里，然后慢慢加热，青蛙开始悠然自得地享受着温水，等到水温使它忍受不住时，它欲跳无力，终于葬身于热水之中。这个故事告诉人们，越是在"悠闲"的环境中，越要有危机意识。

对于生活的磨炼，有人认为是不幸的，有人则把它看作是机会。曾有记者采访"球王"贝利，问他的儿子将来是否会跟他一样有名，他说："不可能，因为我的父亲是一个穷人，而他的父亲不是。"

我们的一生，都可能在与各种挫折作斗争，你没有选择的权利，只有勇往直前。不要让生活去挑战你，你要去挑战生活。会骑自行车的人肯定知道，骑得快，车子反而稳；骑慢了，车子就会晃；停下来，车子就会倒。积极适应也是如此，我们积极提高自己各方面的能力，还有什么风浪承受不了呢？

三、提高心理适应能力

个体适应环境的基本形式主要有两种：一是个体改变自己以适应环境；二是个体坚持自己的信念去改变环境。也就是说，改造环境与改变个体是帮助个体获得良好适应的途径。所谓改造环境，就是指使社会的政治、经济、文化、教育等活动更有利于个体的适应和发展；所谓改变个体，就是指个体面对新的生存环境，在心理、行动上调整自己，学会适应。就个人而言，每个人是无法选择自己的生活条件和环境的，只能依靠调整自己、控制自己的行为来适应社会。

（一）提高对挫折的承受能力

挫折承受能力主要体现在对挫折有正确的认识和态度，能够选择理智的反应方式，掌握情绪的调节方法。现代社会是竞争激烈的社会、变化迅速的社会，生活中的挫折在所难免。对挫折的不良反应，常常是心理疾病的重要诱因。有了对挫折的耐受能力，就可以应付各种挫折环境，及时疏导消极情绪，减轻和排除精神压力，防止心理失调。

（二）建立协调的人际关系

人的心理适应主要是人际关系的适应。现代社会是人际交往频繁的社会，处处需要与他人建立关系。人际关系的冲突是现代人心理适应中最常见的问题。和谐的人际关系有心理保健的功能，给人以支持的力量，同时满足人的归属感、安全感、自尊、自信等多种心理需要。大学生掌握人际交往技能，以诚待人，乐于助人，有助于形成强大的社会支持系统。

（三）塑造健全的人格品质

人格是一个人总体的精神面貌，是一个人素质的综合体现。人格健全的人，能够适应快速变革的社会环境，适应社会现代化的要求，乐于接受新事物，了解自己。悦纳自己，面对现实，直面人生，开放经验，目标适当，自信自强，敢于超越自我，努力完善自我，不断发展自我。人格的完善没有止境，认识自我是前提。在现有人格基础上不断优化，扬长避短，可以使人格更趋健康。

（四）保持积极的心态

以积极的心态对待现实，就是要以"一分为二"的态度看待现实。现实生活总是善与恶同在，光明与黑暗并存，顺境与逆境交错，如果人们只能接受那些美好的、顺心的、看得惯的事物，而对那些丑恶的、不顺心的、不喜欢的人或事一概采取拒绝和排斥，那么个人将很难同环境保持良好的适应关系，也很难使自己的心态保持平衡。有些学生上大学前把大学想象成实现个人美好理想的乐园，入学后面对现实，感到处处不如人意，幻想破灭，希望落空，接受不了眼前的现实，感到无比痛苦，有的人甚至因此而悲观失望，导致悲剧发生。所以，要适应现实，就要对现实进行分析并区别对待。就像有人说，任何选择终究是后悔。这句话也可以换种说法，任何选择都是一种幸运，事物永远有两面性，所以，与其有时间后悔，不如用来享受与痛苦并存的那份幸运。例如，对学校严格管理制度不适应的大学生可以对自己说，正是学校的约束可以让我用更多的时间学习，至少这几年会让我过得更有意义……

（五）正确认识自我

"人贵有自知之明"。良好适应的一个重要特征就是能够充分、正确地认识自我。一个人如果只看到自己比其他人好的地方，认为其他人比不上自己，就会盲目乐观，妄自尊大；如果只看到自己不如别人的地方，便会自卑，没有自信。能正确认识评价自我的人，不会因挫折失败而全盘否定自己，也不会因取得成绩或成就忘乎所以；既能正视自己的不足，也能在胜利和成就面前保持清醒，"不以物喜，不以己悲"；相信自己，相信自己的能力，不因别人的褒贬而改变对自己的看法；正确评价自己，不夸大，亦不妄自菲薄；给自己制定的目标符合现实，充分发挥自己的长处，克服不足，使理想的自我与现实的自我保持一致。

四、心理平衡要诀

当今社会，是适者生存的社会，是高效率、快节奏、瞬息万变、充满竞争与挑战的社会，在这样的形势下，使自己保持心理平衡，使自己的心理和社会适应都处于健康而良好的状态，就显得非常有必要了。大学生在面对困扰与失败时，可以通过主观的意识反应来进行自我控制并接受他人的忠告，从而达到适应的目的。美国心理卫生协会提出的 11 条心理平衡要诀可以帮助大学生在日常生活中更好地适应环境与生活，现介绍如下。

（1）对自己不过分苛求。人应该有自己的抱负，但有些人的抱负不切实际，非个人能力所能及，便会认为自己倒运而终日忧郁；有些人做事要求十全十美，对自己的要求近乎苛刻，结果，受害的还是自己。把抱负和目标定在自己力所能及的范围，要学会欣赏自己已取得的成果。

（2）不要强求别人。很多人把希望寄托在他人身上，尤其是对亲人和朋友的期望，假如对方达不到自己的要求，便会大感失望。其实每个人都有自己的思想、优点与缺点，何必要求别人迎合自己的要求呢？

（3）疏导自己的愤怒情绪。我们在勃然大怒时会做出很多错事或失态的事，与其事后后悔，不如事前加以自制。采取合理的转移方式把愤怒发泄于其他方面，如打球、唱歌等，必要时不妨来点阿Q精神，抱着笑骂由人的态度，愤怒情绪便可抛诸九霄云外。

（4）偶尔也可屈服。做大事的人处事要从大处着眼，只有那些无见识的人才会斤斤计较。因此，有时只要原则不受影响，在小处不必过分坚持，以减少自己的烦恼。

（5）暂时逃避。在遭受挫折或打击时，我们应该暂时将烦恼放下，去做自己喜欢做的事，如运动、旅游或看电视等，待到心情平静时，再重新面对难题。

（6）找人倾诉烦恼。把所有的不快埋藏在心里只会让我们郁郁寡欢，如果把内心的烦恼告诉知己或好友，就会顿感心情舒畅。

（7）为别人做些事。助人为乐为快乐之本，帮助别人不但使自己忘却烦恼，而且可以重新确定自己存在的价值，并获得珍贵的友谊，何乐而不为呢？

（8）在一段时间内只做一件事。我们要减少自己的精神负担，不应同时做多件事情，以免身心交瘁。当面临难题时，先解决一个，从最容易解决的问题下手，一旦成功就会有信心，成功越多，信心就会更强。

（9）不要处处与人竞争。人与人相处应以和为贵，切勿处处以他人作为竞争对象，使自己经常处于紧张状态。其实，只要你不把人家看成对手，人家也不会故意与你为敌。

（10）对人表示善意。有人经常被他人排斥，是因为对方对他有戒心。如果能在适当的时候表现自己的善意，多交朋友，少树敌人，心境自然会变得平静。

（11）娱乐。适当的娱乐是消除心理压力的有效方法，它可以改善情绪，调节身心，增加生活乐趣。娱乐的方式并不重要，重要的是要令自己心情舒畅。

五、应对变化，增强社会适应能力

我国大学生心理健康状况调查表明，有相当一部分大学生存在一系列不良反应与适应障碍，有心理障碍倾向的占 20%～30%，表现为焦虑、强迫、恐惧、忧郁、神经衰弱等，明显影响了一部分大学生的智能素质、心理健康及人格成长。大学生中因自我否定、自我拒绝而几乎失去从事一切行动的愿望和信心，因考试失败或恋爱受挫而产生轻生念头或自毁行为，因人际关系不协调而逃避群体自我封闭，因现实不理想而玩世不恭或万念俱灰的人并不少见。凡此种种，都是对变化的环境适应不良导致的。

美国未来学家阿尔文·托夫勒在《未来的震荡》一书中指出："社会变革和技术革新的加速发展，使社会上所有的个人和组织都越来越窘于应付了，处理不当，将引起适应力的大崩溃。"现代化的社会是不断变化的社会，生活在其中的个人必须适应变化，才能成为现代人。美国社会学家阿历克斯·英格尔斯曾对人的现代化问题做过深入的研究，认为人的现代化主要反映在他对社会的心理适应程度上。人的心理适应是指个人与社会相互作用中的恰当的行为反应。社会的现代化的进程是社会变迁的过程，会带来剧烈的社会变革。由于变化十分迅速，常常使现代人的心理适应面临严峻的挑战。适应社会变化的人应该对变化持有积极的、灵活的态度，视变化为正常现象、机会，而不视其为问题，能够主动调整身心，在现实生活中保持良好的、有效的生存状态。

此外，提倡社会适应能力和对挫折的承受力是中国传统文化的特色之一。用儒家的话概括就是"君子不器"，意思是说君子不像器皿只有固定的用途。言外之意就是一个有作为的人要有很强的适应能力、承受能力，不论在什么时候，处在什么环境，遇到什么情况，都能正常发挥出自己应有的潜能和智慧，处理好各种意料之中和意料之外的事情，保证不使身心受到危害。"小不忍则乱大谋"是指对一些不顺利、小挫折要善于忍让、忍耐，以顾全大局。社会适应能力和对挫折的承受力主要分为对待生活环境、对待社会关系、对待自身3个方面。在对待生活环境方面，我们生活在世界上，首先要能适应生活环境的变化。在对待社会关系方面，我们遇到冷遇、挫折，要能坦然接受而不是愤愤不平、耿耿于怀。孔子就提倡对待怨恨要"以直报怨"，坚持用公平正直来对待不公平。在对待自身方面，我们应看认识、容忍并认可自己的优点和不足，要积极进取。

心理学研究表明，健全的心理适应包括：①认识个人的社会角色，了解自己，接受自己，有自知之明；②认识并面对现实环境，有乐于变迁的心态；③重视社会交往，建立良好的人际关系；④主动参与社会，使自己在社会生活中获得学习与表现的机会；⑤发展民主平等的性格，尊重他人，欣赏他人，取他人之长补自己之短；⑥增进个人的知识与能力，紧跟时代的发展。

社会的发展对大学生的心理素质提出了更高的标准，要求大学生具有与时代发展相一致的现代意识和良好的心理素质，如开拓进取的精神，勇于承担责任，敢冒风险，意志顽强，自信乐观，能够承受挫折和失败。但现实生活中大学生适应困难、情绪失态、行为失常的现象日益突出，由此形成了强烈的反差。因此，大学生如果不下大力气提高心理适应能力和挫折承受能力，必然会影响今后的发展。大学生要充分利用所学的心理卫生知识，发挥自己的主观能动性，掌握良好的心理适应方式，才能保持正常的心态，不断发展、提高和健全自我的心理适应性，才能在社会变革中始终保持积极、乐观、向上的生活态度，获取更大的社会发展空间，成为适应良好、心理健康的人。

六、应对压力的策略

现代人面对的机遇和竞争越来越多，需要承担的压力也会越来越大，这是一个无法改变的事实。大学生要想生活得轻松快乐，就必须直面压力，用恰当的方法给自己减压。

（一）清楚自己的事情

让我们手忙脚乱的，往往并不是繁重的工作，而是我们没有搞清楚自己有多少工作，该先做什么。在工作内容不变的情况下，我们要养成良好的工作习惯，使自己感到"不那么累"了。从清理自己的书桌开始，把桌上的废纸都清理掉，只留下自己要处理的东西。

（二）接受现实的自己

给自己增加许多额外要求和太大压力的人，常是追求完美的人，他们对自己极为苛刻，总是不能很好地悦纳自己。不妨从现在开始转向自我接受。对自己并不完美的外貌、有些瑕疵的为人处世方法，以及并非尽善尽美的工作状态，都要努力赞赏。有时应当心安理得地承认自己的本来面目，这样一定会让你感觉轻松很多。

（三）结交快乐的朋友

中国有句古话："近朱者赤，近墨者黑。"如果你总是接触沉闷忧郁的人，久而久之你也会变得很压抑、很沉闷；如果你总是结交快乐、充满活力的朋友，你就会在不知不觉中变成一个快乐而活力四射的人。人的表情和态度是有感染力的，让快乐、充满活力的朋友感染你，在面对压力的时候，你就不会感到那么沉重了。

（四）倾诉和释放

如果你愿意，可以向信赖的朋友倾诉自己的烦恼，告诉他你所承担的一切和你的心情。如果你更愿意自己一个人来面对一切，那么就找一个寂静优美的地方，任凭情绪自由释放。痛快哭泣，大声呼喊，或者跑一跑、跳一跳，别担心自己是不是不够文雅，尽情地释放心头那种喘不过气的感觉，让自己在新一轮挑战中轻装上阵。

（五）亲近大自然

人类本来就是大自然的儿女。当感到压力太重时，你不妨暂时放下手头的工作，利用闲暇时间散散步，打打球，短程的旅游更是缓解压力的有效方法。在绿树青山间，在江河大海边，让一切压力都随风而去。如果实在抽不开身，也可以在自习室里"忙里偷闲"，让心灵回归自然。例如，每天学习 3 小时，放下书本，向窗外眺望三五分钟，视野尽量向开阔的远处伸展，在减轻大脑和视觉疲劳的同时，压力也会得到释放。

（六）来一点生活情趣

给自己一个空间，给自己一点时间，做一个"有趣"的人，用爱好（如读书、听音乐、烹饪、唱歌等）来调动内心轻松、快乐的情绪，让正性情绪和负性情绪相互抵消，有效地减轻心理压力。

（七）膳食平衡

大学生应坚持健康、平衡的饮食结构，保持身体的最佳健康状态，这是应对压力的生理基础。有的大学生为了方便省事，常用快餐食品来应付日常饮食，结果导致高热量、高脂肪食品摄入过多，蔬菜水果摄入太少。热量摄入多会造成代谢物质在体内堆积，加重身体器官的负担，会使人感到身体容易疲劳，耐负荷力也相应地变差。而且，一些大学生养成了靠浓咖啡和浓茶提神的习惯，以此缓解紧张情绪，应付睡眠的不足。事实上，疲劳是人体承担过度压力后的正常生理反应，消除疲劳的最佳方式是睡眠。浓咖啡和浓茶只能起到暂时兴奋神经的作用，且会加速体能的消耗，对真正缓解疲劳和减轻压力并无益处。

课堂自测

心理压力自我测试量表

指导语： 在现代社会，由于竞争日趋激烈，生活节奏加快，各种紧急事件增多，人们的心理压力不断加大，容易产生各种负性情绪，成为影响人们生活质量的重要因素。那么，我们能否测试自己承受的心理压力，预防和减轻身心损害呢？你可进行以下自我测试来了解自己的心理压力水平。

1. 在应付日常的工作和学习时，你会很容易感到疲劳吗？ 是□ 否□
2. 你能合理安排学习和娱乐时间吗？ 是□ 否□
3. 你经常会躺在床上睡不着吗？ 是□ 否□
4. 你容易因小事而动怒吗？ 是□ 否□
5. 你认为你的家人对你够友善吗？ 是□ 否□
6. 早上，你会感到很疲倦而不想起床吗？ 是□ 否□
7. 面对自己一直喜欢吃的食物，你有提不起食欲的感觉吗？ 是□ 否□
8. 你有广泛的兴趣爱好吗？ 是□ 否□
9. 你有使用药物或酒精等帮助自己睡眠的习惯吗？ 是□ 否□
10. 最近几天有让你高兴的事情发生吗？ 是□ 否□
11. 如果今天的工作没有做完，你会把工作带回家做完吗？ 是□ 否□
12. 你会经常感冒或者头痛、发烧吗？ 是□ 否□
13. 你很难集中精力完成一件事吗？ 是□ 否□
14. 当提前说好的事发生变故，你会容易感到沮丧吗？ 是□ 否□
15. 你常消化不良或便秘吗？ 是□ 否□
16. 你有在深夜突然醒来再也无法入睡的经历吗？ 是□ 否□
17. 最好的放松地点对你来说是自己的家吗？ 是□ 否□
18. 你是否喜欢埋头工作而躲避处理复杂的人际关系？ 是□ 否□
19. 情绪不好的时候，你会找家人以外的朋友倾诉吗？ 是□ 否□
20. 从事一项运动或游戏的时候，你会想办法取得胜利吗？ 是□ 否□
21. 你是否比同事或同学花更多的时间在同一工作上？ 是□ 否□
22. 你在休息日里会因为无所事事而感到懊恼吗？ 是□ 否□
23. 长时间的等待会让你容易生气吗？ 是□ 否□
24. 你认为你的体重正常吗？ 是□ 否□
25. 紧张的时候，你会浑身冒冷汗吗？ 是□ 否□

26．工作日程过满的时候，你会有身体不适的反应吗？ 是□ 否□

27．你会觉得很多事情不是你能把握的，并为此而感到懊恼吗？ 是□ 否□

28．你有生活中积累的问题太多，把自己压得喘不过气来的感觉吗？ 是□ 否□

29．你害怕遇到争吵，并且在争吵中总是处于弱势吗？ 是□ 否□

30．你觉得自己不能控制生活中的烦恼吗？ 是□ 否□

【说明】

心理压力是一个人在觉察到或认识到自己正面对着至关重要而又难以应对的环境要求时产生的一种倾向于通过各式各样的心理和生理反应而表现出来的心身紧张状态。压力评估测试就是对我们的压力进行一种测试与评估。科学认知自我压力是压力管理的前提。压力评估分为压力水平评估和压力源评估两部分，可全面测查个体的压力状况，并进一步明确自己当前压力的来源。通过压力评估，个体可以及时掌握自己的压力水平，在对自己的压力水平进行即时监控的同时，全面了解自身压力的具体来源，以便获得科学、专业、有针对性的压力调节方案，从而有效维护和促进自身的身心健康。

【评判标准】

以上30题，选择"是"的得1分，选择"否"的不得分。

1～10分：你有非常良好的压力调节能力，你会选择理智的方式面对不同的压力，并适当地将压力转换为动力。你的抗压能力很好，这归功于你有良好的心理调节能力。你在生活和工作中更愿意接受压力的挑战。

11～20分：还好，你的生活中虽然有一些让你感到压力的事情，但是你还能调整心态，应对压力。有时候你会觉得压力可激发你的动力。但是你绝对不会主动选择巨大的压力，因为你的调节能力和适应能力有限。

21～30分：你对生活中的压力非常敏感，你不喜欢生活在巨大的压力下，一旦压力超过你的承受范围，你会迅速逃避，或者在压力下表现出失常的精神状态。

挫折承受力测试

指导语：请根据自身情况如实进行选择。

1．在过去的一年中，你自认为遭受挫折的次数：

　　A．0～2次 　　　　B．3～4次 　　　　C．5次以上

2．你每次遇到挫折：

　　A．大部分都能自己解决

　　B．有一部分能解决

　　C．大部分解决不了

3．你对自己才华和能力的自信程度：

　　A．十分自信 　　B．比较自信 　　　C．不太自信

4．你对问题经常采用的方法是：

    A．知难而进   B．找人帮助   C．放弃目标

5．有非常令人担心的事时，你：

    A．无法工作   B．工作照样不误   C．介于A和B之间

6．碰到讨厌的对手时，你：

    A．无法应付   B．应付自如   C．介于A和B之间

7．面临失败时，你：

    A．破罐破摔

    B．使失败转化为成功

    C．介于A和B之间

8．工作进展不快时，你会：

    A．焦躁万分   B．冷静地想办法   C．介于A和B之间

9．碰到难题时，你会：

    A．失去自信

    B．为解决问题而动脑筋

    C．介于A和B之间

10．工作中感到疲劳时，你：

    A．总是想着疲劳，脑子不好使了

    B．休息一段时间，就忘了疲劳

    C．介于A和B之间

11．工作条件恶劣时，你会：

    A．无法工作

    B．能克服困难干好工作

    C．介于A和B之间

12．产生自卑感时，你：

    A．不想再干工作

    B．立即振奋精神去干工作

    C．介于A和B之间

13．上级给了你很难完成的任务时，你会：

    A．顶回去了事   B．千方百计干好   C．介于A和B之间

14．困难落到自己头上时，你会：

    A．厌恶之极   B．认为是个锻炼   C．介于A和B之间

【说明】

挫折承受力，是指一个人面临挫折时免于行为失常的能力，亦经得起打击的能力。

而挫折承受力较低，不仅会影响人际关系、职业发展，还可能会决定一个人的生活状态。人对于挫折的容忍能力并不是一成不变的，我们可以主动改变，通过练习来提高挫折容忍力。如果你也想要提高自己的"抗挫"能力，却毫无头绪，挫折承受力测试将从挫折容忍性、挫折应对两方面评估你的抗挫能力，深入分析你可能存在的问题及影响因素，挽救你可能因挫折承受力过低而导致的生活、事业失败。

【评判标准】

1～4题，选择 A、B、C 分别得 2、1、0 分；5～14题，选择 A、B、C 分别得 0、2、1 分。

19分以上：你的抗挫折能力很强。

9～18分：你虽有一定的抗挫折能力，但对于某些挫折，你的抵抗力薄弱。

8分以下：你的抗挫折能力很弱。

心理训练

我们站在你身后

我们在生活中总会遇到挫折，内在的力量和外在的资源是应对挫折的最好工具。本训练在于帮助学生寻找内在的理想动力，并感受到他人的支持。

目的： 促进学生用行为彼此给予支持与希望。

操作：

1. 教师引入："同学们，现在我们来做一个活动。这个活动需要大家站起来，并且要将身体舒展开来。大家知道吗？我们的臂膀很强大，除了可以背包、扛物品、打球，还可以给别人关怀和力量。"

2. 将学生分成两人一组，许愿给予支持。

教师：首先，大家分成两个组，站成两列，面对面，找到一个伙伴。站在左边的同学每个人拿一张纸条，上面有些话，大家要大声念出来（"我支持你""我相信你一定可以实现愿望的""我们一起努力，一定可以的""你是我的榜样，我相信你一定可以成功的"等一些支持性的话语）。一会儿大家脱离纸条，当你听到对面同学的期望和愿望的时候，要用自己的话将那些支持性的话语大声地说出来。

然后，站在右边的同学向后转，闭上眼睛（音乐起），开始憧憬你的未来、你的期待和你的愿望……大概两分钟时间。

每个人找到自己的伙伴，然后将自己的手臂放在对方的肩膀上，可以捶捶，可以拍拍，也可以一直放着。

3. 教师宣布活动开始，站在右边的同学说出自己的期待和愿望，站在左边的同学给予支持。然后，交换角色。时间约需 40 分钟。

4．分享和讨论：

（1）在活动过程中，你给别人提供支持时有什么感受？

（2）当你表达期待和愿望并感受到别人的支持时，有什么感想？

压 力 圈 圈

目的： 了解自己面临的压力，并采取有效措施加以缓解。

操作：

1．在大小圈球内写下生活中的各种压力（大球代表大压力，小球代表小压力）。

2．思考、分享和交流：

（1）你的压力来源有哪些？

（2）每个球给你的感觉是什么？

（3）压力很大时你身体的感觉如何？哪个部位不舒服？

（4）你如何处理这些压力？

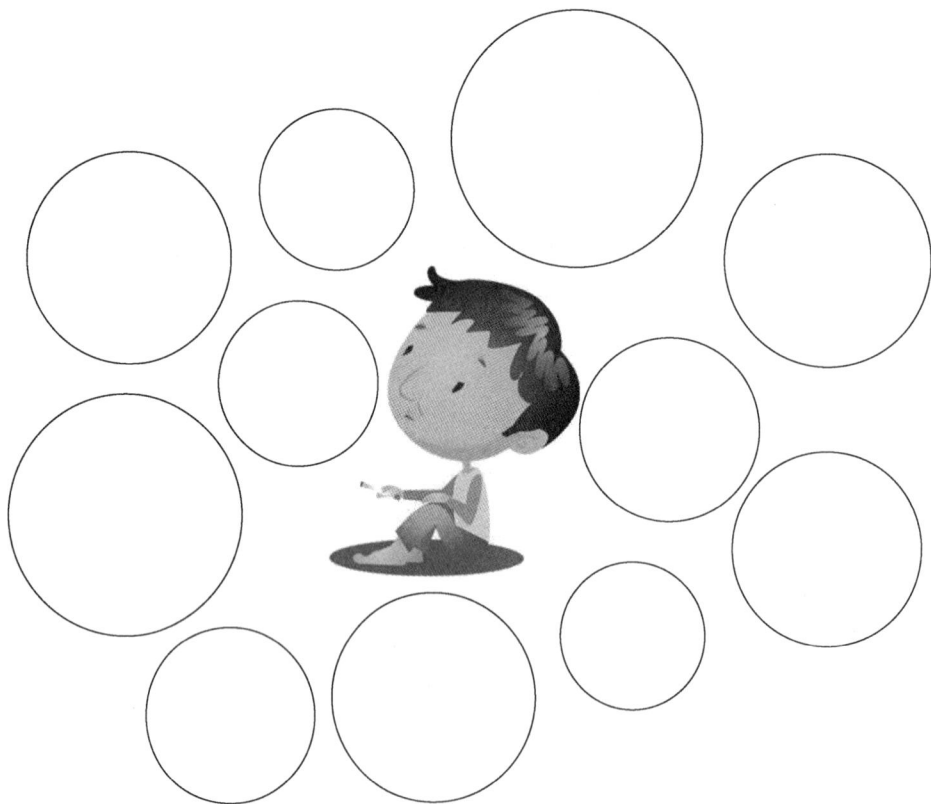

放 松 练 习

目的： 身体肌肉的深度放松状态与情绪的紧张状态是互相抑制的，在同一个人身上不可能同时存在放松、紧张这两种状态。一种状态的出现或加强必然导致另一种状态的减弱或消除。放松技术是一套使全身肌肉得到深度放松的技术，目的是以放松的状态去对抗紧张的状态，最终缓解和消除紧张。

操作：

1. 准备工作：找一个基本没有外在干扰的空间，身处其中觉得舒适、愉快。

坐在椅子或沙发上，或者躺在床上，尽量让自己感觉舒服。闭上眼睛，做几次深呼吸，使情绪平稳下来。

2. 放松的方法：针对身上的各个肌肉群，先集中注意力；然后使肌肉绷紧，仔细感受并保持肌肉的紧张状态；5～10秒后，解除紧张状态，并注意体会肌肉放松时松软、无力、温暖的感觉。用同样的方法逐一收紧并放松全身的肌肉群。

3. 放松的程序：可以按照手臂部—头部—躯干部—腿部的顺序，也可以根据个人需要进行其他排序，或者选取某一个或几个部位进行放松。

开始时应遵循指导语放松，熟练后可以自我引导放松。

（1）手臂部的放松。

① 伸出右手，握紧拳头。用力握紧，再握紧。

让紧张向上延伸到整个手臂。

注意感受右手臂的紧张（胀、酸、麻等）。

坚持一下……再坚持一下……

现在放松右手臂。

仔细体会放松后沉重、无力、温暖的感觉。

再做一遍。

② 伸出左手，重复以上步骤。

③ 左右双臂伸直，双手握拳。用力握紧，再握紧。

让紧张向上延伸到整个双臂。注意感受这种紧张。

坚持一下……再坚持一下……

现在放松双手及双臂。

仔细体会放松后的感觉。

再次握紧双拳，并向上弯曲双臂。

收紧两臂的肌肉，再收紧。

注意感受这种紧张。

坚持一下……再坚持一下……

现在伸直双臂，放松双手及双臂。

仔细体会放松后的感觉。

再做一遍。

（2）头部的放松。

① 向上皱起额部的肌肉。

皱紧，再皱紧。

注意感受额头的紧张。

坚持一下……再坚持一下……

现在放松额头。

仔细体会放松的感觉。你觉得前额很平、很平。

再做一遍。

② 皱起眉头。

皱紧，再皱紧。

注意感受眉头的紧张。

坚持一下……再坚持一下……

现在放松眉头。

仔细体会放松的感觉。

再做一遍。

③ 把眼睛闭起来。

闭紧，再闭紧。

注意感受眼部的紧张。

坚持一下……再坚持一下……

现在放松眼睛，使它舒服地闭着。

仔细体会放松的感觉。

再做一遍。

④ 把舌头紧紧顶住口腔的上部。

用力向上顶，再用力。

注意感受舌头的紧张。

坚持一下……再坚持一下……

现在放松舌头，让它回到原来的位置。

仔细体会放松的感觉。

再做一遍。

⑤ 咬紧牙齿。

用力咬紧，再咬紧。

注意感受牙床的紧张。

坚持一下……再坚持一下……

现在放松牙齿。

仔细体会放松的感觉。

再做一遍。

⑥ 闭紧嘴唇。

使嘴角向两边尽量延伸，鼓起两腮。

上下嘴唇应尽量压紧，再压紧。

注意感受脸颊和嘴唇的紧张。

坚持一下……再坚持一下……

现在放松喉部，使它自然地微微张开。

仔细体会放松的感觉。

再做一遍。

⑦ 把头尽量后仰，再后仰。

注意感受颈部的紧张。

坚持一下……再坚持一下……

再把头尽量弯向右肩，再弯。

注意感受颈部左侧的紧张。

坚持一下……再坚持一下……

再把头尽量弯向左肩，再弯。

注意感受颈部右侧的紧张。

坚持一下……再坚持一下……

现在尽量低头，再低。

注意感受颈后部的紧张。

坚持一下……再坚持一下……

现在让头回到原来的位置，放松。

仔细体会放松的感觉。

再做一遍。

（3）躯干部的放松。

① 向后用力扩展双肩，再用力。

注意感受肩部的紧张。

坚持一下……再坚持一下……

现在放松双肩。

仔细体会放松的感觉。

再向上提起双肩，尽量使之接近耳朵。

注意感受肩部的紧张。

坚持一下……再坚持一下……

现在放松双肩。

仔细体会放松的感觉。

再向前尽量合紧双肩，再合紧。

注意感受肩部的紧张。

坚持一下……再坚持一下……

现在放松双肩。

仔细体会放松的感觉。

再做一遍。

② 挺起胸部，深吸一口气。

让胸部鼓起，再鼓起。

屏着呼吸，注意感受胸部的紧张。

坚持一下……再坚持一下……

现在慢慢呼气，放松胸部。

仔细体会放松的感觉。

再做一遍。

③ 向内收紧腹部，再收紧。

注意感受腹部的紧张。

坚持一下……再坚持一下……

现在放松腹部。

仔细体会放松的感觉。

再做一遍。

④ 把腰用力向前拱起，再拱起。

注意感受腰部的紧张。

坚持一下……再坚持一下……

现在放松腰部。

仔细体会放松的感觉。

再做一遍。

（4）腿部的放松。

① 两脚的脚趾并拢。

向脚心方向收紧，再收紧。

注意感受脚部的紧张。

坚持一下……再坚持一下……

现在放松脚部。

仔细体会放松的感觉。

再做一遍。

② 双腿伸直，双脚的脚尖向脸部方向翘起。

用力翘，再翘。

注意感受小腿的紧张。

坚持一下……再坚持一下……

现在放松小腿和脚。

仔细体会放松的感觉。

再做一遍。

③ 双脚的脚跟向下压。

收紧大腿和臀部的肌肉，使臀部向上提起。

收紧，再收紧。

注意感受大腿和臀部的紧张。

坚持一下……再坚持一下……

现在放松大腿和臀部。

仔细体会放松的感觉。

再做一遍。

（5）全身放松。

深深地吸气，长长地呼气。

仔细感受全身每一组肌肉群的放松状态。

感觉非常安详、平静、温暖、愉快。

慢慢从 1 数到 30。

慢慢地睁开眼睛，感到愉快、平静、精神焕发。

（资料来源：张海燕，2005. 走过去，前面是蓝天：大学生心理危机援助案例集. 上海：华东理工大学出版社.）

第九章 E 空翱翔，时空规划——
大学生移动智能终端的使用

案例导入

大一新生赵某从小聪颖好强，写作和音乐表现都较突出。父母对她期望很高，但教育方式较专制，强迫她报考了自己不喜欢的专业。由于她个性自由、任性、叛逆，加之体弱、敏感，与他人相处总感到难以沟通，孤独抑郁，故喜欢微信聊天。上大学后空闲时间比较多，她更是变本加厉。久而久之，她发现自己的记性不太好使了，每天起床后情绪低落，头昏眼花，双手颤抖，疲乏无力，可是，只要一拿起手机，就像"吸毒"一样，立刻就会精神起来。她现在身体消瘦、面色蜡黄，平时基本上不学习，经常心情不好、吃饭不香，觉得活着没有意思，常常想到死。

第一节 移动智能终端概述

一、移动智能终端的含义与特征

移动智能终端是指安装具有开放式操作系统，使用宽带无线移动通信技术实现互联网接入，通过下载、安装应用软件和数字内容为用户提供服务的终端产品。

移动智能终端通常具备四大特征：一是具备高速接入网络的能力；二是具备开放的、可扩展的操作系统平台；三是具备较强的处理能力；四是具备丰富的人机交互方式（触控、语音识别等方式得到凸显）。

二、移动智能终端的分类

1. 智能手机

智能手机是指像人脑一样，具有独立的操作系统，可以由用户自行安装软件、游戏等第三方服务商提供的程序，通过此类程序来不断对手机的功能进行扩充，并可以通过移动通信网络来实现无线网接入的这样一类手机的总称。

2. 笔记本电脑

笔记本有两种含义，第一种是指用来记录文字的纸制本子，第二种是指笔记本电脑。而笔记本电脑又被称为"便携式电脑"，其最大的特点就是机身小巧，相比普通计算机携带方便。

3. PDA 智能终端

PDA（personal digital assistant）智能终端又称为掌上电脑，可以帮助人们完成在移动中工作、学习、娱乐等。PDA 智能终端按用途可分为工业级 PDA 和消费品 PDA。PDA 智能终端广泛用于鞋服、快速消费品、速递等多个行业的数据采集，支持 GPRS、3G/4G、WiFi 等无线网络通信。

4. 平板电脑

平板电脑是一种方便携带的小型个人电脑，以触摸屏作为基本的输入设备。它拥有的触摸屏（也称为数位板技术）允许用户通过触控笔或数字笔来进行作业而不是传统的键盘或鼠标。

第二节　大学生使用智能手机的情况

下面以大学生经常使用的智能手机为例，介绍大学校园中移动智能终端的使用情况。

一、使用智能手机对大学生心理健康的积极影响

1. 网络提供了更大范围的群体环境，有助于培养大学生的人际交往能力

网络交往通过全方位、多层次的信息传输给大学生提供了更方便且更大范围的社会交往机会，使大学生的社会性得到空前的延伸和发展。在一定意义上讲，使用智能手机也会给大学生心理健康带来积极的影响。在传统交往方式下，个体的人际交往常常囿于狭小的生活圈子，但在网络社会，网络的开放性、大众化、虚拟性、直接性等多种特点容易使网上交往打破身份、地位、财产等社会等级的限制，为人际交往提供便利。通过智能手机，人们可以直接交往，而免去了彼此的客套、试探、戒备和情感道义责任。同时，智能手机交往具有的间接性和虚拟性特点，使智能手机人际交往容易突破年龄、性别、地位、身份、外貌等传统人际交往影响因素的限制，为大学生提

供了更为广阔的交往空间。

2. 智能手机和网络提供了角色实践的场所环境，有助于大学生胜任现实的社会角色

在人际交往中，交往者要扮演不同的社会角色，交往环境和交往关系不同，交往角色也会发生变化。交往者所扮演的往往是复合角色。智能手机和网络为大学生提供了角色实践的"练兵场"。智能手机和网络创造的"虚拟环境"使大学生能够在其中不断进行角色学习，理解角色的行为规范，体会角色的需求和情感，了解角色间的冲突，并借助虚拟群体成员间的互动检验自己的角色扮演情况，进而把握自己在现实社会中扮演各种角色的尺度。

3. 智能手机打破传统线性思维束缚，有助于激发大学生的创造性思维

由于智能电子产品大量使用超文本阅读方式，以网状形式来构筑和处理信息，大学生使用的是一种跳跃式的、非线性的思维方式。大学生从非线性的角度出发思考问题，那么在处理一个复杂的事物时就必须考虑它与周围事物的种种联系，并透过这种网状的联系来寻求解决问题的方法。这种思维方式改变了传统线性思维固有的较狭隘、死板的弊端，有利于培养大学生的发散性思维，拓宽大学生的思路，帮助大学生正确地看待周围的人和事，树立科学的人生观和世界观。

4. 智能手机提供了专业心理援助，有助于提高大学生的心理健康水平

大学生的心理健康水平存在程度差异。低层次的心理健康指的是没有心理疾病症状，高层次的心理健康是指人的潜能得到充分发挥或"自我实现"。因此，即便正常的人也要不断提高自己的心理健康水平。目前网络上普及心理健康知识、提供专业心理援助的心理健康站点比较多，主要包括高校心理学系或个人创办的专业心理网站或主页，如北京师范大学心理咨询中心（www.bnu.edu.cn/xlzxzx/bj.htm）、华东师范大学心理咨询工作室（www.hdpsy.com）、北京东明成功人生心理咨询中心（www.dmcgrs.com）、华夏心理网（www.psychcn.com）、中国心理网（www.psy.com.cn）。

这些心理学专题网站或主页尽管侧重点各有不同，但它们都自觉担负起了普及心理健康知识、提供专业心理援助的责任。由于浏览这些网站或主页既方便快捷，又具有较好的保密性，因而受到大学生的青睐，在一定程度上对大学生的心理健康辅导起到了积极的作用。

二、使用智能手机对大学生心理健康的消极影响

阻碍我们前进的，常常是我们心理上的障碍和思想中的顽石。一些大学生无论在路上还是宿舍里，人人拿着智能手机，一副没有智能手机干不成事的样子。其实在网上下来就只有一步，那就是放下手中的智能手机。

智能手机人际交往是信息时代人们在网络空间里进行的一种新型人际互动方式。这

种虚拟的人际交往方式极大地满足了学生复杂多样的交往动机。智能手机是一把"双刃剑"，虚拟的人际交往对学生的健康成长既有正面效应，也有负面效应。

随着智能手机的普及和功能的日益完善，智能手机已经远远超出了通信工具这一基本用途，在大学生的日常生活中发挥着重要的作用，它不仅局限于娱乐平台，而且成为某些大学生的精神寄托。目前，大学生主要用智能手机来看电影、听音乐、玩游戏、上网与QQ聊天、拍照和摄像等。手机文化不仅综合包容了影视文化、网络文化、游戏文化，而且还以上述文化为基础，形成具有手机特色的文化内涵。

智能手机的负面作用是每个上课的大学教师都能感受到的。课堂上经常可见学生不是在看书、记笔记、认真听讲，而是在玩游戏、刷微博、发微信，甚至接电话等（图9-1）。智能手机阅读特有的快餐式、娱乐化，正侵蚀着大学生的思维，他们满足于浅层次的片段式阅读，满足于轻松自在的娱乐方式，而排斥紧张的学习，不愿意阅读深奥的书籍，不愿意进行深入的思考，对于教材与教学持排斥态度。更糟糕的是，许多大学生已经在不知不觉中身陷"手机综合征"的泥沼之中。

图9-1　大学课堂的"低头族"

三、大学生使用智能手机的特点

1. 手机的普及率高

调查结果显示，被调查的大学生中手机拥有率为100%，而且基本是智能手机。这说明手机作为重要的现代通信工具，已经成为大学生日常生活的重要组成部分，而智能手机更是大学生的首选。随着智能手机的普及，手机成为大学生生活中不可或缺的"伴侣"，一方面它丰富了大学生的阅历，增加了大学生对社会百态的了解，拉近了大学生与社会的距离；另一方面，它使大学生花更多的时间在虚拟世界中，造成了各种不良影响。

2. 使用手机的时间长

调查显示，大学生每天使用手机的时间集中分布于1～2小时和2～3小时，分别占

26.78%和29.59%。另外，0～1小时的占7.78%，3～4小时的占17.71%，4小时以上的占18.14%。大学生自主学习的时间集中于1～2小时和2～3小时，分别占35.13%和25.08%。另外，0～1小时的占7.78%，3～4小时的占19.41%，4小时以上的占9.58%。大学生使用手机浪费了大量时间，使得自主学习时间大大缩短，说明手机已经严重影响了同学们的学习。

3. 对手机的依赖性高

如今网络越来越发达，智能手机已经在大学校园内得到普及。过半大学生对手机和网络已经产生依赖心理，他们认为没有手机、没有网络的日子无法想象。在被问及"如您外出的时候没带手机会怎样"这一问题时，18.4%的被调查大学生持无所谓态度，46.1%的被调查大学生觉得稍微有一点焦虑，23.8%的被调查大学生感觉比较焦虑，8%的被调查大学生觉得很焦虑，3.7%的被调查大学生感觉非常焦虑。调查发现，使用手机时间越长，对手机的依赖程度越高；拥有智能手机的大学生对手机的依赖程度高于拥有非智能手机的大学生。手机依赖综合征已经成为困扰大学生的一大难题。

4. 使用手机的目的以娱乐为主

大学生用手机上网最常使用的服务分别是搜索和浏览资讯与各类新闻（占29.3%），聊天（占26.4%），网络购物（占20%），看小说、电影、网络电视（占6.9%），而使用下载游戏、电子书等增值服务，以及联网游戏、收发E-mail等其他服务的学生不到1%。

四、智能手机影响大学生心理的原因

1. 媚俗风气的影响

在改革开放、经济全球化的大背景下，在新旧经济体制转型期，鉴于配套改革措施尚未完全到位，建设高度的物质文明、精神文明和政治文明的任务依然十分艰巨。在建设中国特色社会主义的过程中，政治建设、经济建设、文化建设、社会建设应该是"四位一体"、齐头并进的，但是当前文化建设明显滞后。这就导致媚俗之风得以盛行，在经济繁荣的背后出现物欲横流、信仰动摇、道德滑坡等诸多精神家园缺失的状况。媚俗风气对大学生的影响表现为淡漠时事政治、贪图物质享乐。智能手机的出现满足了大学生享受娱乐的目的，因此广受欢迎。

2. 自制力的缺乏

大学生正处于青年时期，生理和心理都迅速走向成熟但还没有成熟。感情丰富、心理起伏大、易冲动、自控能力差是大学生的主要心理特点。在成长的道路上，当代大学生缺少艰苦环境的摔打和社会生活的磨炼，单一的学校生活使大学生对社会缺乏了解，缺乏顽强的意志品质和坚韧不拔的奋斗精神。跨入大学校门，大学生不再承担"高考"

的重负，可以自由支配的时间与空间陡然增多。有的大学生习惯了忙碌的学习，面对自由的大学生活，不知如何安排自己的生活与学习。这时候他们极易受到社会环境和社会舆论的干扰和影响，不知道何去何从，道德认识出现偏差，责任意识缺失。因此，他们容易沉迷于丰富多彩的网络游戏、网络小说中。智能手机因具有便携性为大学生提供了娱乐平台，因此智能手机快速占领了同学们的生活。

五、消除智能手机消极心理影响的措施

（一）校园管理

1．加强文明使用手机的宣传和教育

高校应该加强对大学生正确使用手机的教育和宣传，建立心理干预制度，及时关注大学生心理健康，建立手机沉迷辅导机构。通过宣传、教育，使大学生认识到沉迷手机给学习和生活带来的危害，并帮助大学生形成合理、科学的手机使用习惯。加强大学生的学业生涯规划教育，要让他们充分认识到时间的宝贵。

2．加强对上课玩手机现象的监管力度

例如，浙江某学院为防止学生上课玩手机，上课前一律将手机上交。上课前大学生自觉将手机放入写有自己名字的收纳袋中，任课教师、检查教师、班主任对上交情况进行抽查。该制度一经实行，该学院学生上课玩手机的现象就有了明显改善。

3．回归传统阅读，开展多元化的替代活动，补充移动学习的不足

应该注意的是，以智能手机为基础的移动学习并不是万能的学习方式，其特点决定了它并不适合所有的学习内容和学习活动，它不会取代书本和课堂学习，只是课堂学习和社会学习等学习方式的重要补充。因此，高校应该定期举办"读书月"等回归传统阅读的活动，增加大学生纸质阅读的机会，培养阅读经典的耐心，让他们感受文化的沉淀而不是浮躁的片段化阅读。

（二）大学生自我管理

1．大学生应提高辨别能力，控制手机使用时间

大学生应该认识到手机的利弊，知识性、批判性地运用手机。面对网络中海量且真伪难辨的信息，大学生一方面要培养敏锐的信息辨别意识，及时捕获最新的与自己专业相关的信息或其他信息，在丰富专业知识的同时开阔视野，启迪思维；另一方面，要努力提高自己的辨别能力，增强媒介批判意识，坚决抵制不良信息，培养正确的人生观、价值观。不要过度沉迷于手机媒体的学习、娱乐功能，以致花费太多的时间影响课堂学

习，要能够自觉控制手机使用时间。

2. 正确认识自我，树立远大理想，保持积极健康的生活态度

自我认识包括生理自我、心理自我和社会自我3个方面。认识生理自我，是指了解个人的身体和生理状况；认识心理自我指对心理、行为特征（主要有能力、性格、气质、兴趣等）的认识和评价；认识社会自我是指对自己指在社会关系中的角色、地位、作用的认知。正确认识自我，有利于大学生在处理手机依赖症的问题上更加理性，发现病因，找出适合自己的解决对策。另外，大学生要树立远大的人生理想，在生活和学习中磨炼意志，坚决抵制不良诱惑，保持积极向上的学习态度，朝着理想坚定启程。

3. 充分发挥手机对大学生的积极作用

手机，尤其是智能手机是当代高科技产物，大学生要认识到手机对学习的积极影响，提高自制力，多利用手机进行人际沟通、查阅资料、智力游戏等，或者推广"我要当学霸"等APP，充分发挥手机对大学生的积极作用。

（三）社会监管

1. 制定有针对性的法律法规，发展过滤技术，限制致迷内容

如今，智能手机已经成为大学生必不可少的学习和通信工具，可是手机媒体传播的垃圾信息泛滥成宠，如果任其传播，不管不顾，将对大学生的学习和成长造成极坏的影响。因此，我们必须对之进行有效的管理。虽然我国已出台了一些规范网络的法律法规，但是对于手机媒体的信息传播针对性并不强。目前，我国还没有全面实现手机号码实名制管理，这令一些不法分子在传播不良信息时肆无忌惮，给防治信息污染带来较大困难，我国应该尽快制定完善的手机媒体信息传播管理法律法规体系，努力推动手机号码实名制管理，为肃清手机媒体垃圾信息提供法律依据。

在技术层面，应该努力提高手机媒体信息过滤技术，针对大学生的移动学习制定详细的传播内容过滤标准。对于手机网络中特别容易致迷的学习软件或者游戏软件，应该坚决予以排斥和过滤，禁止进入手机平台，从根本上杜绝不良信息和致迷内容。

2. 增强移动学习资源的丰富性和生动性，提高大学生的学习兴趣

大学生固然应该以学业为主，但也有娱乐的权利和需要。网络内容提供商可针对大学生群体提供丰富的移动学习资源，满足大学生日益增长的移动学习需求。软件技术开发人员则应该正面利用"沉浸理论"中"挑战与技能的平衡会使人产生一种沉浸的体验"这一法则，提升学习软件中的趣味性和创新性，以达到提高学生学习兴趣和学习效率的目的。同时，技术人员应该考虑到手机移动学习的片段性和不连续性，有针对性地开发适宜零散时间学习的学习资源，对各个年级的大学生度身定做移动学习软件，让大学生可以随时随地随需要学习。

3. 开发手机防沉迷程序，科学安排移动学习的时间和内容

媒介技术研发人员可以开发手机防沉迷应用程序，对于学生超长使用手机时间进行控制，以防止大学生对手机的沉迷，从而实现移动学习和课堂学习平衡发展的目标。手机游戏型的学习软件应该设定大学生每日进行移动学习的时间，若超过某个时间段，将会对大学生发出警告，若继续使用将被迫下线，停止移动学习。媒介内容开发商应该根据手机移动学习的特性以及不同年级大学生的技能水平来开发有针对性的学习材料或软件，让大学生在对学习保持热情和兴趣的同时，又不会过度沉迷。如果移动学习适度，将对大学生的学习成长大有裨益。

第三节　拒做校园"低头族"

"低头族"（phubbing），由澳大利亚学者麦肯和 Macquarie 大辞典联合创制，形容那些只顾低头看手机而冷落身边的亲友的人。如今无论何时何地，大学生都作"低头看屏幕"状，有的看手机，有的利用平板电脑或笔记本电脑上网、玩游戏、看视频。"低头族"的共同特征是低着头，他们的视线和智能手机相互交感直至难分难解。

随着智能手机、笔记本电脑、平板电脑等在大学校园的普及，"低头族"也大量出现在校园和课堂上。做"低头族"不仅影响了学习，也会给自己带来了健康隐患。

一、"低头族"的形成原因

以智能手机为代表的移动智能终端提供了丰富的应用程序，带来生活的便利和多样的娱乐手段。智能手机成为"低头族"打发碎片时间的不可或缺的工具：上网浏览、玩游戏、看视频等。由于大学生缺乏自制力等，把握不好玩手机的时间和地点，往往把手机带到了课堂上来玩。在社会生活中，我们正在走入一个陌生人的社会，人和人的面对面交流减少，而虚拟社交网络迅速普及，这也是"低头族"出现的重要原因。

二、"低头族"的主要危害

1. 安全隐患

湖北 17 岁的女生商某外出与同伴聚餐，边走路边玩手机，经过一座桥时，她一脚踏空，掉入没有护栏保护的深坑，经抢救无效死亡。桥面没有护栏当然是造成商某死亡的主要原因，但她的悲剧也提醒人们，走路千万别玩手机。

这不再是个别事件，而具有群体性规律：某地两名青年因过马路时低头玩手机，结果被汽车撞飞；在旧金山的一辆轻轨列车上，"低头族"因太专注玩手机，结果连身旁

有凶徒枪杀一名大学生也不知道。

"低头族"在社会中面临越来越多的潜在风险。若是汽车司机也属低头一族，出事概率则会骤增。有调查表明，司机边开车边看手机发生车祸的概率是正常驾驶发生车祸概率 23 倍，而边开车边打电话发生车祸的概率是正常行驶发生车祸概率的 2.8 倍。

2. 健康隐患

例如，苏州一名高二女生因长期低头看手机导致颈椎间盘突出 8 厘米，压迫脊髓，患上严重的脊髓型颈椎病。一般来说，颈椎病患者会随着年龄的增长而增多，如今颈椎病开始有低龄化趋势，特别是近年来，随着智能手机的普及，呈快速发展趋势。20 世纪 90 年代，某医院推拿科一个月可接诊两三百例颈椎病患者，而且患者以中老年人为主，病因除了年纪增大外，还有躺在床上看电视、看书，或者长期坐姿不正确等。易患人群则为教师、会计等需要俯首的职业人群。如今，他们接诊的颈椎病患者要翻上几番，每月要接诊近千例。其中，20～35 岁的大学生和白领占了半数以上。几乎所有的年轻患者都喜欢长时间低头玩手机和平板电脑。

据专家介绍，在人低头时，前屈极限（下巴碰到胸骨的状态）只能是 45°。如果前屈幅度达到 30°，就可能影响到颈椎健康。如果颈椎长期处于极度前屈的异常稳定状态，就会对颈椎造成伤害，而这种危害比看电脑还要高几十倍。

长期低头玩游戏，容易使颈椎关节发生错位，还可能患上腕管综合征、腱鞘炎等。不仅如此，"低头族"长期沉迷玩手机，除了影响视力外，还很容易引发白内障。

长时间低头玩手机、平板电脑等，容易造成颈肩部肌肉僵硬、痉挛。时间久了，可能会导致颈椎曲度变直、颈椎间盘突出等，也可能出现探脖等体征。

课堂自测

网络成瘾自测

指导语： 如实回答下列问题。

1. 你是否沉溺于互联网？
2. 你是否需要通过逐次增加上网时间以获得满足感？
3. 你是否经常不能抵制上网的诱惑和很难下网？
4. 停止使用互联网时你是否会产生消极的情绪体验和不良的生理反应？
5. 每次上网实际所花的时间是否都比原定时间要长？
6. 上网是否已经对你的人际关系、工作、教育和职业造成负面影响？
7. 你是否对家人朋友和心理咨询人员隐瞒了上网的真实时间和费用？
8. 你是否将上网作为逃避问题和排遣消极情绪的一种方式？

【说明】

网络成瘾症又称网瘾综合征，是对网络的一种过度依赖，表现为对现实生活失去兴趣；网上操作时间超过一般的限度，以此来获得心理满足，且患者无法控制自主活动的心理行为。美国学者金伯利·扬对病态赌博的诊断标准加以修订，形成了网络成瘾的测量工具，在国外的网络成瘾研究中较为常用。

【评判标准】

如果你对上述问题中的 5 个题目回答为"是"，即说明你可能网络成瘾，需要进一步诊断。

心理训练

看自己能离开网络多久

目的：通过"无网络生活"，了解网络对自己的影响程度。

操作：不开电脑、不玩手机，需要查找资料时，可到图书馆翻阅相关图书，看看自己能够坚持多久。同宿舍同学可以相互监督，看谁坚持的时间最长，坚持得最久者，可以宿舍为单位给予小奖品。

思考以下问题：

1. 大学生上网是为满足哪些要求？

2. 简要概括网络对大学生的积极和消极的影响。

3. 如何调适网络心理障碍？

第十章　珍爱生命，防治并重
——大学生生命教育与健康生活方式

　　某大二女生近期茶饭不思，学习没有动力，整天待在寝室里，不洗脸，不收拾打扮，对任何事都没有兴趣，注意力无法集中，一直在思考"人为什么活着？人活着有什么意义"这些问题，却找不到答案，内心痛苦，难以忍受。为了摆脱痛苦，该同学曾一星期连续3次登上宿舍楼顶，想要结束自己的生命。幸运的是，寝室同学对她这段时间来的反常表现很关注，同学在给予更多的关怀和迁就的同时，还特别注意该同学的行踪，该同学3次登上高楼试图自杀，都被同学紧随其身边而劝阻。学校心理健康教育中心的老师积极干预，在家长的配合下，将其送至专科医院进行诊断，该同学被确诊为中度抑郁症。

　　她在服药的同时，学校心理老师给予了她心理辅导。在家长的悉心陪伴下，该同学经过3个多月度过了危机期。大四毕业时，她以优异的成绩被英国一所著名大学录取为研究生。该同学在出国后给老师的信中写道："以前的自己经历的太少，看到的世界太小，而且很多时候看问题不全面、不客观，只挑了那部分我愿意看到的，有时自欺欺人地屏蔽了很多不愿接受的事实。感谢同学和老师在我最迷茫、最痛苦的时候那么关注我，不放弃我，让我度过了自杀危险期，让我拥有如此美好的生活。"

第一节　生命教育与生命意义

一、认识生命的神圣

　　人的生命是有限的，因此它是最宝贵的。生命对我们每个人来说都只有一次。生命的有限性、唯一性和不可逆性正是生命神圣与宝贵的依据。

生命的神圣性是人类对自身生命的喟叹、敬畏和崇拜。人类对自身生命有种原始的、本能的惊讶、赞叹和敬畏。新生命的诞生、死亡的危险都能让我们感叹生命的神圣，由此充满对生命的敬畏。

二、把握生命的意义

（一）深刻理解生与死的关系

在人的生命历程中，从生理学上来讲，生命有机体无时无刻不在发生着变化：细胞在不断地经历着生长、衰老和死亡的过程，而新的机体又在不断地成长生成，即有机体总是在进行着新陈代谢。在这个意义上，"在每一个活着的人体中，生理上的生与死实质上是不停地发生着的。人活的过程同时就是死的过程，因为人生的时间流逝，同时就是人与死接近。人生一日也就意味着人在社会中死去了一天，这是生中蕴含着死的客观事实"。死亡是生命的重要组成部分，没有死亡就没有新生，也正是因为死亡的存在，我们的生命才会显得如此宝贵。因此，深刻认识和思考死亡，能够教会我们学会正确认识死亡，珍惜现在的生活，抓住当下的美好时光。

马斯洛是著名的人本主义心理学家，他在心脏病突发被抢救过来后说道："面对死亡又暂时从死亡中解脱，使世间的一切事物显得如此珍贵，如此神圣，如此美好。我现在比任何时候都更强烈地热爱这一切，更情不可遏地投身于这一切……死亡及其突然降临的可能性，使我们更有可能去爱，去热烈地爱。"

一个人如果能够从生命的存在中感悟到死亡的存在，并能从死亡中反观生活的意义，那么他不仅能够正确地对待生与死，而且能够很好地把握生命的意义，认真地活在当下。

（二）挖掘生命的真实渴望

生命的意义是人们活下去的支撑点和希望，也是人们奋斗的动力所在。即使一个人没有认真思考过关于生命意义的问题，也并不意味着他无法区别有意义的生活和无意义的生活。几乎没有人想过一种无意义的人生。而想要过一种有意义的人生，我们应该学会挖掘生命的真实渴望，寻求生命的意义所在。

意义治疗创始人维克多·弗兰克尔认为，人们对于生命意义的追寻是生活的基本动力，或者说是第一位的动力。世界上没有任何东西比感悟生命存在的意义更能够帮助人在最恶劣的环境、最糟糕的境遇中生存下来。如果我们感悟到了生命的意义，生命就有了动力，生活就会充满活力，丰富的生命体验就能因此拉开。反之，就会觉得生命不过是一天一天的叠加，毫无意义可言，心灵失去了精神的滋养而倍感空虚，生命失去了意义的引导而无所作为。生命的意义不是靠外在的界定给予的，而是靠生命个体通过生活感悟而得，生命的意义"既不能够模仿也不能引进"，它需要每个人在自己的生活世界中去感悟和发现。

知识链接

取一支笔、一张纸，写下你生命中最重要的五样东西。你尽可以天马行空地想象，只要把内心最珍贵的五种东西写出来就行，不必考虑顺序。

然而不幸的是，你的生活发生了意外，你要在这最宝贵的五种东西中舍去一种。

生活再次发生重大变故，需要你再放弃一种东西。现在只剩下三种宝贵的东西了，但是不幸的遭遇又迫使你不得不再放弃一种。现在你的生活进入了前所未有的低谷，你必须作出一生中最艰难的选择，只能留一种东西，其余全部舍去。你抹去了四种，它们同样是你生命中至关重要的东西，被涂掉的顺序就是你心中划分的价值主次。

人生就是一个不断取舍的过程，有取舍就有痛苦。当你明确了什么是你生命中最重要的东西时，下面要做的就是好好珍惜以及实现自己人生的愿望。

（三）学会拥有一颗感恩的心

人若想要有所成就，单单靠自己的力量是不行的。人作为社会的一分子，生命的存在和精彩需要周遭的人、事、物的共同协调来成全。也就是说，一个人的愿望是不可能只靠自己的力量实现，在现实生活中，我们需要通过融入集体生活、学会与他人通力合作、在交往中以诚相待来实现自己的生命价值，追寻自己的生命意义。这就需要我们在生活中用一颗真诚的心去善待周遭的人、事、物。一旦我们学会用一颗感恩的心去对待自己、他人、社会甚至是世间万物，就会体会到生命的价值以及生命的意义。

霍金是一位伟大的物理学家。他患有卢伽雷病，完全失去了行动自由和生活自理的能力。一次，当他做完学术报告结束时，一位记者问了一个突兀而尖锐的问题："霍金先生，卢伽雷病已经将你永远固定在轮椅上，你不认为命运让你失去的太多了吗？"整个报告厅顿时鸦雀无声。霍金用还能活动的手指艰难地敲打着键盘，投影屏幕上缓慢而醒目地显示："我的手指还能活动；我的大脑还能思维；我有终身追求的思想，有我爱和爱我的亲人和朋友；对了，我还有一颗感恩的心……"顿时，报告厅里响起了持久的掌声。

心理学家研究证明：感恩和幸福是有正相关关系的，越是缺乏感恩，我们已经拥有的东西越没有价值，自己也就越缺乏幸福感。一个人可以选择对自己拥有的一切习以为常，认为它理所当然，因而将幸福拒之门外；也可以选择对自己拥有的一切保持一颗感恩的心，进而给自己带来更大的幸福体验。

三、端正生命的态度

（一）学会善待自己和他人

人生不如意之事十有八九，生活并不会因为我们的不如意而顺意改变。现实生活中，我们总会遇到不遂愿的事情，更会遇到和我们意见不一致的人。这个时候我们不应该一意孤行，而应该学会辩证思考，哪怕自己是对的，也应该用一颗宽容的心对人对己，而形成一种包容性的生活态度。

学会包容性的生活态度，首先要学会的就是正视自己，不要拿自己的错误惩罚自己。泰戈尔曾经说过，如果你因错过了太阳而流泪，那么你也将错过群星。人生苦短，如果经常沉浸于过去的遗憾和后悔中，那么势必会造成新的追悔。生活中有太多的事情需要我们积极面对，如果我们总是自己和自己过不去，那就是在自寻烦恼。面对过去的错误，正确的做法是学会反思，总结问题所在，积极补救，积极面对未来的生活，只有这样我们才能看到一天比一天进步的自己。

生活中我们更应该学会宽容别人的过错。宽容别人，其实就是宽容我们自己。生活中，多点对他人的宽容，不仅能够给对方多点成长空间，而且能够得到朋友对自己的宽容，朋友之间相互包容和扶持，我们的人生道路才会越走越宽阔。当然，我们更不要拿自己的错误来惩罚别人。迁怒是我们遭遇挫折的时候容易犯的错误之一。生活中我们经常发现有些人为了掩饰自己的错误而将自己的错误归咎于他人，并因此伤害到身边的朋友，这种伤害只能让朋友逐渐远离我们。我们需要正确面对自己的错误，学会主动担当，为自己的错误埋单。主动承认自己的错误不仅可以及时弥补错误造成的损失，而且我们能够得到更多人的信任。

美国前总统林肯曾对宽容做过很恰当的诠释。林肯对政敌素以宽容著称，后来终于引起一位议员的不满，议员说：不应该试图和那些人交朋友，而应该消灭他。林肯微笑着回答：当他变成我的朋友，难道我不正是在消灭我的敌人吗？宽容是一种大度，可以容人之长，不去嫉妒；可以容人之过，不计前嫌。一位哲人说过一番耐人寻味的话：天空收容每一片云彩，不论其美丑，故天空广阔无比；高山收容每一块岩石，不论其大小，故高山雄伟壮观；大海收容每一朵浪花，不论其清浊，故大海浩瀚无比！

（二）面对生活操之有度

生活在这样一个物欲横流的信息时代，大学生更容易被物质追求困扰，在生活中，衣食住行追求品位档次，休闲娱乐讲究高档攀比。这些本无可指责，但是，现在很多大学生存在着纯粹为了攀比而出现的不理性的消费，不仅自己在物欲中丧失斗志，出现急功近利的想法和做法，而且使家庭背上沉重的负担。当代大学生不应该一味地放纵自己的物欲，在互相攀比中迷失自我；要学会在多元价值观中择优而从，学会自立、自强；学会关心和尊重他人，关注和奉献社会，将自己的个人价值实现融入奉献社会之中，积极地追求正向的价值观和人生观。

约翰·洛克菲勒曾说过：要让红色的蔷薇日后开放得更加艳丽夺目，而且能够出人头地、一支独放，就要毫不留情地剪除四周所有的枝叶。洛克菲勒凭借刽子手般的垄断手法敛积了大量财富，建成了一个庞大的跨国公司。但美国人都恨他，称他为刽子手。在他 51 岁那年，美国实施反托拉斯法，为了避免垄断公司太强大而影响竞争，要肢解他的公司。那段时间他整天生活在焦虑之中，头发掉了，人也越来越神经质，失眠，焦虑，活着感觉不到一丝快乐。医生告诉他，再这样下去他会活不了多久。但洛克菲勒仍然放不下他的公司，那是他一生的心血。一天他遇见了一位牧师。牧师跟他讲："你认为人生真正的幸福快乐是什么？你用尽心血将企业办得这么大，但美国人还是恨你，你这样生活有什么意义？"洛克菲勒听了后，思想上发生了变化，于是他改变了自己的价值观，认为帮助别人才是最大的快乐，于是他决定提前退休。此后他开始大量做善事，随着他慈善事业的进行，"爱"又重新回到了他的心中，他的心胸也开始宽阔起来，活着也越来越有滋味。洛克菲勒终于明白了"施比受更有福"的道理。洛克菲勒后来又活了47年，98岁才去世，成为美国最大的慈善家。他在传记中说，他的后半生才是真正快乐的人生，因为他又赢得了美国人的尊敬。洛克菲勒改变了他的价值观，于是就改变了他的人生。一个人首先要明确自己真正想要什么，什么才能让人生真正快乐。找到自己内心中真正的需要，否则你就会迷失方向。

（三）学会珍爱生命

生命赋予我们的意义需要我们自己去解读。有些人面对生活的困难和挫折，将之视为生命给予的考验，相信经过了生命会变得更将坚强，生活会变得更加美好。有些人将这些视为不幸和悲哀，只看到困难的不可控性和能力的有限性，在生活中被困难打倒，生命也因此黯然失色。其实，面对生活中无法解决的生活困境，大学生应该学会将之视为生活的必然事件，相信一切都会过去的，要学会珍惜生命，在痛苦困难面前要学会自我调节。必要的时候要学会向家长、同学、老师、朋友甚至是专业人士求救。

黄美廉从小就患上了脑性麻痹症。这种病的症状十分可怕，因为患者的肢体失去平衡感，手足会时常乱动，口里也会经常念叨着模糊不清的词语，模样十分怪异。医生根据她的情况，判定她活不过6岁。在常人看来，她已失去了语言表达能力与正常的生活条件，更别谈什么前途与幸福。但她却坚强地活了下来，而且靠顽强的意志和毅力，考上了美国著名的加利福尼亚大学伯克利分校，并获得了艺术博士学位。她靠手中的画笔和很好的听力，抒发着自己的情感。在一次讲演会上，一个学生贸然向她提问："黄博士，你从小就长成这个样子，请问你怎么看你自己？你有过怨恨吗？"在场的人都暗暗责怪这个学生的不敬，但黄美廉却没有半点不高兴，她以一句话作结论：我只看我所有的，不看我所没有的！

第二节　常见心理危机与干预措施

大学阶段是学生心理走向成熟的关键时期，而大学生是心理复杂的重要群体。大学生活是从学校生活向社会生活过渡的转折点，在大学阶段，个体生命成长的目标、任务、环境、条件、态度和发展方向等都发生了很大改变，这也就可能带来更为复杂的适应和发展问题。相应的，遭遇心理危机的可能性也就更大。

一、心理危机及其类型

（一）心理危机的概念

1954 年，美国心理学家吉拉尔德·卡普兰首次提出心理危机的概念并对其进行了系统的研究。卡普兰认为，心理危机是当个体面临突然或重大生活事件（如亲人死亡、婚姻破裂或天灾人祸等）时所出现的心理失衡状态。他认为，每个人都在努力保持一种内心的稳定状态，使自身与环境稳定协调，当重大问题和剧烈变化使个体感到问题难以解决，平衡就会打破，正常的生活受到干扰，内心的紧张不断积累，继而出现无所适从甚至思维和行为的紊乱，进入一种失衡状态，这就是心理危机的状态。

心理危机的发生需要同时具备几个要素：客观条件、主观感受、个体无法应对以及心理失衡。产生心理危机的客观事件属于心理危机产生的"应激源因素"，而个体对相关客观事件的主观感受则属于危机产生的"易感性因素"，这两项因素结合，导致个体无力应对"客观事件"时，就会导致心理失衡，继而产生相应的心理危机。

（二）心理危机的类型

依据引起心理危机的原因进行分类，大学生心理危机可以分为发展性危机、境遇性危机、病理性危机和存在性危机。

发展性危机是指个体在成长过程中遭遇发展的急剧转变导致的心理异常反应。对大学生而言，如大一新生的"适应期心理综合征"、大二"个人发展心理综合征"、毕业期"职场适应心理综合征"等，都属于发展性心理危机。发展性危机是个体发展过程中面临的正常心理变化，随着发展的适应，危机也会逐渐消失。但是，发展的适应需要他人积极引导。每个人所遭遇的发展性危机是不同的，因此，我们要学会区别对待。

境遇性危机是指个体在遭遇无法预期或难以控制的灾难时出现的危机。亲人亡故、突发疾病、父母离异、失恋等导致的心理危机都属于境遇性危机。境遇性危机具有突发性、随机性、强烈性和灾难性等特点。

病理性危机是指个体由于患上某种严重的心理疾病而导致的心理危机。例如，因人格障碍、抑郁症和精神分裂症等而引发的心理危机等。某些心理障碍或心理疾病本身就是心理危机，有些失调的行为也会引发心理危机，如品行障碍或违法犯罪等。病理性危机需要早关注、早发现、早治疗以免导致危机严重化。

存在性危机是指个体因遭遇重要的人生问题感觉自我难以解决时出现的危机。例如，对于人生的目的、人生意义、人生责任的思考而产生的心理冲突和焦虑。存在性危机是最深层次的心理危机。存在性危机可以基于现实，如大一新生入学时发现原来考入大学的目标已经实现，面对新的目标很茫然时就会出现存在性危机；也可以是深层次的关于人生目的和意义的考量和追问，如整天沉迷网络的大学生自知在浪费时间，但是往往又不知道离开网络自己要做什么，于是只有靠网络来麻痹自己，同时又产生深深的自责和焦虑，进而产生存在性危机。存在性危机也可以是一种持续性、压倒性的感觉。例如，一个失恋的男生，会觉得自己的生活毫无意义，这种空虚的生活无法用其他有意义的事情来代替，如果长时间被这种想法主导就会产生存在性危机。

二、大学生心理危机的类型

在大学的不同阶段，学生可能遭遇不同类型的心理危机。

大一新生可能因为遭遇学习、人际、生活环境的不适应以及对生命使命认识不清，导致发生适应性危机。

心理案例

刚入大学的我满怀梦想，可是一进大学校园，我却不知所措。这就是我们的大学吗？紧张的军训就不容我有过多的想法，平凡而普通的日子，拥挤的食堂，无所适从的社团活动……这是我理想中的大学吗？就连舍友在一起聊天也变得虚假了，大家在一起仅仅说些闲言碎语，缺少共同的兴趣和话题，彼此间感觉到的是冷漠的客气与虚伪的礼貌，谁也看不惯谁。还有学习上的困惑，大学学习是自主的，外面的世界又充斥着太多的诱惑，可我应该怎么办？一系列的问题全部摆在我面前，让我束手无策。之前只知道考大学，现在考上大学了，我的目标却没有了。

到了大二，大多数学生可能适应性危机已经解除，但是面临的社团活动、奖学金、评优评先、恋爱等也可能导致新的困惑和惆怅。

心理案例

小 A 和小 B 是某艺术学校的学生，在同一个宿舍生活。两个人入校不久就成了好朋友。小 A 生性活泼，小 B 比较内向，平时少言寡语。小 B 逐渐觉得自己在小 A 身边就像只丑小鸭，而小 A 却像位美丽的公主，心里很不是滋味，渐渐地，她觉得小 A 事事在强占自己的风头，因此开始时常冷眼对小 A。到大三的时候，小 A 参加学院组织的服装设计大赛，并取得了第一名的好成绩，小 B 知道这个消息后，更妒火中烧，趁小 A 不在宿舍，将其参赛作品撕碎后扔在小 A 床上。小 A 发现后想不通应该怎样对待小 B，更想不通小 B 为什么这么对她。

大三学生主要面临着择业、就业和工作环境的适应问题，从而引起心理危机。

心理案例

小杨是来自农村的孩子，在学校一直品学兼优，他一直有一个梦想，那就是通过学习专业知识，毕业后创业自己做老板。可是，随着毕业的临近，小杨的想法越来越悲观：做老板固然好，可是那么多打工者，做老板的有几个呢？老板并不是谁都能做的，我现在什么都没有，哪有什么资格做老板？而且自己家庭经济条件也不好，投资的钱到哪里去凑呢？这一系列问题压得小杨喘不过气来，越是临近毕业，小杨的焦虑就越强，担心毕业就失业，甚至出现逃避不敢面对现实的想法。

从辩证论的角度来看，心理危机并不一定是坏事，危机一方面是危，有生命危险；另一方面是机，是挽救生命的机会和契机。危机的危险性体现在：如果心理危机过分严重，将会威胁一个人的生活甚至生命，个体可能会采取一些不当的措施甚至是极端的措施来应对问题，会导致心理社会功能下降，甚至出现精神崩裂、自杀或杀人的行为。危机的机遇性表现在，危机状态即意味着个体心理的挣扎和抉择，如果个体能够得到及时有效的干预，个体不仅能够重新恢复心理平衡，而且能够获得心智的进一步成熟，解决问题的能力也将大大提升。"危机"本身的辩证性表明，恰当地处理心理危机不仅能够使个体成功渡过危机，还能够实现个体生命的觉醒。

三、心理危机的识别和干预

（一）心理危机的识别

心理危机包含 3 个基本的要素：第一，重大改变，如个体生活中发生重大事件、遭受挫折境遇、面临严峻挑战、遇到严重障碍。第二，无能为力。惯用的干预策略防御机制失效，尝试努力尝试解决失败，产生严重的乏力感和失控感。第三，心理失衡。以往平静、平衡和稳定的状态被打破，机体各项功能出现明显失调，认识狭隘负面（只看到消极、悲观、无望一面）、情绪低落、易躁（抑郁、烦躁、易激动）、行为僵硬刻板（不能做灵活的选择、不作为或重复无效行为）。以上 3 个要素同时具备，才构成心理危机。

心理医生往往从心理危机发生时表现出来的症状识别心理危机。心理危机发生时，个体往往伴有急性情绪困扰、认知改变、躯体不适和行为改变。因此，可以从情绪、认知、行为、躯体 4 个方面的症状表现来对个体进行心理危机的识别。

（1）情绪方面的表现：当事人表现出高度的紧张、焦虑状态，出现失落、空虚感，可能伴有恐惧、烦躁、羞愧、怀疑、沮丧、忧郁、不信任、绝望、无助、孤独、不安、责任、无法放松等情绪状态。

（2）认知方面的表现：当事人内心处于悲痛中，无法进行正常的认知，常伴随出现记忆力减退、注意力分散、缺乏自信、无法做决定、健忘、办事效能低下、注意力主要集中在危机事件中难以自拔、做决定和解决问题的能力受限。

（3）行为方面的表现：当事人社会行为退缩，出现不敢、不愿出门的情况，不愿和人交流，有的当事人表现为过分依赖他人，呈现出反复洗手、消毒、暴饮暴食等行为，常自责或责怪他人，不能专心学习或工作，拒绝接受他人的帮助，认为受助是无能的表现，行为和思维表现不一致，出现过去没有过的非常态行为。

（4）躯体方面的表现：会出现失眠、疲倦、乏力、做噩梦、容易受惊吓等情况，感觉呼吸受限，有头痛、头晕、食欲不振等症状。

心理案例

小郭，男，20岁，大二在校学生，父母均是农民，家中有一个妹妹。该生成绩一直比较好，由于他是家中唯一的男孩，而且成绩比较好，父母对其寄予了很高的期望，由于家境贫困，在他上高二的时候，妹妹便辍学外出打工，全家人齐力供养他读书。这让他备感压力，总想通过考上大学来回报家人。可是高考失利让他与重点大学无缘，最后，他不得不选择了一所专科学校。这无疑使他备受打击，觉得自己太对不起家里人了。上了大学后，他强烈地想通过考试向给家人证明他还是很优秀的，为了将成绩提高上去，他上课很认真，生怕漏听了什么。结果，他一听到上课铃声心跳就会加速，后来发展到一上课就像得了严重的心脏病一样难受。一到下课时间又恢复正常。每次考试他都想考好，可是事实上却一次比一次糟糕，甚至他拿到试卷就发抖，头疼头晕。从此他一蹶不振，上课总想睡觉，总感觉同学和老师在嘲笑他。就在这时他和同宿舍的小王发生了矛盾，小王并没有将这件事当回事，可小郭就是认为小王瞧不起自己才会这样，对此怀恨在心。每次回到宿舍看到小王和其他同学有说有笑就觉得是在说自己，于是小郭决心找时间好好地报复小王，可是由于他生性胆小，就这样一直憋着，逐渐出现了心慌、焦虑，以致什么事情也做不下去，最后出现逃课行为。小郭忍无可忍，在小王去洗手间的时候，他趁其不备将其打伤。

（二）自杀者求助信号的识别

自杀是个体蓄意或自愿采取某种方式结束自己生命的行为。自杀是心理危机的极端表现，但是自杀危机并不一定会变成自杀事件，许多自杀者在自杀之前都会发出相应的"求救"信号，如果我们能够及时发现这些信号并妥善处理，对于成功制止自杀行为至关重要。一般而言，对于自杀信号的识别可以从以下几个方面着手：一是从当事人的性格变化来判断。当事人的个性突然改变，如沉默的人突然滔滔不绝地说话、冷漠的人忽然变得极度热情等极其反常的现象。二是从当事人的近期表现来判断。例如，当事人曾经在和朋友聊天或发邮件时流露过自杀的想法，和他人谈论过自杀方法或写过关于自杀的文字；不明缘由地突然给家人或朋友送礼物，诉说道歉或者道别的话语。三是从当事人的行为习惯变化上来判断。例如，当事人情绪和行为明显异常，如特别烦躁、恐惧、焦虑，言语突然变多或者变少等；当事人的饮食和睡眠习惯突然改变，如出现突然暴饮暴食或者茶水不进的情况；当事人成绩下降，上课注意力不集中，出现逃课或离校出走的情况。

心 理 案 例

　　某大一男生，在宿舍洗手间的淋浴头上上吊自杀了。他之前在QQ空间中经常表达对生命的失望、对生活的绝望，偶尔会和同学讨论关于生与死的话题。在自杀前他曾向同学询问水龙头是否牢固的问题，室友觉得奇怪，但是并没有引起足够的重视。直到事情发生，家人才了解到当事人曾多次向室友表达过对生活的绝望，可惜为时已晚。

　　（三）心理危机的干预

　　心理危机的干预必须以人为本，将保证个体的生命安全放在首位。

　　1. 心理危机干预的原则

　　（1）生命高于一切的原则。对于心理危机，必须优先进行情绪疏导，确保个体生命安全。

　　（2）生命价值高于一切的原则。心理危机干预必须坚持价值中立和价值引导相结合的原则。处于心理危机中的当事人，往往情绪不稳定，难以接受所谓的合理性道理，最需要的是心理的共鸣，可通过通情对其进行心理安抚。在进行心理危机干预的时候，首先必须尊重心理危机当事人对事情的认知及其价值观，不做任何的价值评判。但是我们也应该认识到不对当事人的价值观进行评判并不等于认同其价值观。我们必须认识到，心理危机是当事人对事情的认知和判断失衡引起的，根本的原因还是价值观问题。因此，在进行心理危机干预的时候必须利用正确的价值观对当事人进行引导，帮助其形成正确的认知。

　　（3）生命成长高于一切的原则。心理危机必须标本兼治，不仅要帮助当事人解除心理困扰，更重要的是帮助当事人学会成长，变得成熟。对于大学生心理危机，不能只是就事论事，仅仅停留在症状缓和的状态上，而是要转"危"为"机"，充分调动当事人的资源，帮助其形成正确的认知和解决问题的办法。

　　2. 心理危机干预的步骤

　　心理危机干预是专业性很强的工作，一般由心理老师承担。通常可以分为问题评估、计划制订、干预实施、效果反馈4个阶段。

　　（1）问题评估。问题评估实际就是对重要问题的发问。包括：什么事件使当事人陷入危机？当事人对该事件的感受？当事人对该事件的反应表现？以当事人目前的功能水平能否应对？是否存在伤害危险？当事人以往采取了哪些策略？还有哪些可以利用的资源？

　　（2）制订计划。在制订计划之前需要首先确定如下问题：需要解决的首要问题是什么？哪些问题最容易立即解决？危机干预的效果受哪些因素的影响？进行干预时采用什么样的技术比较适切？通过对这些问题的追问来制订危机干预的目标和计划的时候要充分考虑当事人的自主性和主动性，与当事人一起制订其能够接受的计划。

（3）实施干预。实施干预是危机干预的核心阶段，在这一阶段主要有以下工作：首先，帮助当事人释放或缓解压抑的情绪。危机干预者要站在同理的角度表示对当事人的理解和关心，消除当事人的顾虑，鼓励其说出内心的真实感受。其次，帮助当事人正确理解现实，让当事人认识到造成其心理困扰的问题不是事件本身，而是其自身看待问题的态度和价值观，帮助当事人调整其不当的认识和态度。再次，帮助当事人总结过去成功的干预逆境的技巧，学习新的干预方式，并学会在遭遇自己难以排解的心理困扰时寻求他人的帮助以获得心理的平衡。最后，获得承诺。通过回顾计划和行动方案引导当事人进行直接的承诺，以此帮助当事人遵守实施计划。

（4）效果评估。在危机干预的过程中需要不断地进行效果评估来检验干预的效果，以便随时根据实际效果对计划作出必要的修正，以此寻求最佳的解决方案。

3. 大学生在心理危机干预中的责任

大学生一旦发现身边的同学处于心理危机中，千万不要麻痹大意，也不要过于紧张，通常可以采取以下做法。

（1）保持冷静。自己应尽量镇静，避免紧张和慌乱。

（2）确保当事人的生命安全。对处于危机中的学生要做好看护工作，不要使其独处，以免发生危险。

（3）及时与老师联系。如果情况紧急，如当事人有自杀或杀人或精神疾病发作的危险，要第一时间向老师报告或寻求学校心理健康教育中心的帮助，情况危急时可以报警。切记不要尝试自己单独处理，因为心理危机干预是专业性很强的工作，绝非大学生可以胜任的。

（4）稳定当事人的情绪。陪伴当事人，对其表达关怀和支持，不说刺激其情绪的话；重视倾听当事人的烦恼，鼓励当事人说出感受以舒缓情绪；鼓励当事人积极参与社会活动，这些社会支持对处于危机中的大学生来说十分宝贵。

课堂自测

自杀态度问卷

指导语：数字 1～5 分别代表对问题从完全赞同到完全不赞同的态度，请根据自己的实际情况选择写出相应的数字。

1. 自杀是一种疯狂的行为。　　　　　　　　　　　　　　　　（　　　）
2. 自杀死亡者应与自然死亡者享受同样的待遇。　　　　　　　（　　　）
3. 一般情况下，我不愿意与有过自杀行为的人深交。　　　　　（　　　）
4. 在整个自杀事件中，最痛苦者是自杀者的家属。　　　　　　（　　　）

5. 对于身患绝症又极度痛苦的病人，可由医务人员在法律支持下帮助病人结束生命（主动安乐死）。　　　　　　　　　　　　　　　　　　　　（　　）

6. 在处理自杀事件的过程中，应对其家属表示同情和关心并尽可能为他们提供帮助。　　　　　　　　　　　　　　　　　　　　　　　　　　（　　）

7. 自杀是对人生命尊严的践踏。　　　　　　　　　　　　　　　（　　）

8. 不应为自杀死亡者开追悼会。　　　　　　　　　　　　　　　（　　）

9. 如果我的朋友自杀未遂，我会比以前更关心他。　　　　　　　（　　）

10. 如果我的邻居家里有人自杀，我会逐渐疏远和他们的关系。　　（　　）

11. 安乐死是对人生命尊严的践踏。　　　　　　　　　　　　　　（　　）

12. 自杀是对家庭和社会不负责任的行为。　　　　　　　　　　　（　　）

13. 人们不应该对自杀死亡者评头论足。　　　　　　　　　　　　（　　）

14. 我很反感那些反复自杀者，因为他们常常将自杀作为一种控制别人的手段。　　　　　　　　　　　　　　　　　　　　　　　　　　　　　（　　）

15. 对于自杀，自杀者的家属在不同程度上都应承担一定的责任。　（　　）

16. 假如我自己身患绝症又处于极度痛苦之中，我希望医务人员能帮助我结束生命。　　　　　　　　　　　　　　　　　　　　　　　　　　（　　）

17. 个体为某种伟大的、超过人生命价值的目的而自杀是值得赞许的。（　　）

18. 一般情况下，我不愿意看望自杀未遂者，亲人或者好朋友也不例外。（　　）

19. 自杀只是一种生命现象，无所谓道德上的好与坏。　　　　　　（　　）

20. 自杀未遂者不值得同情。　　　　　　　　　　　　　　　　　（　　）

21. 对于身患绝症又极度痛苦的病人，可不再为其进行维持生命的治疗（被动安乐死）。　　　　　　　　　　　　　　　　　　　　　　　　（　　）

22. 自杀是对亲人和朋友的背叛。　　　　　　　　　　　　　　　（　　）

23. 人有时为了尊严和荣誉而不得不自杀。　　　　　　　　　　　（　　）

24. 在交友时，我不太介意对方是否有过自杀行为。　　　　　　　（　　）

25. 对自杀未遂者应给予更多的关心和帮助。　　　　　　　　　　（　　）

26. 当生命已无欢乐可言时，自杀是可以理解的。　　　　　　　　（　　）

27. 假如身患绝症并处于极度痛苦之中，我不愿再接受维持生命的治疗。（　　）

28. 一般情况下，我不会和家中有过自杀者的人结婚。　　　　　　（　　）

29. 人应有自杀的权利。　　　　　　　　　　　　　　　　　　　（　　）

【说明】

一个国家或地区的自杀率高低与其居民对自杀的态度具有密切的关系，有效的自杀预防项目必须以对公众自杀态度的深入了解为基础。国外资料中的自杀态度调查问卷因文化差异，诸多条目并不适合于国内使用。国内有关机构编制的自杀态度问卷（suicide attitude questionnaire，QSA）旨在了解国人对自杀的态度，以期为我国的自杀预防工作提供资料与指导。

【评判标准】

在该量表中（表 10-1），1、3、7、8、10、11、12、14、15、18、20、22、25 题为反向计分，即选择"1""2""3""4""5"分别记为 5、4、3、2、1 分；其余题目均为正向计分，即选择"1""2""3""4""5"分别记为 1、2、3、4、5 分。

表 10-1　测量维度

对自杀行为性质的认识	第 1、7、12、17、19、22、23、26、29 条均分
对自杀者的态度	第 2、3、8、9、13、14、18、20、24、25 条均分
对自杀者家属的态度	第 4、6、10、15、28 条均分
对安乐死的态度	第 5、11、16、21、27 条均分

分别计算 4 个维度的条目均分，以 2.5 分和 3.5 分为两个分界值，将对自杀的态度划分为以下 3 种情况。

（1）≤2.5 分：对自杀持肯定、认可、理解和宽容的态度。

（2）2.5～3.5 分：对自杀持矛盾或中立态度。

（3）≥3.5 分：对自杀持反对、否定、排斥和歧视态度。

总体幸福感量表

指导语：以下问题涉及你近期对生活的感受与看法，无好坏之分。请你仔细阅读每道题目，根据自己的现实情况和切身体验，在相应的答案上打"√"即可。

1. 你的总体感觉怎样（在过去的一个月里）？

好极了　精神很好　精神不错　精神时好时坏　精神不好　精神很不好
　1　　　　2　　　　3　　　　　4　　　　　5　　　　　6

2. 你是否为自己的神经质或"神经病"感到烦恼（在过去的一个月里）？

极端烦恼　相当烦恼　有些烦恼　很少烦恼　一点也不烦恼
　1　　　　2　　　　3　　　　4　　　　　5

3. 你是否一直牢牢地控制着自己的行为、思维、情感或感觉（在过去的一个月里）？

绝对的　大部分是的　一般来说是的　控制得不太好　有些混乱　非常混乱
　1　　　　2　　　　　3　　　　　　4　　　　　5　　　　6

4. 你是否由于悲哀、失去信心、失望或有许多麻烦而怀疑还有任何事情值得去做（在过去的一月里）？

极端怀疑　非常怀疑　相当怀疑　有些怀疑　略微怀疑　一点也不怀疑
　1　　　　2　　　　3　　　　4　　　　5　　　　　6

5. 你是否正在受到或曾经受到任何约束、刺激或压力（在过去的一个月里）？

相当多　　不少　　有些　　不多　　没有
　1　　　　2　　　　3　　　　4　　　　5

6. 你的生活是否幸福、满足或愉快（在过去的一个月里）？

非常幸福	相当幸福	满足	略有些不满足	非常不满足
1	2	3	4	5

7．你是否有理由怀疑自己曾经失去理智，或对行为、谈话、思维或记忆失去控制（在过去的一个月里）？

一点也没有	只有一点点	不严重	有些严重	非常严重
1	2	3	4	5

8．你是否感到焦虑、担心或不安（在过去的一个月里）？

极端严重	非常严重	相当严重	有些	很少	无
1	2	3	4	5	6

9．你睡醒之后是否感到头脑清晰和精力充沛（在过去的一个月里）？

天天如此	几乎天天	相当频繁	不多	很少	无
1	2	3	4	5	6

10．你是否因为疾病、身体的不适、疼痛或对患病的恐惧而烦恼（在过去一个月里）？

所有的时间	大部分时间	很多时间	有时	偶尔	无
1	2	3	4	5	6

11．你每天的生活中是否充满了让你感兴趣的事情（在过去的一个月里）？

所有的时间	大部分时间	很多时间	有时	偶尔	无
1	2	3	4	5	6

12．你是否感到沮丧和忧郁（在过去的一个月里）？

所有的时间	大部分时间	很多时间	有时	偶尔	无
1	2	3	4	5	6

13．你是否情绪稳定并能把握住自己（在过去的一个月里）？

所有的时间	大部分时间	很多时间	有时	偶尔	无
1	2	3	4	5	6

14．你是否感到疲劳、过累、无力或精疲力竭（在过去的一个月里）？

所有的时间	大部分时间	很多时间	有时	偶尔	无
1	2	3	4	5	6

15．你对自己健康关心或担忧的程度如何（在过去的一个月里）？

不关心　　　　　　　　　　　　　　　　　非常关心

0　1　2　3　4　5　6　7　8　9　10

16．你感到放松或紧张的程度如何（在过去的一个月里）？

松弛　　　　　　　　　　　　　　　　　紧张

0　1　2　3　4　5　6　7　8　9　10

17．你感觉自己的精力、精神和活力如何（在过去的一个月里）？

无精打采　　　　　　　　　　　　　　　精力充沛

0　1　2　3　4　5　6　7　8　9　10

18．你忧郁或快乐的程度如何（在过去的一个月里）？

非常忧郁   非常快乐

0   1   2   3   4   5   6   7   8   9   10

【说明】

总体幸福感量表是美国联邦卫生统计中心制定的一种定式型测查工具，用来评价被试对幸福的陈述。该量表通过将其内容组成 6 个分量表从而对幸福感的 6 个因子进行评分。这 6 个因子是：对健康的担心、精力、对生活的满足和兴趣、忧郁或愉快的心境、对情感和行为的控制以及松弛与紧张（焦虑）。总体幸福感量表共有 33 项，1996 年段建华对该量表进行了修订，即采用该量表的前 18 项对被试施测，单个项目得分与总分的相关在 0.49～0.78，分量表与总表的相关为 0.56～0.88。内部一致性系数：男性为 0.91，女性为 0.95。

【评判标准】

按选项 0～10 累积相加，其中本量表共有 18 项，其中 1、3、6、7、9、11、13、15、16 项为反向评分。得分越高，幸福度越高。全国常模得分男性为 75 分，女性为 71 分，得分越高，主观幸福感越强烈。

心理训练

人生金三角

目的：通过回忆，感悟人生的美好。

操作：在你的人生历程中，得到了很多人的关爱和帮助，总有一些事让你难以忘怀，不妨写出来，构成你的人生金三角。

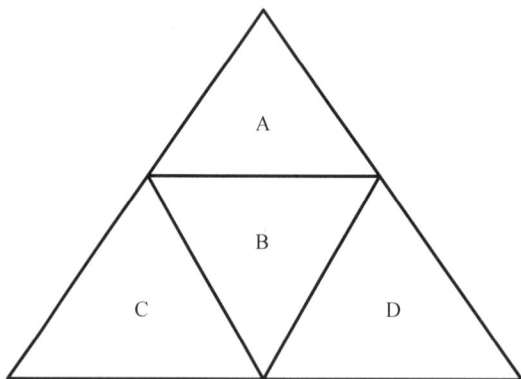

A. 至今为止，我人生中最快乐的一件事：_____

_____。

B. 至今为止，我人生中最难忘的一件事：_____

_____。

C. 至今为止，我人生中最遗憾的一件事：＿＿＿＿＿＿＿＿＿＿＿＿＿＿

＿＿＿＿＿＿＿＿＿＿＿＿＿＿＿＿＿＿＿＿＿＿＿＿＿＿＿＿＿＿＿＿＿。

D. 假如今天我的生命将至，我最想对自己说的话是：＿＿＿＿＿＿＿＿＿

＿＿＿＿＿＿＿＿＿＿＿＿＿＿＿＿＿＿＿＿＿＿＿＿＿＿＿＿＿＿＿＿＿。

参 考 文 献

陈德富，王振武，2009. 当代大学生心理健康. 北京：冶金工业出版社.

陈淑萍，梁瑞生，2010. 大学生心理健康. 青岛：中国海洋大学出版社.

陈玉焕，2009. 大学生心理健康教育导论. 郑州：河南人民出版社.

程玮，2008. 大学生心理教育与发展. 北京：科学出版社.

代祖良，李小薇，2008. 大学生心理健康实用教程. 北京：科学出版社.

葛明贵，桂守才，2004. 大学学习学. 合肥：安徽师范大学出版社.

何进军，2008. 大学生心理健康教程. 上海：世界图书出版公司.

侯丽萍，张慧全，2007. 高职大学生心理健康与自我调适. 北京：中国轻工业出版社.

胡振开，2000. 应用心理学. 大连：辽宁师范大学出版社.

黄希庭，2004. 大学生心理健康教育. 上海：华东师范大学出版社.

黄希庭，2005. 心理学与人生. 广州：暨南大学出版社.

贾晓明，陶勑恒，2005. 大学生心理健康：走向和谐与适应. 北京：北京理工大学出版社.

孔燕，2003. 微笑成长：大学生心理健康教育案例. 合肥：安徽人民出版社.

李开复，2005. 做最好的自己. 北京：人民出版社.

李贤瑜，2006. 大学生心理健康教育. 南昌：江西人民出版社.

刘颖，田继红，2009. 当代大学生心理健康. 北京：冶金工业出版社.

彭小虎，2006. 大学生心理健康教育教程. 长沙：湖南教育出版社.

泰勒·本-沙哈尔，2009. 幸福的方法. 汪冰，刘骏杰，译. 北京：当代中国出版社.

王文鹏，2006. 大学生心理健康教育. 郑州：河南大学出版社.

王祖莉，初铭铜，2010. 大学生心理健康教育. 北京：科学出版社.

心理健康教育编写组，2006. 心理健康教育. 北京：北京教育出版社.

杨娇丽，2008. 大学生心理健康教育及个案教程. 北京：对外经济贸易大学出版社.

叶红梅，2007. 大学生心理健康教育. 北京：中国传媒大学出版社.

袁斌，2006. 大学生心理健康教育. 北京：中国地质大学出版社.

张潮，杨晓荣，2010. 自助与成长：大学生心理健康教育. 北京：教育科学出版社.

张春雨，2007. 大学生心理健康教程. 南昌：江西高校出版社.

张大均，吴明霞，2007. 大学生心理健康. 北京：清华大学出版社.

张厚粲，2002. 心理学. 天津：南开大学出版社.

周家华，王金凤，2004. 大学生心理健康教育. 北京：清华大学出版社.